雷州文献丛书

报刊中的近代雷州

（1883—1949）

赖彩虹　编著

中山大学出版社
·广州·

版权所有　翻印必究

图书在版编目（CIP）数据

报刊中的近代雷州：1883—1949／赖彩虹编著．－－广州：中山大学出版社，2025.4．－－（雷州文献丛书）．－－ISBN 978-7-306-08318-0

Ⅰ．G219.276.54

中国国家版本馆 CIP 数据核字第 2025C6L611 号

BAOKAN ZHONG DE JINDAI LEIZHOU：1883—1949

| 出 版 人：王天琪
| 策划编辑：吕肖剑
| 责任编辑：罗雪梅
| 封面设计：曾　斌
| 责任校对：刘　婷　高津君
| 责任技编：靳晓虹
| 出版发行：中山大学出版社
| 电　　话：编辑部 020-84110283，84113349，84111997，84110779，84110776
| 发行部 020-84111998，84111981，84111160
| 地　　址：广州市新港西路 135 号
| 邮　　编：510275　传　真：020-84036565
| 网　　址：http://www.zsup.com.cn　E-mail：zdcbs@mail.sysu.edu.cn
| 印 刷 者：广东虎彩云印刷有限公司
| 规　　格：787mm×1092mm　1/16　17.25 印张　410 千字
| 版次印次：2025 年 4 月第 1 版　2025 年 4 月第 1 次印刷
| 定　　价：68.00 元

如发现本书因印装质量影响阅读，请与出版社发行部联系调换

编纂说明

一、本书是区域性历史资料选编，编者从晚清民国的报刊中将与雷州相关的新闻报道辑出，按时间顺序，依照政治、军事、经济、社会、其他等类别编次而成。

二、雷州在新石器时代已有人类活动，先秦时领属越、楚，汉代设县，后为东合州，唐时改为雷州，宋元为雷州军、雷州路，明洪武为雷州府，清沿袭明制，仍为雷州府，辖海康、遂溪、徐闻三县。民国实行省直管县，废府治，存雷州首县海康县，1959年撤县，1961年恢复海康县建制，1994年撤销海康县，设立雷州市，直接继承原海康县建制。报刊辑录以雷州即海康为主，旧制下辖遂溪、徐闻两县未包括在内。

三、本书所辑文献资料均予以标点，原文中已有标点的，根据现代标点使用规范做了修改，并做了一些必要的文字订正。为了保持史料的原始性和真实性，原文中有文理欠通顺的地方，均照其旧。

四、本书以与雷州（海康）相关的资料进行编录，对选录文献中与雷州无关的文字做了删节处理，删除之处以省略号表示。因报纸残缺导致文字缺失亦以省略号表示。另，报刊中同一栏目下，出现雷州的新闻，以独立完整的通讯报道形式出现，前后有与之无关联的其他通讯报道，不予以录入。

五、原文中凡遇因缺字或字迹模糊而不能辨识者，均以方框"□"代替。原文中出现△、×、〇等符号的，依文意径改成文字。个别标题酌情修改。原文中的繁体字、异体字，一般以现行简体字处理。存在的通假字，基本悉循其旧，个别字斟酌统一，明显错误的字做修正，疑似错误的文字仍予保留。

目录 Contents

一、申报 1

（一）政治与军事 2

有人奏广东候补通判署南海县知县徐赓陛署海康县年余，杀人数百等因 2
雷州等营将弁兵丁拨归北海镇统辖 3
张香帅特派轮船迎接雷州府属士子来省，诸人晕倒欲绝 4
部选海康县知县李恩元即饬令前赴海康 4
敬陈岁科并试琼州、雷州、廉州、高州四府，及钦州、阳江并科试广州府情形 4
英国苏州商轮行经雷州府属架尾洋面 5
广东学政臣徐琪跪奏，为雷琼岁科并考已竣，举行东江三属科试，回省考试广州府情形恭折，仰祈圣鉴事 6
警船告示 7
调兵剿匪 7
雷州府海湾须让与法人为储煤、泊船之所 8
雷州府徐闻县学教谕钟广文、应勋，前被绅耆赴省垣控告吞扣廪粮、拘押廪生等情 8
雷匪伏诛 8
雷州剿匪报捷 9
法商船雷州遭抢劫 9
电请外部照会，阻止洋船 9
粤督张奏查明岑春煊被参各节折（续） 9

商派兵轮专防雷州海面 …………………………………………… 10
徐闻闹捐抗官详情 ……………………………………………… 10
雷州兵祸之剧烈 ………………………………………………… 11
林虎计擒杨学绅纪详 …………………………………………… 12
龙济光之部下在雷州附近上岸 ………………………………… 13
广东之军事近闻 ………………………………………………… 13
广东攻龙之捷报 ………………………………………………… 13
雷州将平之消息 ………………………………………………… 14
龙济光逃入广州湾 ……………………………………………… 14
龙济光最近之状况 ……………………………………………… 15
广东之雷城战事 ………………………………………………… 15
雷州之龙军 ……………………………………………………… 16
南军最近之发展 ………………………………………………… 16
琼雷之形势谈 …………………………………………………… 17
雷州龙军意欲投降 ……………………………………………… 18
雷城龙军投降说 ………………………………………………… 18
雷城下后之善后 ………………………………………………… 19
粤桂最近之战局 ………………………………………………… 20
邓本殷与林俊廷在雷州开战情形 ……………………………… 21
革命军旗日内可飘扬于雷州城头 ……………………………… 21
粤省南路战讯：南征军收复高、雷、廉州 …………………… 22
雷州邓军与商团冲突 …………………………………………… 22
邓军弃雷城 ……………………………………………………… 23
粤省南路之军事状况，南征军攻克雷州情形 ………………… 23
广西要讯：革命军抵雷 ………………………………………… 24
何春帆在雷州独立 ……………………………………………… 24
粤新编第六师在省缴械 ………………………………………… 24
陈济棠准备对琼用兵，雷州飞机场落成 ……………………… 25
雷州新筑机库兵棚竣工，重量飞机炸弹运雷 ………………… 25
财部饬盐商采用国产蒲包 ……………………………………… 25
粤省府防走私，增设缉私处已商定 …………………………… 25
日机惨炸雷州半岛 ……………………………………………… 26
日机日舰威胁雷州半岛 ………………………………………… 26
雷州半岛情形极度紧张 ………………………………………… 26
雷廉遭轰炸，粤南形势转紧 …………………………………… 27
南路情势转稳，沿海日舰仍梭巡窥伺 ………………………… 27

  雷州防务益巩固 …… 27
  迭次进犯均遭击退，南侵日军锐气已挫 …… 28
  南路情势又趋紧张 …… 28
  海南岛华军四路展开游击攻势 …… 29
  粤省我部队向各路推进，雷州湾日军请降 …… 30

 （二）经济 …… 30
  雷州等处每有奸商贩运洋药 …… 30
  徐闻县拟创农牧公司 …… 30
  批示濬河垦荒 …… 31
  雷州普生公司召顶广告 …… 31
  广东商民之苦税 …… 31

 （三）社会与文化 …… 32
  广东立堂会匪最为民害 …… 32
  雷州海康县田头墟遭盗贼入墟，连劫民居三十余家 …… 32
  雷匪围城 …… 33
  雷州水灾 …… 33
  雷州灾情 …… 34
  广仁善堂、广济医院等发赈接济 …… 34
  雷灾续述 …… 34
  上海南泥城桥永兴花园广济善堂职董李廷椿等谨启 …… 35
  海康县违律买婢 …… 35
  雷州海盗劫杀惨闻 …… 36
  日僧违约传教 …… 36
  雷州患疫之惨状 …… 37
  有匪船多只常往来海、徐两邑港口 …… 37
  雷匪第二次率党焚洗雷州 …… 37
  雷州惨被焚劫之请援 …… 38
  粤省南境风灾 …… 38

二、雷州民国日报 …… 41
 （一）政治与军事 …… 42
  海康昨开庆祝廿八年元旦纪念大会筹备会议纪 …… 42
  邓司令对廿二干教队毕业学员训词 …… 42
  海康社训部干训班招考学员 …… 43
  海康县党代会宣言 …… 44
  海康党部十五全代会昨日开幕 …… 44

海康各区选送新兵 ………………………………………………………… 46
海府组织县设计委员会，定期十月一日举行成立，函聘各机关人员为
　　委员 ……………………………………………………………………… 46
海康各界开会讨论欢送新兵办法 ………………………………………… 47
海康各界欢送新兵赴省 …………………………………………………… 48
海康县设计委员会昨成立 ………………………………………………… 49
海康县参议会第三届第二次常会昨开幕 ………………………………… 50
海参会三常会议案函送县政府执行 ……………………………………… 50
海党部转令知国旗使用办法 ……………………………………………… 51
严禁警队走私护私，海府奉令饬属遵照 ………………………………… 51
海康各界筹备纪念总理诞辰会议决案 …………………………………… 51
海康警卫队筹设区分党部 ………………………………………………… 52
海康后备队干部训练班将成立 …………………………………………… 52
海康警卫编练处裁撤独立第二小队 ……………………………………… 52
南二区党务指导员黎梓材抵县 …………………………………………… 52
海府令区编组邻长 ………………………………………………………… 53
海康筹备自治改选一瞥 …………………………………………………… 53
海康县党部积极征求预备党员 …………………………………………… 53
海参会第二届第三次大会昨日闭幕 ……………………………………… 54
海府拟订第三届自治选举工作程序，令发各区公所及指导员遵照 …… 54
海府令饬商教两会造缴会员名册，为选举第三届县参议员之准备 …… 55
海府定期开冬防会议 ……………………………………………………… 55
海一区定期选举县参议区长 ……………………………………………… 55
海五区自治选举结果 ……………………………………………………… 55
海康评价委员会成立 ……………………………………………………… 56
海八区选出参议员 ………………………………………………………… 56
海康裁撤卫士队，将枪械拨交警卫第三中队 …………………………… 56
雷城各界欢迎林厅长大会续志 …………………………………………… 56
海府一月份办事报告 ……………………………………………………… 57
欢迎林厅长大会之中缪县长演说辞 ……………………………………… 58
林厅长昨抵海康，各界欢迎甚形热烈 …………………………………… 58
海七区自治选举 …………………………………………………………… 59
省府明令抚恤沪战故兵林其兴 …………………………………………… 59
海康县属乡团请领枪弹汇志 ……………………………………………… 59
第三独立团第二营抵雷剿匪 ……………………………………………… 60
海府十月份办事报告（续）……………………………………………… 60

海六区调排山尾组织巡哨队 ……………………………… 61
缪县长犒赏第三特务队 …………………………………… 61
一教导师派员来雷招募 …………………………………… 62
海康参议会二届一全会前日闭幕 ………………………… 62
海府会同军警昨晨六时恭祭关岳 ………………………… 63
海康九全会开幕典礼纪盛 ………………………………… 63

(二) 经济

清坭村蔡天德买田声明 …………………………………… 64
管田 ………………………………………………………… 64
济英公路利同公司广告 …………………………………… 64
买田声明 …………………………………………………… 64
买田启事 …………………………………………………… 65
海康县政府代电 …………………………………………… 65
关立德堂买田告白 ………………………………………… 65
莫璧堂买田告白 …………………………………………… 65
迎秀街陈云山买田告白 …………………………………… 66
西坡沟村钟日新买田启事 ………………………………… 66
海四区下坎村何其让买地启事 …………………………… 66
驳斥 ………………………………………………………… 66
当铺告白 …………………………………………………… 66
海府招投船照印烙捐 ……………………………………… 67
乌仑山村陈其精、陈其英管田告白 ……………………… 67
按田告白 …………………………………………………… 67
乡民踊跃领植爪哇蔗 ……………………………………… 68
海府布告：防范废券 ……………………………………… 68
海参会通告区乡公所，劝导欠粮各户清纳旧粮 ………… 68
海、遂两县将修筑溃堤，修堤款项已筹有相当头绪 …… 69
海府催缴各区田亩捐款 …………………………………… 69
海康蕃殖场十一月份工作概况 …………………………… 69
省行续发行辅币券，海府奉令布告知照 ………………… 70
海府饬区晓谕粮户清缴旧税 ……………………………… 70
海六区各灾乡代表到县请愿减免借征灾区地税 ………… 71
海府函各县采购改良爪哇蔗种，每万株毫银八十元 …… 71
海七区山前村组织保善社，低利借贷帮助农耕 ………… 71
海七区雷高一带谷价骤涨 ………………………………… 71
海府奉令转饬办理乡村公有林 …………………………… 72

海六区公所报请县府函转邮局添设通邮处 …………………………… 72
海府奉令饬各区乡办理造林，成绩列入地方自治考成 ……………… 72
海蕃殖场选送各项种籽与海民教馆陈列 ………………………………… 73
布贩被匪拦途劫杀 …………………………………………………………… 73
海府布告：重查第八区各乡田亩 ………………………………………… 73
省行大洋券加盖戳记与毫券通用 ………………………………………… 74
建筑材料须用国产木材 ……………………………………………………… 75
广东仁爱善堂拨款五千元赈海康风灾 …………………………………… 75
海府注意城厢治安 …………………………………………………………… 75
洋糖捐影响中秋饼业无形停顿 ……………………………………………… 76
海府购返油加里树种 ………………………………………………………… 76
海府令各田亩编绘员缴回证章 ……………………………………………… 76
驻花生坡植蔗 …………………………………………………………………… 76
田头市邮运已恢复 …………………………………………………………… 76
联合公司改订雷洋公路客车价目 …………………………………………… 77
谷类输出数量骤增 …………………………………………………………… 77
海七区北坑村民莺迁 ………………………………………………………… 77
南兴市糖业店一致不销售洋糖 ……………………………………………… 77
海府布告：禁生牛出口藉端瞒税 …………………………………………… 78
海府撤销第五区各自治捐款，解除市面商贩痛苦之出品 ……………… 78
海府严令屠户复业 …………………………………………………………… 78
烟馆营业延长一小时 ………………………………………………………… 79
税捐机关枪械须报号码 ……………………………………………………… 79
海府饬属协助统税机关缉私 ………………………………………………… 79
海府招投捐商保业 …………………………………………………………… 80
鱼地申报再展期三个月 ……………………………………………………… 80
海府招投裕发汽车公司保店东南旅店等号 ……………………………… 80
海府转令提倡采用上海中国电机厂出品 ………………………………… 81
海府派兵坐催各区田亩手续费 ……………………………………………… 81
客路市糖业分销处被捣乱案续志 …………………………………………… 81
东南旅店展期开投 …………………………………………………………… 82
海府招租县城北车站 ………………………………………………………… 82
海康推广改良蔗种 …………………………………………………………… 83
海府饬教费会整顿收入税捐 ………………………………………………… 83
每人携带不得逾廿元，铜元进口每人准携带二百枚 …………………… 83
海府招投修筑港头石坜工程 ………………………………………………… 84

广东海康县地方法院布告 …… 84
买断宅地声明 …… 85
捐税承商再搭销一个月国防公债 …… 85
海府维持鱼市秤捐 …… 85
本城前夜发生飓风，晚熟大受损失，农家愁形于色 …… 86
唐纪公路开工建筑 …… 86
海七区糖寮纷纷罢业 …… 86
海府布告：拍卖走私布匹 …… 87
海府招投咸鱼海味捐 …… 87
海府布告：招投田园一大段 …… 88
海府解决蜡类税与蜡商争执案 …… 88
海府布告：蒲苞附加捐承商起办日期 …… 89
海府布告：征收二十二年份钱粮 …… 89
海府布告：公共屠场承商起饷日期 …… 89
海康流沙一带晚熟失收 …… 90
渔舟沉没百四十艘，损失约计十万余元 …… 90
兹将雷州各界对日经济绝交委员会成立大会收支数目开列于后，请各界算核 …… 90

（三）社会 …… 91

东岳宫前偶演雨剧 …… 91
港头发生劫□，店主早有准备，此劫只损衣服 …… 91
□□启事 …… 92
鸣谢雷城同仁医院邓院长奋生启事 …… 92
海三区湖仔村李氏离婚启事 …… 92
海康地方法院布告 …… 92
海康各界征募慰劳分会通告 …… 92
揭奸声明 …… 93
七日夜飓风海潮决堤灾情梗概 …… 93
海递堤岸方修复，昨晨发生飓风，海潮又涨 …… 94
海府为救济农村，拟就第一步水利办法，布告农民依照办法进行 …… 95
海府会议筹购消防具 …… 95
海师学校筹备四周年校诞纪念 …… 96
海府拿获潜逃卸区长朱英才 …… 96
海府令饬修理济南公路 …… 96
海府订定优待儿童乘车办法 …… 96
海府召开组织救火会筹备会议 …… 97

伤天害理，图救子病绞毙三岁孙孩 …………………………………… 97
海府招告嫌疑匪犯 …………………………………………………… 97
海康各界昨举行总理第一次起义纪念会 ……………………………… 98
海府派队到石头村围捕折屋劫掠案犯 ………………………………… 98
海教联会改选委员 …………………………………………………… 99
海康县党部派员指导改选海中学校学治会 …………………………… 99
海康县各界举行九一八国耻纪念大会 ………………………………… 99
海康各界筹备纪念双十节 …………………………………………… 100
雷城各界筹备庆祝国庆首次会议 …………………………………… 101
渔船被风卷没，三人溺死其二 ………………………………………… 101
夏初村民祈雨，演琼州白话剧酬神 …………………………………… 101
海师学治会改选情形 ………………………………………………… 102
海四区井尾村附近发现虎群，菜园前塘两村牲畜被噬 ………………… 102
海康县立民众教育馆昨午举行开幕典礼 ……………………………… 102
海康第一次学艺比赛，筹备会开第二次会议，决定出题标准及聘请
　　评判员 ………………………………………………………… 102
促进注音汉字推行办法，海府转令各小学校办理 …………………… 103
海康小学学艺比赛第三次筹备会议纪 ………………………………… 104
剧场肇事案受祸者向各机关诉请昭雪 ………………………………… 104
海康各区设立学务委员会 …………………………………………… 104
海康全县小学第一次学艺比赛今日举行，昨日开四次筹备会议 ……… 105
海参议会议长庄敬会同县府党部派员勘灾情 ………………………… 106
庆祝国庆筹委会四次会议 …………………………………………… 106
飓风咸潮酿灾再志 …………………………………………………… 106
海康第一次小学学艺比赛昨日举行 …………………………………… 108
海康一次小学学艺比赛昨晚放榜 ……………………………………… 109
何局长莩悯恻灾黎 …………………………………………………… 110
海六区公所调查灾情 ………………………………………………… 110
各机关职员捐薪赈灾 ………………………………………………… 111
民教馆举办民众识字壁报 …………………………………………… 111
海师学校设奖学金 …………………………………………………… 111
海县设计会议决掘筑蓄水塘以救旱灾 ………………………………… 111
禁赌麻雀，正俗型家 …………………………………………………… 112
海六区成立区学务委员会 …………………………………………… 113
海康各界昨晨举行联合纪念周 ……………………………………… 113
海康留省学界吁请政府赈济水灾 …………………………………… 113

海师筹组教研会 …… 114
教部推行简体字，海府奉令饬各学校采用 …… 114
海师学校筹组书法研究会 …… 115
本城分局警察站岗改巡守制，使各横街窄巷皆能兼顾 …… 115
增订邓铿先生纪念日 …… 116
海康各界举行总理第一次起义纪念会 …… 116
海师续招新生放榜 …… 117
黎郭、东岭争界案，民厅饬县勘明办理 …… 117
海农校制验杀害虫剂 …… 117
昨晨海康各界恭祭至圣先师孔子 …… 117
海府奉令昨祭关岳 …… 117
海康各界昨举行九一八国耻纪念会 …… 118
海府严令查铲烟苗 …… 118
海七区大、小东堀两乡斗殴 …… 118
林大群上、下村争界，经调劝和解 …… 118
警局拿获窃匪两名 …… 119
海康各界昨日纪念朱执信 …… 119
前夜飓风灾情奇惨，海潮澎涨平洋水深数尺，沉船塌屋伤人无数 …… 119
海府令区出具无什赌切结 …… 120
公私建筑须用国产杉木 …… 120
关部劫案嫌疑妇人获释 …… 121
武帝庙改为关岳庙 …… 121
海康各界热烈庆祝双十节 …… 121
海府令大桥村修复堤岸 …… 122
海康参党两机关派员测勘县属崩溃堤岸 …… 122
雷海关解担夫十四名过海府拘押 …… 122
樵子死于虎 …… 122
初级中学应以童子军为必修科，海府令行遵照 …… 123
海中学生秋季旅行 …… 123
海六区会议散发各乡棉衣 …… 123
海四区企水港选举巡船管驾 …… 123
商号被窃 …… 124
省府准拨款修复东洋堤岸喜讯 …… 124
匪徒拦劫击伤一人 …… 124
海康各界筹备庆祝总理诞辰 …… 124
海二区会议分发各乡棉衣 …… 125

海康各界今日会议，成立风灾散赈会···125
海三区长被殴案，县府饬该区巡官查报核办·····································125
海康商、教两会定期选举县参议员···126
海府调查中小校职教员资格···126
海七区白岭村大火···126
海康风灾善后会成立，并开第一次会议分发赈款·····························126
海康各界昨举行肇和兵舰起义纪念会···127
海康风灾善后会第二次临时会议纪···127
海五区那亭村火灾···128
和家乡命案，警队捕凶击毙一命，事主鸣冤请求伸雪·····················128
二全运会昨日举行闭幕礼情形，同时颁发奖品·································128
赌输自缢···129
后排村几被匪劫···129
田头、南和两校争收校款案已解决···129
海府饬拨女校加办高级班经费···129
海府令催筹办海康市巡船···130
租界汽车驶入内地应缴费领照···130
海康教育会选定出席教育会议代表···131
海康三、四两区未能行使时间车···132
恢复田头市筹委招集流氓···132
海康各界举行黄花节纪念情形···132
海康各界欢送教导团第一营北上抗日之盛况·····································133
海府饬查贡院东街区域内户口···133
东仓北村全村茅屋惨遭回禄···133
雷城各界昨日开会庆祝双十节···133
清洁会赠种洋痘···134
安企公路通行车辆···134
海府布告：举报潜匿匪徒···134
虎患，肩挑蒲苞赶早墟，出村边被虎噬毙·······································135
组建东洋奎、胄、娄三字直堤委员···135
海三区定公坑村被劫···135
因缉私烟酿成纠纷···135
雷城各界举行总理诞辰纪念大会···136
禁烟局搜索私烟堀，拘返二名送押海一分局·····································136
同仁医院筹委会请拨调查户口费盈余之款，前日备文呈请海府照拨·······136
海康各界欢送缪县长情形···137

省行政会议议决，雷州设立农业学校……………………………………………137

　　海二区大埔村修堤岸……………………………………………………………138

三、香港工商日报 …………………………………………………………………139

（一）政治与军事 …………………………………………………………………140

　　雷州军队攻破匪巢……………………………………………………………140

　　南区驻军经营雷州善后（专稿）……………………………………………140

　　雷徐公路近讯…………………………………………………………………141

　　雷州戒溺女会进行……………………………………………………………141

　　雷州城围已解…………………………………………………………………142

　　雷州攻破斜阳匪巢续详………………………………………………………142

　　一集团拟在雷州设飞机炸弹厂，俟赴德考察员返国即成立…………………143

　　雷州海口招募处，载运新兵一批来省，已交新兵训练处训练………………143

　　增加战时生产救济难民，加紧开辟雷州半岛…………………………………143

　　雷州各属组谍查队，大举肃清汉奸，日机四架袭海康………………………144

　　雷州半岛防固，黄固师负责沿海作战…………………………………………144

　　暴风雨之前夕，当局决定粤南采新游击战略…………………………………145

　　雷州北海形势更紧张，海外日舰满载日兵企图异动…………………………146

　　沿海日舰环伺下，雷州加紧备战………………………………………………146

　　日机舰疯狂肆虐，钦廉及雷州半岛均紧张……………………………………147

　　南路各县沿海安定如恒…………………………………………………………148

　　日机舰狂扰粤南，雷州海面武装渔船满布……………………………………148

　　桂学生军开到雷州………………………………………………………………149

　　雷州军事由张负责………………………………………………………………149

　　日军犯徐闻、白沙各港，雷州城英利墟被空袭………………………………150

　　敌舰突集雷州海外，犯江洪港窜登沙堤………………………………………151

　　雷州土匪猖獗，扬言犯湛江……………………………………………………151

　　封锁线扩延至雷州………………………………………………………………152

（二）经济 …………………………………………………………………………152

　　商办雷州香港间航业之考虑……………………………………………………152

　　雷城粟价跌落……………………………………………………………………153

　　雷州发生铜元惨跌大恐慌………………………………………………………153

　　雷州蒲包免结外汇，财厅批准…………………………………………………153

（三）社会 …………………………………………………………………………154

　　惨无天日之雷州现状（专稿）…………………………………………………154

　　雷州飞机已定地址………………………………………………………………155

雷州雷电击毙巨蛇 …… 155
雷州海康发生疠疫 …… 155
雷州举行清洁运动 …… 155
骇人听闻之雷州各地放毒团 …… 156
农林局拟在雷州植蔗制糖,请省府拨款 …… 157
海康县属发生瘟疫之惨象 …… 157
雷州风灾后发生海啸恐慌,来往省雷松江商轮停开 …… 157
日机轰炸下,雷州半岛血账 …… 158
一面备战一面生产,决集巨款开垦雷州半岛 …… 158
粤计划开发钦廉雷州荒地,经费预算二百万元 …… 159
雷州教堂被炸,美向日抗议 …… 160
学潮解决后雷师迁校 …… 160
敌机群频经粤南,雷州城镇日发出警报 …… 160
义民三千,移垦雷州 …… 161

四、香港华字日报 …… 163

（一）军事、政治 …… 164

雷州匪乱 …… 164
电报军情 …… 164
法人测绘雷州地势 …… 164
法人索雷州 …… 165
电饬查禁洋船来往雷州 …… 165
雷人电请维持雷州战事 …… 165
龙氏添兵赴雷州 …… 165
将有飞机助攻雷州 …… 166
刘志陆又调兵往雷州 …… 166
莫荣新对于雷州军事之焦急 …… 166
雷州伤兵运载回省 …… 166
饬查龙军□收雷州厘金数目 …… 166
雷州绅商留兵之来电 …… 167
请拨雷威巡舰回防雷州 …… 167
股匪由琼窜扰雷州之警报 …… 167
雷州各界之请兵电 …… 168
雷州海贼之披猖 …… 168
省河各舰开赴雷州 …… 168
雷州匪首情愿投诚 …… 168

雷州匪患近志 …………………………………………………… 169
雷州余匪尚为患 ………………………………………………… 169
雷州军事杂述 …………………………………………………… 169
雷州善后办法 …………………………………………………… 170
撤销雷州善后处 ………………………………………………… 170
雷州有李福隆第二 ……………………………………………… 171
雷州善后之去火抽薪法 ………………………………………… 171
黄强奉令剿雷州土匪 …………………………………………… 171
雷民请缓裁雷州善后处 ………………………………………… 172
裁汰雷州军队竣事 ……………………………………………… 172
请设雷州绥靖处原电 …………………………………………… 172
雷州悍匪竟敢围攻清乡行营 …………………………………… 173
黄强电告李荫轩部军窜扰雷州情形 …………………………… 173
雷州下后之港闻 ………………………………………………… 174
雷州建兵房机厂 ………………………………………………… 174
日机日舰频扰各地 ……………………………………………… 174
日舰艇不断向粤南试攻，犯海安、乌石各港，日均被击退 …… 175
雷州各县组破坏队，实现坚壁清野 …………………………… 175
日机滥杀我平民 ………………………………………………… 176
日机日舰分途威胁，钦廉各属又告紧张 ……………………… 176
雷州半岛各县，日人甚难进犯 ………………………………… 177
强化雷州半岛防务 ……………………………………………… 177
雷州我军大战奸匪 ……………………………………………… 178
雷州取缔非法组织 ……………………………………………… 178
徐闻县长谈雷州岛近况 ………………………………………… 178
雷州海面日舰动态 ……………………………………………… 179
雷州半岛情势日紧 ……………………………………………… 179

（二）经济 …………………………………………………………… 180
集股垦荒 ………………………………………………………… 180
拟留出洋华工开垦雷州荒地 …………………………………… 180
雷州电报大劫 …………………………………………………… 180
劝办雷州盐业 …………………………………………………… 181
海口厘卡委员兼办雷州税厂事务 ……………………………… 181
赌商请免抽雷州地方公费 ……………………………………… 181
筹开雷州商埠 …………………………………………………… 181
匪患影响雷州厘收 ……………………………………………… 181

黄强修雷州公路计画 …………………………………………… 182
　　雷州近状 …………………………………………………………… 182
　　琼雷商人条陈规复琼海广州航行 ………………………………… 183
　　海康复兴雷州之蒲包业 …………………………………………… 183
　　改良雷州席草法 …………………………………………………… 184
　　雷州土谷米之实行运省 …………………………………………… 185
　　雷州海关禁止土糖出口，商人请收回成命 ……………………… 185
　　雷州统税征收改善办法 …………………………………………… 185
　　雷州海关查禁洋货入口 …………………………………………… 185
　　雷州出口土货已准暂免结集外汇 ………………………………… 186
　　雷州关宣布土货出口复加统制，商人再请改善结汇办法 ……… 186
　　雷州海关布告：限制妇孺带款出口，数额不得过廿元 ………… 187
　　省府兴办雷州水利 ………………………………………………… 188
　　雷州盐价大跌 ……………………………………………………… 188

　（三）社会 …………………………………………………………… 189
　　雷州灾异 …………………………………………………………… 189
　　雷州灾惨 …………………………………………………………… 189
　　遴派医生往雷州防疫 ……………………………………………… 190
　　雷州染疫之惨状 …………………………………………………… 190
　　来函言雷州情形 …………………………………………………… 190
　　照录雷州绅商学界来函 …………………………………………… 191
　　雷州人民电控杨学绅不法 ………………………………………… 191
　　呈报雷州海口厘厂被劫情形 ……………………………………… 192
　　雷州难民泣诉匪祸 ………………………………………………… 192
　　雷州船运烟土被获 ………………………………………………… 193
　　黄强摄影雷州人骨塔 ……………………………………………… 193
　　黄强去后积弊复发 ………………………………………………… 193

五、香港大公报 ………………………………………………………… 195
　（一）军事 …………………………………………………………… 196
　　日机四架首次轰炸雷州 …………………………………………… 196
　　雷州半岛战云弥漫 ………………………………………………… 196
　　雷州频遭轰炸 ……………………………………………………… 197
　　日舰威胁南路，雷州港局部封锁 ………………………………… 197
　　雷州半岛乌石港，我痛歼登陆日军 ……………………………… 198
　　雷州半岛登陆日军，遭我痛击全部溃退 ………………………… 198

雷州半岛全部解放 198
(二) 经济 199
　　雷州市面萧条 199
　　雷州海关禁止含杂土糖出口，糖商请求财部解禁 199
　　雷州海关恢复货物结外汇 199
　　雷州海关布告出口货物结汇办法 200
(三) 社会 200
　　陈策首先投资三万，倡办雷州半岛垦区 200
　　开发雷州半岛，收容难民救济米荒 201
　　省立雷州师范发生学潮经过 202
　　省立雷州师范学潮告一段落 202
　　雷州大熟，东洋万顷田晚造好 203
　　雷州半岛晚造歉收 203

六、其他报刊 205
(一) 政治 206
　　通缉海康县逃员张希梅 206
　　通缉海康县窝匪案犯唐文辉 206
　　令民、建、财三厅会办钦、防、海康等县灾案 207
　　通缉海康县区长陈岱归案究办 208
　　查办海康县长谢莲航案 209
　　南路行政视察员请委黄维玉代理海康县长案 210
　　广东海康县地方行政报告表 211
　　请拨雷州防务经费为地方善后之用案 216
　　令海康县遵照省督学报告改进教育意见办理 216
　　海康沦陷历险记 217
　　已另发救济品之村，救济区会不再配发 219
　　歹徒六人洗劫寡妇，劫去棉被一张、鸡一只、米石余 219
　　海康各界前日举行"五九"国耻纪念会 219
　　海康县政府布告 220
(二) 经济 220
　　雷州之蒲包业 220
　　海康米价略跌 222
　　雷州米价趋跌 222
　　雷州半岛徐闻县之蔗糖业 222
　　雷州水草因旱失收 227

令海康县勒令商会收回半毫流通找换券 ·················· 227
海康县之民食调剂办法 ···························· 228
奖叙海康县经募国防公债出力人员 ······················ 229
海康县市秤捐准暂抽收 ···························· 230
海康县民米征价表 ······························ 230
遂溪县地丁价表 ······························· 230
海康县呈报整理地方财政情形案 ······················· 231
查禁海康县钱粮包征流弊案 ························· 233
广东省海康县粮食调查表 ·························· 234
粤省雷州全属行盐准由合成公司承办 ····················· 234
粤区修复琼崖、雷州两场废堰 ························ 234
为改良粤产蒲包恳赐提倡维持以利民生而兴国货 ················ 235
广东雷州蒲包行同安堂邹泽稤等呈以蒲包运载 ················· 235
海康县所领洋酒税票请饬广东印花税局查明清理 ················ 236
海康征国货样品 ······························· 237
海康县合作事业指导员蒙周日 ························ 237
海康县农林状况 ······························· 238
海康县调查报告 ······························· 239
警卫大队部畜牧场成立，暂设军鸽、养鸡、养猪三部 ·············· 240
广东省乌石场制盐工业同业公会通告 ····················· 241
南兴市赵蔡氏买田声明 ···························· 241
海康县教育特种基金保管委员会布告 ····················· 241
东洋乡图阁村买田启事 ···························· 242
雷州同仁堂承顶启事 ····························· 242
海康县教育特种基金保管委员会布告 ····················· 242
松竹乡苏同村黄问兴买田启事 ························ 243
海康县教育特种基金保管委员会布告 ····················· 243
海康县政府布告 ······························· 244
李玉珊买田声明 ······························· 244
雷城外黄瑞堂买田声明 ···························· 244
陈育贤等买田声明 ······························ 245
王道当田声明 ································ 245

（三）社会与文化 ······························ 245
　　海康县长电请派医到院诊治核疫案 ···················· 245
　　雷州之大疫 ······························· 246
　　雷州兵燹后之今昔观 ·························· 247

绅商踊跃捐资劳军，县党部昨代送劳军礼品……………………… 247
　　东市乡胡排园村管田声明 ……………………………………………… 247
　　北山村陈延彪等驳斥启事 ……………………………………………… 248
　　松竹乡塘仔村某氏被迫离异 …………………………………………… 248
　　海康县客路镇周氏脱离启事 …………………………………………… 248
　　雷州乡民掘泥得金 ……………………………………………………… 248
（四）其他 …………………………………………………………………… 249
　　对于海康席草业之批评 ………………………………………………… 249
　　海康席草用途之研究 …………………………………………………… 249
　　调查海康县之席草报告 ………………………………………………… 249

后记 ……………………………………………………………………………… 252

一、申报

（一）政治与军事

有人奏广东候补通判署南海县知县徐赓陛署海康县年余，杀人数百等因

京报第四百六十四号
光绪九年五月二十日京报全录

（宫门抄）革职留任署理两广总督一等威毅伯臣曾国荃、广东巡抚臣裕宽跪奏，为查明知县被参各款，遵旨覆陈，并将前署陆丰县知县、候补通判徐赓陛请旨先行革职，听候讯办，恭折具陈，仰祈圣鉴事：窃照光绪八年正月初四日承准军机大臣字寄，光绪七年十二月初八日奉上谕：有人奏广东候补通判、署南海县知县徐赓陛，署海康县年余，杀人数百等因。钦此。当经恭录行司，按照原参各节逐一确查，据实详覆在案。兹据广东按察使龚易图详称，饬委候补知府徐玮文会同雷州、惠州、广州各府查覆。随据委员徐玮文会同雷州府知府段锡林、惠州府知府李用清、代理广州府知府饶世贞禀称，如原参徐赓陛署海康县年余，杀人数百，一日获匪数十，不研讯虚实，以五人缚作一起，沉诸海中一节。经徐玮文会同段锡林督饬现署海康县陈瀛藻调齐案卷，逐加查核。徐赓陛任内只有审办过洋盗李亚就、程生、林赐、游亚受、杨亚九、周亚周、谭德安、何亚六八名一案，又窦春竹、庄应住、林玉富三名一案，又龙怀兴、阮亚四、陈亚六三名一案，又盗犯游立皆、张赵二、谭何五三名一案，又马拔禀、李毓萌、李亚金三名一案。以上五案，盗犯均经供认在洋在陆行劫得赃，或迭犯劫掳不法，解由前署知府刘怿覆审明确，录供照章禀办。此外并无审办别案及获匪不讯虚实、缚沉海中确据。至该署县于海康任内获办洋盗李亚就等一案，查系在洋围捕，该匪等逞凶敌当师船，弁勇奋力过船，格毙悍贼，有十一名落海。其窦春竹等一案，亦有击伤落海身死之夥盗王亚溃及不□姓之阿二、妃主三名，则所参获匪不讯虚实、缚沉海中一节，或系因此讹传所致。

又原参徐赓陛陆丰县任内，下乡催粮，一郑姓老人年七十余，因言语触犯，该通判令兵役将其活埋致死，掩至半体，令勇目黄德用加砍一刀一节，经惠州府知府李用清札委即用知县张士铿，随同徐玮文前赴陆丰，会同现署县俞文莱检查档卷，并无此项卷宗。随饬传当日在场之勇目黄得勇即黄德用，及跟随前署县徐赓陛之门役邓安到案。讯据黄得勇供称，光绪八年八月间，徐赓陛下乡催粮，因郑承望之子郑妈后犯罪逃匿，将郑承望拘获勒交，如不交出，即行严办。郑承望不允，并称要办□办，因将其掩埋，颈

上有一刀伤等语。诘以郑承望当日被埋究系何人下手，颈上刀伤是否黄得勇所砍，则又翻异其词，不肯承认，质之邓安，供亦游移，当查郑妈后，现因另案获押，提出讯问。据供，伊父郑承望被埋之时，伊并未目击，伊听闻伊母陈氏之言，伊父尸身现葬在河图岭脚等语。是此案风闻有据，而迭经研审，黄得勇既不吐露真情，尸亲亦不能确有所指，事关滥杀，亟应严究。

 …………

据此，查徐赓陛被参历任各款，现在既据委员会同各该府逐一确查，其中事出有因，及并无其事者居多，均请免其置议。惟活埋郑承望一案，现经该委员等查属有因，并传提当日在场之勇目黄得勇等，及郑承望之子郑妈后到案研讯。而郑承望之死是否由于活埋，或由于刀伤掩埋，究系何人下手，颈上刀伤又系何人所砍，供词又各含混，即黄得勇亦不肯供认，案关职官非刑毙命，其致死之由是否由于勒交，抑有他故，必应彻底根究，方足折服而免枉纵，详请察核覆奏，将前署陆丰县知县、候补通判徐赓陛先行革职，听候讯办事，一面饬行惠州府提集此案一干人证，研讯确情，期成信谳等情前来。臣等覆查无异，除批饬行府提集人证严行讯办外，理合据实覆陈，并将前署陆丰县知县、候补通判徐赓陛先行请旨革职，听候讯办。为此合词具陈，伏乞皇太后、皇上圣鉴训示。谨奏。军机大臣奉旨：徐赓陛着先行革职，听候讯办。郑承望被埋身死一案，情节甚重，必须严切究办，即着该督抚严讯确情，定拟具奏。钦此。

(1883年7月4日 第三千六百七十二号 星期三 癸未年六月初一日 清光绪九年六月初一日 第十版)

雷州等营将弁兵丁拨归北海镇统辖
光绪十五年二月廿三日京报全录

（宫门抄）张之洞片，再，据广东高州镇总兵黄廷彪禀称，本年十月十三日，钦奉颁到光绪十二年十二月十九日，撰给高州镇总兵官坐名敕谕一道，仍照旧制撰给，与现在改拨营制未符，禀恳委请换给，以资遵守等情前来。臣查原设高州镇总兵，镇守高雷廉罗等府州地方，专辖陆路营汛，前经臣奏准，专设北海镇水陆总兵，裁并阳江镇，改设高州镇为水陆总兵，已将原辖之石城、廉州、雷州、钦州、徐闻各营将弁兵丁，拨归北海镇统辖，改设高州镇仍驻扎高州府城，镇守高州、阳江、罗定等府厅州地方统辖，本标左右二营暨罗定、阳江、吴川、电白、阳春、硇洲、东山水陆各营，与北海镇辖地环接，均有海防之责，其巡洋会哨章程，亦经臣议定，奏明在案。该镇自改设以来，水陆兼辖，镇守地方既与原制不同，而巡海绥边，内镇外防，情形亦异，海防有事，则应与北海镇联络一气，力固藩篱。无事则应整军设险，绥靖洋面，申警圻埭，遏缉奸宄，安辑军民。该镇黄廷彪现奉到坐名敕谕一道，既系均照旧制撰给，自应奏请更换，俾名实相符，得以瞻奉遵循，克尽厥职，相应请旨饬下，内阁查照，改拨营制及现在情形，另行撰拟恭呈，钦定颁发，以资遵守。其现奉坐名敕谕一道，俟换给敕谕到日，即由该镇恭缴。除将改设议准，原案抄送内阁，并咨兵部外，理合附片具奏。伏乞圣鉴。谨奏。奉朱批：该衙门知道。钦此。

（1889年4月4日 第五千七百三十号 星期四 己丑年三月初五日 清光绪十五年三月初五日 第十版）

张香帅特派轮船迎接雷州府属士子来省，诸人晕倒欲绝
岭表飞鸿

雷州府属距省遥远，士子之来省应试者颇觉艰辛，此届张香帅特派轮船迎接来省，多士窃相欣幸，以为可免跋涉之劳矣。讵行至半途，风浪大作，诸人不惯乘风破浪，晕倒欲绝，迨抵省后，仍属呻吟床褥病莫能兴，数十人中已病毙六七矣，吁惨哉。

（1889年9月4日 第五千八百八十三号 星期三 己丑年八月初十日 清光绪十五年八月初十日 第二版）

部选海康县知县李恩元即饬令前赴海康
光绪十五年十二月初十日京报全录

（宫门抄）张之洞片，再，部选海康县知县李恩元，先经到省缴凭，当因海康县为雷郡首邑、沿海要区，讼狱繁多，民鲁俗悍，素称难治。该员初膺仕版，于民情史事均未熟谙，经臣附片奏明，留省学习，俾资历练在案。兹查该员李恩元，自留省学习以来，于吏治事宜渐就熟悉，应即饬令前赴海康县知县本任，以重职守。据布政使游智开具详前来。除咨明吏部外，谨附片奏陈。再两广总督系臣本任，毋庸会衔，合并陈明。伏乞圣鉴。谨奏。奉朱批：吏部知道。钦此。

（1890年1月16日 第六千零一十七号 星期四 己丑年十二月二十六日 清光绪十五年十二月二十六日 第十二版）

敬陈岁科并试琼州、雷州、廉州、高州四府，及钦州、阳江并科试广州府情形
光绪十六年十二月初十日京报全录

（宫门抄）广东学政臣樊恭煦跪奏，为敬陈岁科并试琼州、雷州、廉州、高州四府，及钦州、阳江并科试广州府情形恭折，仰祈圣鉴事：窃臣于本年二月十九日，谨将岁试潮州、惠州及嘉应州岁科并试情形，具折奏明在案。旋于闰二月初一日出省，由海道前赴琼州府岁科并试。试毕，仍由海道内渡，以次按试雷州、廉州、高阳江，并于廉州棚调考钦州生童，均系岁科并试。毕后，于八月二十二日回省，接办广州府科试，于十月初一日试竣。所试五府一州一厅，文风以广州府为最盛。其次则高州之茂名、信

宜，廉州之合浦，雷州之海康、遂溪，琼州之琼山、文昌、儋州，及阳江厅，均不乏学问淹贯之士。文童应试人数广□，琼州属县有过四千人者，其余各属大县或二三千人，小县亦数百人。秀颖之才所在俱有，均各取进如额。武童弓高技勇则琼州为尤胜，考数亦最多；高州次之；雷州、廉州、阳江、钦州亦均足敷取进。臣每至一棚，一切稽察关防，倍加严密。间有枪冒等弊，即事属未成，亦必发交提调官分别究办。每逢生童正场，均终日坐堂，亲自督察，于调覆场内查察尤严。其文理稍与正场不符，或字迹与县府试卷不符，立即黜去。生童等渐知无可尝试，罔不争自濯磨，恪循轨范，其有砥行力学之士，优加奖勉以励其余。发落之日，文射勖以敦品绩学，武则勉以循分守法，以冀仰副圣天子兴贤育才之至意。臣巡试各属，所过地方旸雨应时，田禾茂盛，民情亦均安谧，足以仰慰宸厪。广州试毕，赶紧清理岁案册卷，依期报部。即行出省前往潮州、惠州二府，举行科试。合并陈明。所有微臣岁科并试琼州、雷州、廉州、高州、钦州、阳江四府一州一厅并科试广州府情形，谨缮折具陈。伏乞皇上圣鉴训示。谨奏。奉朱批：知道了。钦此。

（1891年2月14日 第六千三百九十七号 星期六 辛卯年正月初六日 清光绪十七年正月初六日 第九版）

英国苏州商轮行经雷州府属架尾洋面
光绪十八年五月初五日京报全录

（宫门抄）头品顶戴两广总督李瀚章跪奏，为营弁二次冒险救出在洋触礁商轮多命，洵属异常出力，照章吁恳奖励，恭折具陈，仰祈圣鉴事：窃据广东海防善后局司道会详：准署臣标中军副将杨安典移据管带广金兵轮蓝翎都司衔补用守备黄伦苏禀报：前奉派带镇□兵轮驻琼州差遣，于光绪十三年二月初三日，英国苏州商轮行经雷州府属架尾洋面，迷雾触礁，势甚危急，接驻海口英领事任森函请派船拖救，并奉前督臣张之洞电饬赶速赴援。该守备星夜驶赴该洋面，见该轮船身欹侧，巨浪腾涌，势将覆没，当即督率水勇冒险登轮，救出中外商民三十五名，并银柜、货物等件送交英领事查收资遣。又于光绪十六年闰二月二十五日，法国公司亚力刁士商轮驶抵琼州府属木栏头洋面遭风触礁乞援，准雷琼道派令驾轮往救。该守备瞭见该商轮被浪撼撞，船身侧水，仓猝督勇冒险跃登，救出中外绅商男、妇四十一名口，送交法领事查收安置等因。查前奉准总理各国事务衙门咨行续议《保护中外船只遇险章程》内开：嗣后文武汛官及外海水师管驾人等，遇有中外船只在洋面遭风触礁，桅倾舵折，急迫呼号瞬将沉没者，果能奋身冒险救出至三十人以上，准其比照异常劳绩奏奖等因。迭经遵照办理在案。今该守备黄伦苏二次在洋冒险先后救出英法两国商轮男、妇共七十六名口，较之一次冒险救出至三十人以上者，尤为异常出力，理合据情详请奏奖，以示鼓励等情前来。臣覆核无异，合无仰恳天恩俯准，将蓝翎都司衔补用守备黄伦苏照异常劳绩免补守备，以都司留粤尽先补用，并加游击衔，俾资鼓励，出自逾格鸿慈。除将该员履历分别咨送查核外，谨恭折具陈。伏乞皇上圣鉴训示。再，广东巡抚系臣兼署，毋庸会衔，合并陈明。谨奏。奉朱批：着照所请，兵部知道。钦此。

(1892年6月9日 第六千八百七十一号 星期四 壬辰年五月十五日 清光绪十八年五月十五日 第十二版)

广东学政臣徐琪跪奏，为雷琼岁科并考已竣，举行东江三属科试，回省考试广州府情形恭折，仰祈圣鉴事
光绪二十年四月二十日京报全录

（宫门抄）广东学政臣徐琪跪奏，为雷琼岁科并考已竣，举行东江三属科试回省考试广州府情形，恭折仰祈圣鉴事：窃臣上年在省城录送文闱遗才毕后，曾于九月初三日，将已试高、廉、钦、阳四属岁科并考情形恭折具陈，并声明雷琼两府因值恩科，乡试展至场后，该处亦系岁科并考，将一切情形归入科试办理。钦奉朱批：知道了。钦此。旋于文闱榜发，录过武场遗才后，即于九月十五日自省乘轮往试琼州。十九日行抵郡城。二十一日在彼开考。十月初六日岁试考毕。接考科试，十九日亦竣。连考武场于十一月初九日琼属文武生童一律完竣。复乘轮渡海由徐闻县境登陆，驰抵雷州府城。十七日在该郡开考，二十五日将岁试生童完竣。计通省岁试文场至此俱毕。旋举行该属科试，于十二月初三日亦竣。以次接考武场，于初八日雷属文武生童亦一律竣事。仍由原路行抵徐闻之海安境乘轮出海往试潮州。……查通省文风，向传雷琼为次，然臣每浏览群籍，如明臣唐舟、邱濬、唐胄、海瑞皆系琼人，或以文章，或以气节，并皆垂誉海表，贻芬汗青。且雷州如原任福建巡抚陈瑸，为我朝名臣，圣祖仁皇帝屡加叹赏，锡予特隆。臣思山川之奇必间世一出，未可以方隅所限稍存忽闻，是以到彼之后，加意衡校。……至于两属文风，雷州以海康为佳，遂溪次之，徐闻较逊。琼州则以琼山、文昌、万州三属为优，次则儋州、崖州，再次则澄迈、定安，若临高、会同、乐会，颇有工于写作者，而真赝杂出较他邑为尤甚。陵水、昌化、感恩数处地本最瘠，去郡城又远，是以人材较逊，然亦有应考词章文理清适之卷，臣择其写作无疵者，量与取进，亦尚足敷学额。其中士习，雷州则府学及海康为最□实，居通省之冠。缘臣到任以来，首重诸生诵法，钦定卧碑，及御制训饬士子文，各学多能实力奉行。而雷州一郡尤为整肃，士子齐集较他郡为多，且恭听之时，皆欣然若有领悟，不独文字见长。若外县遂溪一邑民俗较强。然潜心经史能登科第者，亦颇不乏人。徐闻人弱而贫，臣由海定登岸穿城而过，见城中多半草屋，人烟寥寂，途中田畴亦稀，将至郡城，农田始多，郡西亦有西湖以潴水利，陂塘一切均极坚固，旱涝无虞。……至两属武童，雷州以海康、遂溪两邑为较优。琼州则琼山、文昌、万州为胜。然此数处枪替皆多，而万州更甚。臣到粤日久，习知其弊，凡武童考试不独步箭一人，试硬弓又是一人，其不能骑射者，于马箭时亦复倩人入场，夫硬弓高下可于覆试验其弓力，若马步□之互歧，则甚难觉察。臣加意审度，知马箭之枪替，往往本人先上堂听点，代射者于展射既毕，辄绕至演武厅后。将

弓交与本人，然后由东首上堂报名，如此混淆，习为故常。臣既悉其隐因，于马射时，令巡捕官二人轮流在马道左近看视，一经射毕，即令上堂报名，不准绕至厅后；又先于点名时，记其身材长短，衣服颜色，若报名之人，身材服色与点名之时不同，即系枪替，当时加以诘问，立予扣除，众目昭彰，无从掩饰。至步射硬弓，亦随时记其年貌，必与马射合符，然后取进。惟能中五矢及开出号弓之人，其年貌上下在三四岁之间，亦才能以意见。偶疑率与屏弃，则姑为取录，覆其硬弓，至弓力不符，始与扣去。如此次覆试万州之前列数名，前场俱开出号弓，而覆试并三号弓皆不能展动，则皆枪替入场，均于当堂扣除，观者各无异说。若外州县所取武童案首并三号弓俱不能开者，臣亦一律屏除。不□瞻徇州县情面，滥行取录。……除俟通省科试完竣再行详陈外，所有雷琼岁科并考已竣并举行东江科试回省考试广州府情形，理合恭折具陈。伏乞皇上圣鉴。再，臣经过各属，民情十分安谧，过嘉应时，正在昐雨，适得甘霖，实为上稔之象，堪以仰慰宸厪。合并陈明。谨奏。奉朱批：知道了。钦此。

（1894年6月1日 第七千五百八十二号 星期五 甲午年四月二十八日 清光绪二十年四月二十八日 第十三版）

警船告示

兹本巡工司查琼州关税务司所属界内关滘尾地方所设之警船灯塔现经开点，合将其情形度势开列于下：

计开：

雷州府徐闻县关滘尾海南水道所设之四等透镜渐明渐灭白光灯，现于本年十二月初六晚开点，每半分时，循环联闪白焰双次。灯在关滘尾岛极南角，潮涨最高水表之北，相离约二十一丈，灯火距水面五丈七尺，晴时应照四十一里，除被山遮蔽外，余度俱见灯光。灯塔用螺丝铁柱竖立，柱高四丈七尺，自地基至塔顶，共高五丈七尺五寸。塔及守灯房垣俱白色，其度势在纬度北二十度十三分二十秒，经度中国中线西六度五十三分四十三秒，英国中线东一百九度五十五分五秒。

查关滘尾下有礁石，凡船只经过是处，相离此灯最少六里行驶，方免触礁之患。

光绪二十年十二月十三日第二百九十号示。

（1895年1月12日 第七千八百零七号 星期六 甲午年十二月十七日 清光绪二十年十二月十七日 第六版）

调兵剿匪

广州《博闻报》云："高雷二郡有专电来省内开：高州之石城、雷州之遂溪，均有土匪滋事，请迅派兵弁驰往剿办。"按：石遂二县境地毗连，鳞塍交错，上年曾有癫渣六等啸聚山林，负嵎自固，旋被官军捕获，业经明正典刑。大宪盛德好生，仁慈在宥，所有胁从之众，多予以招抚之恩。今之匪徒，或即其余孽乎？省中大宪得报，即酌派江协戎志率所部安勇前往遂溪，邓协戎经权率所部精选营勇，与莫都戎善积带领所部喜字营勇为乡导，前往高州协力同心，相机办理。上月廿六日，两协戎人见督宪谭宫保，面授机宜，即日乘广庚等兵轮船拨队起程，向海南而去。并闻上月廿五日，廉州府亦有专电来省禀报，缘遂溪县属与珠廉境地犬牙相错，鹤唳堪虞，倘使贼焰日张，官军缓到，则毗连数府人心不无为之摇动也。然乌合之众，如小丑跳梁，既无轮船，又无枪炮，官兵一到，何难指日敉平哉！

（1897年5月7日 第八千六百三十九号 星期五 丁酉年四月初六日 清光绪二十三年四月初六日 第二版）

雷州府海湾须让与法人为储煤、泊船之所
法人要挟续闻

二月二十九日伦敦来电云：法人向中朝要挟之四事，刻由法外部大臣与中朝驻法使臣在巴黎斯互相商议。大旨谓：法国决不肯任中朝将云南、贵州、广东、广西四省土宇让与他国，并须准法人由龙州兴造铁路，以达云南。至北海左近之雷州府海湾，须让与法人为储煤、泊船之所。

（1898年3月23日 第八千九百五十五号 星期三 戊戌年三月初二日 清光绪二十四年三月初二日 第一版）

雷州府徐闻县学教谕钟广文、应勋，前被绅耆赴省垣
控告吞扣廪粮、拘押廪生等情

广州访事人云：广东雷州府徐闻县学教谕钟广文、应勋，前被绅耆赴省垣控告吞扣廪粮、拘押廪生等情，省宪随委员前往查办。兹邑绅陈京国等又以委员得贿朦复等情，赴督辕呈控。督宪陶芷芳制军批示云："教职钟广文、应勋前在徐闻县教谕任内吞扣廪粮、拘押廪生、勒索银两，果如此禀，殊属有玷官箴。委员周长龄如有得贿情事，亦应一并严究。仰广东布政司即饬雷州府确切查明，据实禀复核办，毋稍瞻徇含混。"

（1901年9月26日 第一万零二百一十六号 星期四 辛丑年八月十四日 清光绪二十七年八月十四日 第二版）

雷匪伏诛

香港《循环日报》云：月前，广东雷州府属匪首袁洪芳啸聚数百人肆行劫掠，大宪闻报，檄令各营勇前往剿捕。迄今逾月，袁匪尚未成擒，惟于某日由潮普营勇拿获其党马亚泗等十名及袁母陈氏，一并解送遂溪县署。县主华明府研讯之下，马等皆直认不

讳，并称愿作线人获犯赎罪，明府准之，随亲督勇丁带同下乡，捕获匪人六名，带回鞫之，内有李亚兴、杨为瀛二名，一一吐露实情。明府随饬就地正法，将首级解回作乱地方，悬竿示众。

（1902年6月15日 第一万零四百七十二号 星期日 壬寅年五月初十日 清光绪二十八年五月初十日 第二版）

雷州剿匪报捷

广州访事人云：马介堂军门于上月二十六日行抵雷州，探得匪首黄十仔匿迹乐民村，因于是夜，会同方弁亿、罗弁梓材、马弁德、方弁科带同练勇袁洪、马文治、方三驰往村中，严密围捕，拘获要匪欧保、卢广高等五名。二十七晨，进围墩所村，诸匪首率众放枪拒捕，致□练勇李亚长一名，各勇努力向前，得将匪首黄十仔击毙，禽获其妻黄陈氏送交遂溪县，录取供词，验明正身，枭首示众。似此雷厉风行，地方当不难肃靖矣。

（1902年7月19日 第一万零五百零六号 星期六 壬寅年六月十五日 清光绪二十八年六月十五日 第二版）

法商船雷州遭抢劫

前者法国商船槟榔艇，行经雷州洋面，突遇匪众，大遭抢劫，事后已禀，由法员照会雷琼道，并移请督辕饬□查缉，未知能破获否也。

（1904年11月11日 第一万一千三百四十一号 星期五 甲辰年十月初五日 清光绪三十年十月初五日 第三版）

电请外部照会，阻止洋船

洋船来往雷州一案，早经粤督岑云帅札饬雷州府，不准该洋船驶入该处。兹悉云帅已电请外部，照请驻京各使转饬驻粤各领事传谕，洋商勿得效尤，以符条约。（寻）

（1905年10月8日 第一万一千六百六十六号 星期日 乙巳年九月初十日 清光绪三十一年九月初十日 第三版）

粤督张奏查明岑春煊被参各节折（续）

原奏海康县知县金鸿翯被参一节。查金鸿翯前署海康县事，光绪三十年五月，□属蔡、李两姓挟嫌互斗，蔡姓致伤事外解劝之李胜隆一名，于保辜限内身死。金鸿翯节差拘凶不获，将蔡姓伙开之同安号、荣益号两店查封，各行商准揭封发还，允送牌伞。旋据耆民蔡志上控,饬府提案讯究。据署雷州府知府关广槐具禀,谓"该员人甚朴诚,缉捕勤夺,而谳狱非其所长。此案先于两造构讼不即讯断,迨酿成命案之后,又不上紧拘凶,未免玩泄"。经岑春煊以"金鸿翥玩视人命、藉案营私"奏参革职,永不叙用。时复有自称主事陈鼎扬者邮寄禀词,指控金鸿翥贪劣,派委试用通判传博修查覆。虽赃私尚无实迹,而办事不免颟顸。惟原告陈鼎扬则查无其人,亦经岑春煊批饬后任海康县查究。原奏谓匪党匿名诬控,自系指此而言。然当日似因蔡、李两姓斗案纠参,不因陈鼎扬控告之禀。至谓关广槐逐案详查均无实据一节,原案并无此禀,无凭稽核。

(1908年8月21日 第一万二千七百七十一号 星期五 戊申年七月二十五日 清光绪三十四年七月二十五日 第十八版)

商派兵轮专防雷州海面

雷州府徐闻县濒海一带,接连广州湾,且与琼崖海口遥对,仅一海相隔。近来海盗披猖,雷防至关紧要。又接连洋界,尤须格外防备。袁督因此特移商李水提,将旧日原派兵轮专巡琼防。其雷防一带,应另派得力兵轮常川驻缉,加意防护,俾外人得免藉口,并一面先行札饬雷琼文武一体遵照,严加巡缉,毋得懈怠。

(1910年10月29日 第一万三千五百五十二号 星期六 庚戌年九月二十七日 清宣统二年九月二十七日 第十一版)

徐闻闹捐抗官详情

粤省雷州府徐闻县原抽牛皮捐,反正时已停,近因新政需款,不得不复行抽捐,即批由卢殿藩揽承。而西乡九十余村,由分商文昌人陈玉丰分承。奈市民抗不遵抽,迫得回报县知事饶。知事恐办不下,饷源无归,即派管带一员并县兵十名协助分商抽收。乃兵到未几,游民愈愤,以为官力压制。始而三十余人游哄于市,移时竟聚集数百人,附和者大声言打。该管带及商人陈玉丰见势不佳,带县兵十名欲逃,无如人多难行,只得权避入某绅家。乃乡民迫拆某绅之屋,甚急,某绅出而调和,向管带云:"姑缴军械与彼,即息事矣。"管带一时不察,将械缴出。不料枪械既缴,乱民即先将管带打死,且破其腹,割其头,牙齿尽用石头敲落。游民各买粗碗一具捧于手,分一块肉。其县兵十名,除四名逃脱外,六名已被打死,惨象亦复如前。陈玉丰亦被当场击毙,即将尸扛往善堂,后复苏得脱。此四月十七号事也。迨十八号知事闻知,立派陆军八十、县兵四十、乡团百余名驰往查办。该处乡民闻信,立即备战,四围埋伏旧式大炮以待。知事闻报,遂亲督队前往。首途时扬言往西乡,该匪即尽将炮埋西乡要隘。知事抵岸,即绕道向东行,焚烧三十余村而回。该军退走时,见其穷追将及,立放一排机关炮,伤其百余人,方互相止战。闻此次被烧损失共十余万,烧米、谷、糖、麻甚多。昨该知事已调廉州陆军五百抵徐,预备痛剿,而该西乡之匪亦预备抗战甚坚,恐尚有一场恶战也。

(1913年4月30日 第一万四千四百四十九号 星期三 癸丑年三月二十四日 中华民国二年四月三十日 第六版)

雷州兵祸之剧烈

广东自独立以来，有名人物各据一方，互逞权力。高州镇守使车驾龙与雷州司令杨学绅互相角立，积不相能，彼此交斗已数月矣。来闻两方拍电中央，情词各执。肇中某要人云，中央任林虎为雷州镇守使，即为消弭争端之故。岑西林之意，欲林速赴新任，俾免继续战争、生民涂炭。闻林已约束军队，不日率军赴任，已电两造停战听候查办。而杨学绅在雷州率其军队与民团交战，兵祸尤剧。故雷人文电交驰，极力筹请维持。兹汇录电文于下：

电一，前山来电云：朱省长、萨巡阅使、报界钧鉴：雷州军队与民团交战，杀伤乡民，糜烂难免，乞先电饬双方停战，并乞派委维持，祷切。旅港澳雷州绅学商界林荣藻等叩。

电二，岸步来电云：省长朱、报界公会、八属学会钧鉴：雷州独立以来，杨学绅抗命踞城，纵兵殃民，种种不法行为，擢发难数。合郡百余万生灵，人人自危，亟谋自保，组织乡团。炳炎不得已出而担任，为桑梓计，勉从其难。九月六号，学绅发派匪军三百余名，夜蹂土阁村，焚烧民居百余间，毙团练数命，捉获数人，合团闻变，奔走离乡。其曹联络团兵不期而集者五六千人，意欲驻附城村庄，阻其纵兵出城焚杀之路。十号，拔队前往，学绅预派匪军千余，埋伏中途迎击，当场击毙团兵七名，伤数名。学绅捏架团兵以攻城罪名，虚造阵毙炳炎及团兵数百、生擒数十等谎语，通电上峰各署。适于是日，吴参谋谊甫由高回雷，陈述车旅长来意，劝令停战，听候解决。现正饬令团兵各回原乡，静候车旅长到雷办理。谨电奉闻。又，战后翌日，学绅再纵匪军搜抢城厢内外商店、民居十余间，勒令附城各商缴三千余元，强取商米数百包，棺木数十具，全不给价，以致商家罢市，街绝行人。雷州民团局长陈炳炎叩□。

电三，雷州来电云：朱省长、陆督军、萨巡阅使、报界鉴：杨学绅派匪党谭惠泉、蔡文炳、方彪、郑兆麟、黄保忠等，渔日率队分赴遂溪、城月等团，勒缴枪械，毙乡民数命，刺伤绅士孔光辉。灰日拔队往海康、官懋各团，轰毙各团十余人，支解匪党陈秉骏、梁鸿藻、李国兴三人，焚烧芽豆坡上下全村。复分派匪兵往土角村，焚抢民屋十余家，及劫毁雷城外颜迈炳、黄杰臣、陈家礼等家，公记、三泰、隆泰、福泰各商店。现车旅长到雷查办，讵杨学绅等抗不遵命，竟于灰电诬团为匪，捏报击毙团长陈炳炎，及夺获枪械等□。漾日复亲率大队团击水门、官懋、洪富各团，抢掠焚杀，冤惨弥天。吁恳迅予派兵剿办，以解倒悬而纾雷难。无任泣□。陈穗田、罗峰、黄子琼、陈文海全体叩。宥。

(1916年10月9日 第一万五千六百八十三号 星期一 丙辰年九月十三日 中华民国五年十月九月 第六版)

林虎计擒杨学绅纪详

广东雷州司令杨学绅与陈炳炎在雷滋扰相持数月，迭经当道屡次电令查办。昨闻高雷镇守使林虎已投□，将杨擒获，并将所部兵士缴械解散，地方安谧。议员符梦松亦经林使释出，雷属商民无不痛恨杨学绅，今见林使办理此事，临机敏捷，皆称善不已。闻林使于未到任之先密派干员赴雷，将杨劣迹调查明确。此次莅任，恐其闻风远飏，特电前往安慰，并属杨将所部民军先事收束，俟抵任后再行改编。杨以林使祖己，深信不疑。迨林使莅任，先召杨学绅到署，筹商编遣事宜。林以杨所部枪枝多用旧式单响，殊不适用，饬杨悉数缴换六咪哩八。杨恐有诈，坚执不允。语犹未终，忽有卫兵攘臂而前将其捆缚，闻日间已将其解省究办矣。兹将关于杨事各电录下：

安铺来电云：陆督军、朱省长钧鉴：省议会高州朱道尹鉴：元日已将杨学绅、蔡文炳等拿获，拘押附城，已令一律缴械，听候核办。被押议员符梦松，并于盐日释出。合电闻高雷镇守使林虎呈鉴，自雷城送发印。

岸步来电云：萨巡阅使、陆督军、朱省长、报界、八属学会鉴：雷州自杨学绅、蔡文炳等招匪肆扰，八月于兹。所有屠掠、淫毁、残酷、苛勒诸惨状，迭具事实，分别文电吁诉，统邀垂察。真日，高雷镇守使林虎奉命来雷，各界高悬"复见天日"旗章，遮道燃炮欢迎。元日巳刻，号令一声，渠魁就擒，匪军缴械，其余助乱要犯多被拘囚，仅两小时，早已一鼓荡平，兵不血刃，仰见神威所到，造福良多。是日，商店一齐欢声雷动。寒、删两日决犯，乡民争观，沿途大书"人心大快"四字，足征冤愤异常。惟是首要未除，人心不安，余孽尚存，灾黎待拯。刻经征集各界公意，公推前雷州民国总局长正绅陈炳炎筹设赈济难民公所，安集孑遗。乞准电饬林使，迅将杨、蔡各匪，就地正法，以伸公愤。盼切。雷州教育会、商会各绅商学界代表梁恢岐、陈锡厘、罗海、邓祖禹、黄廷琨等亲戢。巧印。

八属学会电云：雷州高雷镇守使林钧鉴：杨贼学绅蹂躏雷州，祸冠全粤，兹已就擒，为民除害。我公伟绩，震动高雷，恳将杨贼从严按律惩办，以伸法纪而慰民望，八属学会全体叩。号。

雷州致军署电云：杨学绅被我军击伤，经已拿获，并将其军队解散，特电请指示方略，以便遵行。

按：自帝制战争起，各省军民两长，应付国家大局之不遑，而于其属吏部下渐渐无形放纵。于是官吏斁法，将士跋扈，地方人民被其蹂躏，而无可告诉者，随在皆是。法律废，伦纪斁，贿赂公行，冤案山积，几已不成世界矣。今奉天之枪毙两贼吏，广东之严办杨学绅，若辈其可稍知警戒乎？

（1916年12月2日 第一万五千七百三十七号 星期六 丙辰年十一月初八日 中华民国五年十二月二日 第六版）

龙济光之部下在雷州附近上岸

[广东电]十六日，龙济光之部下六营突然渡海峡，在雷州附近上岸，其意何居，现尚未详。陆荣廷因此已在钦州集中若干部队，以备万一。（十七日）

（1917年12月19日 第一万六千一百一十一号 星期三 丁巳年十一月初六日 中华民国六年十二月十九日 第二版）

广东之军事近闻

潮梅镇守使刘伟军自奉令为讨龙第三军总司令后，即行交卸使职于代理镇使，自率所部回省，搜讨军实，克日赴某方面加入总攻击，所部战将为李观佑、卓桂廷、林良彝、刘汉帜、关澄芳五统领，共领健儿十五营，现已陆续抵省振旅待发。又闻刘君前在汕头接廉江失守之电耗，即命秘书叙电向莫督请缨，云讨龙司令沈鸿英自率队出发后，迭在化州、石城各地与龙军剧战多次，因两方兵力均衡，胜负仍未大显，现沈司令特以高州、茂名一带为龙军主力所在，急切未能得手。日来进攻方略又转注重雷州，除调冯相荣一部，由钦廉渡海，会同省军进迫遂溪外，并电由莫督携带广玉等舰驰赴雷州，已于十一日驶抵安埔海面，开始轰击龙军大营，藉以掩护沈军登陆。现据军署近讯，安埔龙军因被水陆夹击不克支持，业向徐闻方面溃退，沈军遂即乘胜登陆，进迫遂城，不难指日攻克，是亦雷州最近之要闻也。

（1918年2月23日 第一万六千一百六十九号 星期六 戊午年正月十三日 中华民国七年二月二十三日 第六版）

广东攻龙之捷报
攻克遂溪安铺

清平来电（衔略），英于二十七日亲率东西两军，由石城跟踪追击，于分界地方与敌军鏖战半日。我军猛勇异常，毙敌夺枪甚众，敌败遂溪，我军直至城西。敌知势孤不敌，遂由东门溃逃赤坎、雷州。我军遂于二十八日早完全克复遂溪。除派队守城及安民外，仍饬各营追击。谨电奉闻。鸿英呈叩。二十八日印。遂溪行营来电（衔略），据帮统黄明堂、谭□元报告，我军进攻安铺，由东山方面紧迫，自沁日下午六时攻扑，激战两小时之久即收入东边街，我军乘势奋勇猛进，南北两路又为我军李营长应钤、农营长福廷衡击，敌势不支，纷纷从西街溃退，向海边逃走。至十二时，完全将安铺收复。除派兵跟踪追击，并飞调李农两营长率队协追务歼丑类外，合将收复安铺日期报告，追击情形如何及夺获军械数目容日当续报等语。谨电奉闻。鸿英呈叩。勘午自遂溪行营发印。

增舰驻守雷属

自高州克复后,各属龙军纷纷挟械逃窜滋扰地方,节经当道电调军舰开赴石城、遂溪一带严行堵截。兹以雷州各属海道绵长,自非增驻舰队难资周密。昨特电商第四军司令魏邦平,即将所部之广亨、平南、定安等舰调驻雷州,协同广金、广玉各舰分任梭巡,扼要驻守,俾龙军败兵无以逃窜,并饬将各舰布置情形具报查核。

四路进攻雷州

讨龙军现因龙济光大本营移设雷州,特筹策联合围攻。现定分四路进发:第四军司令魏邦平,由电白绕道某处进攻。第二军司令林虎即向某处围击。第五军司令刘达庆出发某处为林、魏两部策应。其雷城迤西一带,则由第一军司令沈鸿英分别堵截,刻已将布置各项计划联电军署察核矣。

(1918年5月7日 第一万六千二百四十二号 星期二 戊午年三月二十七日 中华民国七年五月七日 第六版)

雷州将平之消息

第一军司令沈鸿英昨自克复海康后,即督率所部直攻雷州,渐次合围徐闻,该处龙军守将唐维炯日前本与省军通款,自愿投诚,嗣因条件争执,迄未就绪。沈司令疑其有诈,深虑迁移日久贻误事机,即挥军猛进,剧烈攻击。唐维炯亦率部众千余人负嵎抗拒,鏖战五六日,仍未大分胜负。兹闻军署据最近战报:唐昨在雷州海岸附近被省军合围,敌兵被歼过半,唐闻在乱军中轰毙。刻沈司令正饬队搜寻唐尸,以明究竟。总之,龙氏踞雷只有唐维炯少数军队,今亦被歼,则龙军可谓尽覆,雷州之克当在旦晚间也!

(1918年5月18日 第一万六千二百五十三号 星期六 戊午年四月初九日 中华民国七年五月十八日 第六版)

龙济光逃入广州湾

龙济光现以军事失败,拟向法人假道由广州湾绕回海南。兹得外电,谓龙氏已率李嘉品及某某军官,业于十五日逃入广州湾,将改赴香港,或绕回海南,则以法当局尚未认可,不克进行也。至雷州方面之龙军,现以督率无人,相率溃散,雷州完全为沈鸿英所占领矣。

(1918年5月20日 第一万六千二百五十五号 星期一 戊午年四月十一日 中华民国七年五月二十日 第三版)

龙济光最近之状况

龙济光自高雷兵败后，遁往广州湾。顷有自雷州来者谓："龙济光已于十八号搭河内火船由广州湾到港云云。"据此则龙氏又抵香港矣。……又有人自广州湾来省者云："日前龙军一千五百余人携带步枪窜入租界，为法人扣留缴械，仍扣留西营地方，用茅草盖篷住宿。法人日夜派兵监视，不得越雷池一步。"至雷城方面，龙党唐维炯近被粤军包围，龙氏又无饷接济，只率残兵数千死抗粤军。一面由广州湾电催龙氏为后方接济，刻闻仍由雷州南方购运粮食，情形甚为穷蹙。昨由第一军司令沈鸿英督兵进逼沈塘墟十余里外之古劳村，占据各要隘。北方一带附近高地碉楼均架设退管炮十余尊，限于十天内会合各军，实行猛烈攻击。第三军司令刘志陆特派员来省请领子弹数十万颗，克日运返高州、安铺，以便接济前敌之用。查龙军尚有三千余人死守海康，其前线已派出据守北方之邦塘村，挑濠筑垒，甚为忙碌，尚盼望龙氏于广州湾、硇洲等处接济饷械。唐氏探悉粤军日来节节进逼，深恐四面受困，有绝粮之患，兵士或有哗变，至为焦灼。龙氏一味令唐氏派员抚慰，谓："中央日间即有大帮饷械援助。"并闻龙氏已电催京政府索饷甚急，谓"迟则全军覆没，不任其咎"云云。

（1918年5月30日 第一万六千二百六十五号 星期四 戊午年四月二十一日 中华民国七年五月三十日 第六版）

广东之雷城战事

龙军踞守雷城，经粤桂军包围月余。龙军正在粮尽械乏之际，忽有大帮军械偷渡赴雷，龙军得此接济，一跃而起，与各军拼命死战。查自前月二十三日起，昼夜连战不息，粤桂联军仍四面围攻，炮火连天，枪弹纷飞，猛烈无比。沈桂军由城南正面轰击。刘军、林军由城北侧面抢进。城边龙军于城墙上架设机关枪，连密施放，林军等恐过伤兵力，暂退里许，严紧围困，亦用大炮遥击。至二十四日，前敌各军略事休养，追至入暮，朦胧人影莫辨，龙军乘省军不备，派军偷出北门，突向林、刘等军袭攻，又由山巅之上乱炮猛击，省、桂等军急即迎战，将龙军步队截分两路，但岗上密施巨炮，无可掩护，迫得弃却稍避其炮线所及。龙军以城北之省军退取守势，复以全力猛攻城南沈桂军。二十五日仍接续战争，龙军恃形势便利，再向城外分途冲出。二十六、七两日，两军犹未息战，彼冲此击，相持不下，沈桂等军以地势上关系，还炮轰击以下向上，弹力殊减，命中不易，作战情形谅难急进，故于二十八日，率队退出白沙村以外麻亭一带堵守。彼此以平阳作战，可以诱敌取胜。但龙军自知兵力薄弱，亦只固守斯城，不敢稍逾半步。现省各军当另设法进攻矣。日前第三军司令刘志陆会合第二军林司令，决计用猛烈攻击，以期早收实效。闻刘司令即饬某帮统率兵两营乘夜攻击逼进雷城，已夺占第三重。龙党死守高山寺堡垒，用机关枪猛烈射击，某帮统只踞民房，凿穿枪眼俯射，剧战至夜深仍无结果。讵料龙军由高地用排枪连放，将某帮统头颅击破，当即毙命。刘军仍奋勇激战至天亮，即收队退守要隘。闻某帮统因公殒命，当道甚为哀悼，特电雷州宝璧兵舰运载灵柩回省开吊，已于昨日下午四时抵天字码头登岸矣。

雷州城本为石筑。自龙党唐维炯、黄恩锡等率残队死守，加筑堑濠堡垒甚多，讨龙军节节进攻，敌众亦节节拒守，苦战月余，直至五月杪始能接近雷城，将其围困，盖前未能实行，围困该城时只能三面进击，尚余近海一面不能遮断，故其接济军需粮食尚未能杜绝，此为骤难攻下之一原因也。现在水陆协力已达四面包围之目的，故作战亦愈加激烈。昨闻林司令督率各统领已攻入第七重堡垒，初以为围困三面，使其向南路溃散，免贻屠城之惨。讵龙党始终抵抗甚力，刻闻南路已请海军舰用炮轰击截断退路，免广州湾之接济，东、西、北路拟用火攻，经已购备火水油数十罐，扛入雷城四围发烧。一面即饬各路统领围困，实行猛烈攻击，并先将高山寺炮台用退管炮轰毁。并闻该城各坚固建筑工作已被大炮轰击，成为灰烬。一说谓该城已为讨龙军克复，龙军弃械逃走者不计其数，惟尚未有官电报告。又一说谓雷州绅商教会，现以两军久战无法解决，迫举代表出任调停，以龙军安全退出雷城为唯一条件。各军司令未即允准，惟仍不拒绝，以留磋商余地。故雷城方面，两日来已暂停止战事，龙军亦取守势。并闻刘司令昨特将绅商调停办法电详当道核示。按：此说与前说绝相反对，然以官中消息观之，则后说似较近事实也。

（1918年6月21日 第一万六千二百八十七号 星期五 戊午年五月十三日 中华民国七年六月二十一日 第七版）

雷州之龙军

广东电：据督军方面消息，现在雷州之龙军，为龚得胜、唐维炯二人指挥，其兵约二千人，炮数门，虽尚能抵抗，但军械药弹及其他军需缺乏，明确将于数日内可陷落。又在琼州之龙军兵数约有八百名，炮亦有数门，琼崖镇守使黄志桓已率兵二营由琼州附近之某地点上岸，与从前独立之杨锦堂共同作战，开始攻击。为此之故，龙裕光已遁走香港矣。

（1918年7月13日 第一万六千三百零九号 星期六 戊午年六月初六日 中华民国七年七月十三日 第三版）

南军最近之发展

近日广东战讯，粤军颇为得手，雷州方面已举行总攻击，旦夕可下。……兹将近日战讯录下：

攻雷

讨龙司令刘志陆以龙党盘踞雷城坚筑堡垒死守，非用猛烈轰毁未克收效。日前特派员来省谒见当道，陈述攻击雷州计画，并请领大炮火弹数箱，以便攻击之用，刻已派兵舰运载火弹□十箱，赶赴安铺登陆转解雷州。闻各司令已会议决计进行攻击，即派桂军两营向南渡进攻，现敌军纷纷渡河退守海康南门外，严阵以待。又一方面林司令调兵一营乘夜进迫二桥，轰毁高山寺炮台数座，龙军甚为恐慌。城内居民迷信神权者，多悬关帝神像，祷祝雷城不破。又龙党黄恩锡夸示于众，谓包守雷城阅四月不破，并电请龙济光速即返粤，接济饷械，倘过四个月以外，雷城一破即不负责云云。

又飞机队赴雷讨龙，现因迭接前敌各军电催驰往助战，故决定十号实行出发。该队队长李一谔昨已请派定安兵轮，将各飞机搬落该舰，布置一切，并将炸弹二十余箱配备随偕，队副张惠良分赴各处辞行，该队出发人员除秘书留省办公外，其驾驶员陈庆云、刘魁汉、吴东华及军需司事等共有三十余人。

又据雷州方面消息，前月二十六日，龙裕光派拨援军三千余人，并各种军械粮食，附搭某国邮船，直至广州湾对岸之太平营（法租界）登陆，偷进雷城。当时驻守沈塘地方（距太平营西四十余里）之粤军林虎及刘志陆所部探悉情形，赶即调集大军，准备要击，分头堵截。距龙军自太平营绕道溪石合村（洋界）进下洋田地方，粤军预伏道线拦腰猛击。龙军前队甫至下沙，忽见枪炮横加，密如暴雨，立即行伍大乱，各逃生命，粤军分途追击。雷城龙军闻报，即行派队赴援，两军相遇激战数小时，龙军改取守势，粤军亦收队停战。是役击毙龙军数百人，受伤亦不少，由琼赴雷之龙军死亡过半，执获军械粮食无算，讨龙第二军林总司令以龙军大加挫败，敌势胆寒，乘彼粮械告罄之秋接援不及，遂即会商各军同时进剿，下令自前月二十八日起，限五日内，将雷城攻破。连日两军剧烈战争，昼夜不息，四面炮声响震数里之外，粤桂各军司令亲临指挥，以期克复雷城。

（1918年7月16日 第一万六千三百一十二号 星期二 戊午年六月初九日 中华民国七年七月十六日 第六版）

琼雷之形势谈

雷州讨龙军围困雷州经两月余，迄未攻下。查雷城地势，城之东十五里即距大海，平芜一望，皆是禾田。城之北距二十里为沈塘，由是偏东北直通太平、赤坎两地，已属广州湾租界内。出西门十五里许为帮塘，由是而北直通城月、遂溪、石城。若由是而南偏东，可达冯富、麻亭、白沙等村。麻亭再东即为南渡，是等地点已绕城之西南隅。南渡正当城之南门，相距十里许，南渡之南过双溪水为南兴墟，此两地点适当雷州与徐闻交通之孔道。双溪水者，雷城南之小川也，经南渡之南，东流入海，河口成一三角洲，洲上有双溪炮台，石筑而矮小，约如顺德石湖涌口之石炮台然，内有七生的炮二尊。龙军今尚死守之雷城，龙军守将为总司令黄恩锡，统领唐维炯、沈三元，团长梁金文等军士约有二三千人左右，其运输之路有三：（一）由租界赤坎、太平以入城之北门，自沈塘为林军占屯，此路交通遂绝。（二）由东海岸穿平田入东门，此方面一望禾田，无险阻可凭依，素无军垒，今所谓包围者，此方面仍无军迹也。自粤政府将海军舰永翔等调往严行巡守东海岸一带，此路运输亦绝矣。（三）由徐闻经南兴南渡入南门，徐闻与琼州隔海相望，惟上陆以后路程颇远，但其后各路断绝，龙军亦得由此一路，而讨龙军之包围计画，亦无非欲断绝此一路交通。除林军已攻围北门外，沈军刘军之进兵线即由遂溪下城月抵帮塘，置重镇焉。再进而至冯富、麻亭、白沙，以攻其南城，并希断其南路。城之西南，城外有雷祖庙，现讨龙大队驻焉，即进攻南城之驻扎点也。城内龙军守御亦分内外两面，城内则于西南隅雉堞上筑一炮台，以掩护城外之守兵。于城外则守二乔街之同丰当铺，此当铺为顺德龙山人所开设者，龙军据之以御攻城之桂军，嗣该当铺为桂军所炮毁，龙军又退守二乔街口，相持为日已久，亦一剧战之地点也。龙军前后守御，闻共用过子弹约有三百余万，有一日耗费至三十余万之多，亦可想见战事之烈。现时城中疠疫盛行，因死兵多未埋掩所致，然争战自争战而四门洞辟如故。龙军为收拾人心计，在雷颇守纪律，惟城内商民皆知城危在旦夕，几尽迁避，每店惟余一二人看守而已，讨龙军之包围者，统计总有万余，龙军婴城孤守，始终必下。将来逃遁之路必冲锋出北门，窜入租界，盖以此路线为最短也。

（1918年7月21日 第一万六千三百一十七号 星期日 戊午年六月十四日 中华民国七年七月二十一日 第六版）

雷州龙军意欲投降

[外电] 广东电：在雷州半岛被围攻之龙济光部下之军队至于最近势益穷迫，意欲投降，然误以为围攻之者，实广西、广东军占其大半，苟投降，彼等定遭全部惨杀之祸，故踌躇莫决。旋由李烈钧之部将杨益谦（译音）向之劝降，遂决然投降。自二十三日起，其一部已解除军装，至二十四日，全部投降，卸除军装。雷州龙军之投降，将与重大之影响于南方之战局。且向日从事于围攻雷州之数师团之兵力，此后可用之于闽、赣、湘各方面，一般人士皆预料此次之成功，将使南军之战略从此得有好结果云。（二十五日）

（1918年7月26日 第一万六千三百二十二号 星期五 戊午年六月十九日 中华民国七年七月二十六日 第三版）

雷城龙军投降说

讨龙军林、刘两司令近日会师进攻雷城各要隘，其司令部相隔雷城约五里，节节进逼。日前，当道又派员招抚龙军，准其缴械投降改编。经由雷州商董会同驻雷法国教士调停止战，而各司令亦会商允准停战五天，限龙军缴械八成，饷项照给，惟龙军只允缴五成军械，另补给饷银十五万元，订明条件十余款，若能照准即降。昨据土人云：龙军困守雷城倏经两月之久，销耗弹子为数颇巨。探报敌军连日在城内轰击，多属虚放空枪，弹子将有告竭之虞。闻林司令日前亲赴炮兵阵地发放十二生的半大炮，距离雷城约六千五百米远，多能命中龙军堡垒。至我军占领城南街道，所有障碍物悉用火油焚毁，一则以便我军进攻，二则以火烟为标号，免友军有误击之虞。自本月初十日停战调和，如无解决，又拟以十六日再行猛攻。龙军无援，弹子困乏，飞机航空掷击，海康一隅指日可下。

又一函云：当道以龙军已允停战受抚缴械出降，昨特拨出招抚费十余万元交由滇军安慰员押解往雷州军前以为招抚之用。……又闻海康、南兴要隘，昨为沈鸿英所部占夺，刘志陆一军并将太平至雷城陆路完全堵截，城内龙兵确已断绝交通，粮械俱竭。沈、林两司令顷以全军兵力□进南门市，所有港口、望楼暨附城外各街多为炮弹所毁，已经无险可凭。粤、桂两籍兵官多数主张降服，独有滇籍军队主张坚持。黄恩锡睹此情形，恐军心动摇，难于持久，昨派专员驰往各营分头安慰，以励士气。

惟据另一消息则云：连日省中盛传雷州龙军经已受抚，尚非事实。查雷州龙军原籍琼州以为接济，倘琼州老巢倾覆，则雷州亦不能久存。前者琼州民军纷起，乐会、万宁各县相继失守，声势浩大，琼州府城亦加紧戒严。故雷州讨龙各军复乘势向雷城猛烈攻击，雷城南门城垣亦被炮轰毁，城中故障各物又被火油灌射焚烧，一时城中人心大为惊惧，秩序亦稍紊乱。于是由雷州商会出任调停，请双方停战五日。由初十日起，讨龙军则退出离城五里，以便彼此磋商条件。其条件虽有十余款，而最重要者则由龙军缴出军械五成，粤省当道则给以军饷十五万元，受抚之龙军仍改编为粤军。讨龙各司令详报到省，已由当道派出广玉兵舰携带现洋五万元、纸币十万元，并委某军官前往雷州招抚。不谓讨龙军退出五里后，龙军即将城垣修缮完固，以便严密之防守，复派人赴讨龙军司令部称说："城中粮饷已竭，请先给发现银五万元，以资伙食，由商会担保。"及十六日停战之期限已过，往复催促，初犹多方迁延，后查悉龙军实无降意，不过藉诈降以为缓兵之计，故十九日又复再行攻击。另一消息，龙军初非有意诈降，适琼州民军□稍失败，故又变计。其中军情变幻，殊非外人所能逆料。至以琼州方面言之，龙济光日前商准段祺瑞添募济军数十营，现由奉天陆续召募分载南下，刻经龙裕光将运到二千余名，连日在琼州五指山下分别编练，所有军官、军佐均由龙裕光亲行选择委任，并令各军官等勤加操练，以便早日开赴雷州。然大势已去，恐亦无济于事矣。

（1918年7月27日 第一万六千三百二十三号 星期六 戊午年六月十二日 中华民国七年七月二十七日 第七版）

雷城下后之善后

雷城龙军投降后，沈军入城遍查各地堡垒，均甚坚固，人民家屋则烧毁十居其九，尸骸遍地。沈氏遍出布告，劝人民返雷，并商请绅商出而维持，派医生及医兵力行筹备卫生上事宜。又一函云：雷城收复后一切善后事宜，经当道电令沈鸿英会同陈德春妥筹办理。沈总司令以该城惨遭兵燹，楼房屋宇半受摧残，入城之日即派副官差弁十余名分头查勘，察悉西北门内暨福元、平乐等街，积叠遗骸多具，尚未掩埋，各地居民已有十室九空之概。因是立饬军队先将尸体悉数掩埋，计共三十余具。其余负伤各龙军暨普通人民，一律昇往战地病院医调。至徐闻县属及海安沿岸一带，自龙军退出后，逃亡游勇百十成群，连日洗劫村落，各地市镇鸡犬不宁。沈总司令探悉确情，立将白堠现驻步炮各队，由广金、平南两舰开往徐闻择要驻扎，一面派员四出招抚逃兵，并将沿海炮台赶速修缮，俾得控制琼海一带。兹以徐境商民流亡迨遍，劳来安集，必藉知事协同办理，事乃可为。昨已委定该县巨绅黄廷琨暂行署理县务。又闻大吏以高雷属地业已完全占领，所有留守善后各项事宜，亟应妥为筹办，而原任镇守使林隐青，现因援赣军务，又须克日班师，故已往返磋商决拟暂委第五军总司令刘达庆接充高雷镇守使之缺任，以便督饬一切。昨日林刘返省，闻与此事亦有连带关系焉。

当道以雷州龙军缴械出降，只余琼州龙军负固据守，深恐迟则遗祸益烈。昨特电促前琼崖镇守使黄志桓火速进兵渡海相机收复琼州。闻已决期渡海，除电请省吏派舰运兵外，并派员来省物色电信人才随军应用。并闻省吏已令江防司令转令广金、广庚、广玉各舰及咨行盐务缉私统领，加派平南、安北、辑西、济西各舰开往雷廉候运，海军办事处亦已派舰掩护，约旬日后定可大举攻琼云。

（1918年8月9日 第一万六千三百三十六号 星期五 戊午年七月初三日 中华民国七年八月九日 第六版）

粤桂最近之战局

粤桂战争连日以来，粤军已占优胜，兹将粤军方面所报捷音依次列下：

在高雷方面者，黄大伟寒日捷电云：伟部于灰日完全克复廉江，正拟分兵痛击。桂军望风而逃，退守清湖、遂溪、安铺，向廉州方面逃窜，现高雷境内已无桂军。

又闻桂军谋夺雷州，其计画原分二种：一由杨永泰、李根源使李根云运动滇军旧部蔡炳寰等，使反其相向。一由莫正聪派人运动现隶粤军第二路陈司令觉民之旧部，陈部多属莫旧日部曲，乃予粤军回粤时，由该路副司令潘乃德指挥者，于粤桂两军未宣战前，已由张锦芳、林正煊、李根云等现往广州湾设法运动，早已成熟。故粤军出师，旬日驻雷滇军及陈部同时溃变，陈、潘两司令逃脱后，查悉尚有数营，足以自守，遂求援于琼崖善后处长邓本殷。邓即派兵在海康、徐闻等处登陆，与陈部会同夹攻变兵，各变兵闻梧州不守，均无斗志，遂四散溃逃，或缴械纳降。于是海康、徐闻、安铺、遂溪各处次第收复。雷州变兵一律肃清。李根云、蔡炳寰等均已逃往广州湾矣。

（1921年7月23日 第一万七千三百九十一号 星期六 辛酉年六月十九日 中华民国十年七月二十三日 第十一版）

邓本殷与林俊廷在雷州开战情形

林军占领安铺后之两军形势

粤省钦廉方面之林俊廷自输诚中山后，粤政府于月前助饷银十万元、子弹十五万发。林俊廷接到此项军需，随在钦城开一军事会议，决定统一南路八属之计划，分水、陆两路出高州：陆路由林部申保藩率兵三千，由廉州取道南康、公馆、白沙、山口，以攻高州属之安铺。水路由林氏商准粤政府暂借林树巍乘抵北海之永丰、北洋舰，由北海出发安铺，掩护申保藩军借舰之举，业经粤政府答允，故日昨林树巍回省，即留下永丰舰，以助林氏。顷据前方消息，林俊廷军已会同永丰舰开抵安铺附近。前月三十日，邓本殷军与林俊廷军，已在安铺地方开火。邓军守安铺者约六七百人，忽受林军海陆夹攻，势力不支，战约半天，即行败退。林军遂将安铺占领。计是役，林军夺获步枪三十余杆，军实甚多。邓军第一次受挫后，即退守高雷两属。林军则拟由安铺分两路前进，一向石城以窥化县而入高州，一向遂溪以窥雷州，并以邓军在琼州有小兵舰数艘，往来运兵雷属，昨复派永丰舰驶赴琼州海峡，向琼属之海口封锁，以监视邓军之广庚、广玉诸舰行动，并遮断邓军雷琼两属之交通。至于林军陆路方面，定期本月三日下令，开始分路攻击，由石城以攻化县、雷州者，为申保藩、苏廷有两部，南下遂溪者，为林俊廷所辖各部。而邓军之策源地则在琼州，自去年占踞高雷后，即伸势力北上侵入两阳，其时邓军甚得优越地位，盖高雷密迩琼州，既占据高雷，即具有唇齿相依之势，而高雷俨然为琼州之屏藩矣。故年来邓氏竭力经营高雷，以固后方根据地，常往来雷琼之间，布防严密。此次与林俊廷失和致动兵戎，而雷州、安铺突为林军所占领。闻邓已亲赴雷州前方指挥，并以雷州为入琼要道，连日已将远戍两阳部队撤退，集中雷州，以堵击林军分道来攻之师，并将雷州后方之步兵，由遂溪尽数调赴石城一带，而以石城为第一防线。邓氏前数日，业已出发前方，并在安铺下游组织行营，以便居中策应。至于湾泊海口之广金等舰，初拟驶往雷州调遣。嗣闻永丰舰将琼州海峡海口封锁，未能轻离琼州。故邓军兵舰连日依然寄椗海口，藉海口炮台以为保障。故此次永丰舰驶赴廉州，实予林军一大助力焉。（十月二日）

（1924年10月10日 第一万八千五百四十二号 星期五 甲子年九月十二日 中华民国十三年十月十日 第六版）

革命军旗日内可飘扬于雷州城头

［国内专电二］香港：陈铭枢马（二十一）电省：职昨午追敌至梅菉，俘无数。是晚，得俞指挥攻下高州通告，复向化州、廉江追击。雷州城萧荣标退走，黄志强梗（二十三）投降本军。又南路总挥部捷报：我军哿（二十）克高州、梅菉，第一路缴敌枪

二千八百余，第二路缴一千三百余，敌向遂溪、安铺窜，我军跟追，革命军旗日内可飘扬于雷州城头。

（1925年11月30日 第一万八千九百五十号 星期一 乙丑年十月十五日 中华民国十四年十一月三十日 第四版）

粤省南路战讯：南征军收复高、雷、廉州

（毅庐）

南路战事自南征军大破高州后，邓本殷之八属联军已七零八落，投降者已过半数。南征军分四路合围：第四军由水东西向，与占领化县之桂军俞作柏部会师，进攻廉州；桂军俞部亦由廉江向钦州进发；第二军谭延闿部、第三军朱培德部，由阳江、高州从正面进攻雷州。邓本殷率各部队自败退高州后，不敢西窜钦廉两属。盖桂军俞作柏部占据化州、廉江，以扼邓军入钦廉之咽喉。而僻处钦州之邓部，亦不得东出援应，故邓军迫得直退回南部之琼崖，固守其根本地盘。当邓军未在高州失败时，仍有实力二万人，除本部外，尚有由阳江、罗定败回之苏廷有部四千余人，陈德春部二千余人，黄文龄部二千余人，仍据守高州，作背城借一之举。无如高城四面受敌，南征第二、三军攻其北，第四军从东面侧击，桂军俞作柏部南趋断其后路，故围攻不及三天，邓军不能固守，遂由南门冲围而出。桂军俞部首当其冲，是以俞部第一、四两团伤亡独多，计连排长过半，士兵数百名。是役，邓军陈凤起率精锐二千余人退回廉州，李国华部退雷州，高州遂于二十日为南征军所占。邓军到朱华一旅有王敬三、黎民乐两部，降于俞作柏部。邓本殷军自此次受巨创后，几已不能成军。南路战事已解决十之七八矣。二十日以后，南征第四军复派队分向雷州、廉州追击。二十二日，第四军第十师在化州塘塝地方截击由高州退走之邓部二千人，俘虏甚众，获炮二门。同日，桂军俞作柏亦由化州出兵协击，邓军一部逃入遂溪、廉江一带，南征军遂向遂溪方面会攻。一方南征第四军第十师长陈铭枢复派队向雷州追击，雷州城防军黄志桓投降，余部退走琼崖。……（十二月七日）

（1925年12月14日 第一万八千九百六十四号 星期一 乙丑年十月二十九日 中华民国十四年十二月十四日 第六版）

雷州邓军与商团冲突

[国内专电二]香港：雷州邓军因抢掠与商团冲突，邓军纵火焚十三行街、二桥街店户数十家。

（1925年12月23日 第一万八千九百七十三号 星期三 乙丑年十一月初八日 中华民国十四年十二月二十三日 第四版）

邓军弃雷城

[国内专电二] 香港：雷州宥（二十六）入党军手，邓军先于敬（二十四）渡河回琼，邓军之弃雷城，系因徐闻为民军占据，故无心再战，退保琼崖。（以上三十日下午八钟）

（1925年12月31日 第一万八千九百八十一号 星期四 乙丑年十一月十六日 中华民国十四年十二月三十一日 第四版）

粤省南路之军事状况，南征军攻克雷州情形
（毅庐）

[国内要闻二] 广南军事自南征军第二军戴岳部、第三军朱培德部返旆后，前方军事已暂为停顿。最近第四军军长李济琛亲赴前敌，督率所部第十师陈铭枢部及桂军俞作柏会攻雷州，战事又忽起。查雷州为琼州前障，邓本殷于高州失败时，即集重兵于此，以固琼州之门户。故日前所有邓军余部由黄志桓等统率，准备与南征军相持，一面由邓用军舰在海面助守。南征军陈铭枢部即于二十五日由安铺等处向雷城进攻。邓本殷军以黄大伟为总指挥，指挥作战。双方相持日许，雷州邓军被陈铭枢部击退，桂军俞作柏部又由化县开来会攻，邓军如黄志桓、陈凤起等部，先后被包围，雷州孤城遂不能守。二十六晨，南征第四军陈部乃破城而入，邓军余部由黄大伟统率，乘舰逃回琼州海岛，南征军顷已将雷属敌兵悉数收编。现南征军与邓军相隔一海峡，彼此尚未接近，邓军恃有军舰及运舰为掩护，故雷州陈部一时尚未能渡海直攻琼岛。此间昨已接到前方来电报告克复雷州情形，略谓"本月二十六日，我军已攻克雷州，敌军总指挥黄大伟乘舰逃走，击毙敌军无算，雷城附近残敌已肃清"云云。顷又接安铺来电称："广州国民政府汪主席、政治训练部陈主任钧鉴，顷得前方电话，雷城残敌，确于昨天完全溃退。"同日，第四军司令部正式通告云"顷据本军江门缪主任电，据南路总指挥部参谋处电称，我军宥日晨克复雷州城，特闻"等语。刻下第四军军长兼南路军总指挥李济琛氏，在电白行营接得前方捷报后，为便利指挥起见，昨已进驻安铺，即在安铺设立总指挥行营。一方为增加前敌兵力计，电调驻后方江门之第十一师陈济棠部尽行出发，听候调遣。师长陈济棠昨已由省乘军舰出发，其所部则由江门集中，取道阳江前进，逆料一月中旬即可开抵安铺转赴前方，会攻琼州海岛矣。其业已收复之各属，则由南路行政委员着手办理善后。该委员曾在阳江召集恩平、罗定、信宜、茂名、廉江、遂溪、化县、电白、阳春、阳江、新兴、合浦、海康、徐闻、灵山等县知事，开行政大会议，一连四天，讨论整顿南路行政事宜，对于财政、治安、交通、教育等问题，均有详细之讨议，结果甚佳。但此次桂军协同会攻广南，凡桂军所占之地，颇有干政之嫌，即如化县一属，此次为桂军俞作柏部所占，对于化县县长一缺，擅自委人接充，而于南路行政委员所委派者并不承

认。故目下桂军与粤政府已发生委任县长纠纷问题,国民政府政治训练部刻已去电力争矣。(十二月三十日)

(1926年1月6日 第一万八千九百八十六号 星期三 乙丑年十一月二十二日 中华民国十五年一月六日 第六版)

广西要讯:革命军抵雷

黄委员因公赴粤

李宗仁督办,黄绍雄会办,前被举为国民政府委员后,曾经通电就职,并派白指挥崇禧常驻粤垣为全权代表,以便随时接洽。近得该代表来电,谓政府有重要事件,须待李、黄二委出席,方可解决。今李督办出巡龙州,不能同时赴粤,故黄会办于昨日(十二日)出席梧州孙总理逝世一周年纪念后,当晚与俞指挥作柏乘轮赴粤。闻抵肇庆后,与李军长济琛有所接洽,同往广州。

李济琛调师驻雷

雷州自邓本殷盘据以来,兵匪勾结,民不聊生。此次革命军抵雷后,曾剿除著匪石角三,组织除暴安良会,各种进行颇有成绩。李总指挥复鉴于雷州土匪猖獗,昨特调第十一师全部回防该地,俾得从速整理一切善后问题。

(1926年3月24日 第一万九千零五十六号 星期三 丙寅年二月十一日 中华民国十五年三月二十四日 第九版)

何春帆在雷州独立

[本馆要电]香港:何春帆在雷州宣布独立,截留税饷,海口亦宣布独立。(十一日下午九钟)

(1927年12月12日 第一万九千六百六十八号 星期一 丁卯年十一月十九日 中华民国十六年十二月十二日 第四版)

粤新编第六师在省缴械
何春帆部来省中途被第四军缴械
何部散兵交第七军收编

十九日广州通讯:新编第六师何春帆部,日前已奉明令改编为团。但何部现驻雷州,当局遂下令调何部回省改编。嗣又据报,何部有某种嫌疑,当局遂乘何部回省,即予解散,何部初不之疑,奉命后,旋拔队回省。……查何春帆最初任北江第一游击司令，去年调往南路，旋改称新编第六师，向安无异，今突被第四军缴械，外间因此颇有猜疑。至何部果因何事而致解散，刻当局尚未有正式布告也。

（1928年7月26日 第一万九千八百八十五号 星期四 戊辰年六月初十日 中华民国十七年七月二十六日 第十版）

陈济棠准备对琼用兵，雷州飞机场落成

香港：陈济棠对琼积极准备用兵，奉命开雷部队除陈汉光旅外，尚有张文滔、刘起时、梁国武三团。又购大批杉牌木筏，贮于赤坎，准备运兵渡海攻琼。雷飞机场二十八筑竣，陈济棠令黄光锐派机前往。（六日专电）

（1932年6月7日 第二万一千二百五十二号 星期二 壬申年五月初四日 中华民国二十一年六月七日 第三版）

雷州新筑机库兵棚竣工，重量飞机炸弹运雷

香港：雷州新筑机库兵棚竣工，陈济棠二十二日运重量飞机炸弹数百枚赴雷。（二十二日专电）

（1932年6月23日 第二万一千二百六十八号 星期四 壬申年五月二十日 中华民国二十一年六月二十三日 第三版）

财部饬盐商采用国产蒲包

南京：广东雷州蒲包行同安堂等呈，以该地所产蒲包原为全国盐商所采用。自民国六七年以还，长芦、营口、塘沽及河南、陕西盐商相率改用外货麻包后，蒲包乃大受打击，请转饬盐商仍照原例，以蒲包载运。实部以该项蒲包系属国产，故特咨商财部核办，可否转饬各地盐商尽量采用。财部以提倡国货，极表赞同，昨特通令各省盐运使饬商遵照采用。（二日专电）

（1934年11月3日 第二万二千一百零六号 星期六 甲戌年九月二十七日 中华民国二十三年十一月三日 第三版）

粤省府防走私，增设缉私处已商定

香港：唐海安与粤商定，增设汕头、虎门、江门、雷州等缉私分处，由财部派缉私舰协缉，此办法下月实行。（二十五日专电）

（1936年5月26日 第二万二千六百五十四号 星期二 丙子年四月初六日 中华民国二十五年五月二十六日 第三版）

日机惨炸雷州半岛

与广州湾毗连之雷州半岛为徐闻、海康等县。日舰既驶进雷州海峡,已视徐闻、海康为囊中物。刻以琼岛尚未完全占据,无暇抽调兵力犯雷。只日派飞机飞赴徐闻、海康各地轰炸,日航空母舰因停泊峡内,飞机甫起升,即达徐闻、海康,令各该地居民不及逃避。故日来上述两地惨受空袭后,死伤惨重。查月之十日,徐闻被日机炸毙居民三四十人,焚民房百余栋,县政府、县立中学、县立医院均被毁。十一日,县城又被轰炸,同日海康乌石港被日机投三弹,毙居民十人,伤六七名。

(1939年2月24日 第二万三千三百四十二号 星期五 己卯年一月初六日 中华民国二十八年二月二十四日 第八版)

日机日舰威胁雷州半岛
半岛形势利于游击战术,人心安定
据专家观察,仅在向国际示威而已

广州湾快讯:日陷海南后,又复结集舰艇多艘于琼州半岛之□。现查琼州海峡迫近海安港岸海面,泊有日航空母舰二艘、驱逐舰五艘、巡洋舰二艘,往来窥伺,作强迫登陆之企图。每日并派日机轰炸及侦察徐闻、海康、遂溪各地,故雷州形势,在日机日舰威胁下,颇为紧张,惟半岛上人口稀疏,蔗田广袤,除县城外,轰炸并不能发生若何效果,因此人心安定如恒,但据中外军事家观察,日最近行动仅在向国际示威,绝无进攻雷州之可能云。

(1939年3月8日 第三百六十三号 星期三 己卯年正月十八日 中华民国二十八年三月八日 第六版)

雷州半岛情形极度紧张

(香港)广州湾讯:雷州半岛情形极度紧张。四、五两日,雷州城内连遭日机投弹。康仁医院、图书馆均被炸,商业停顿,多数难民到遂溪。徐闻海面日舰集结,图派兵登陆。(八日专电)

(1939年3月9日 第二万三千三百五十五号 星期四 己卯年一月十九日 中华民国二十八年三月九日 第三版)

雷廉遭轰炸，粤南形势转紧

香港：雷州十一日又遭日机狂炸，法天主堂及车站均落弹。廉州十二日下午被炸，城区落十四弹，遍处瓦砾，死二伤八。广州日军东开忙，有重犯惠阳、增城、博罗势，西江日军到处赶筑工事。南路亦紧张，钟祥北、罗汉岭、流水沟、长寿店，日军均南撤，图在钟祥南窥襄河，华军已严防。（十三日下午十时专电）

（1939年3月14日 第二万三千三百六十号 星期二 己卯年一月二十四日 中华民国二十八年三月十四日 第三版）

南路情势转稳，沿海日舰仍梭巡窥伺
民众力量充强，日不敢轻举妄动，沿海日舰往来游弋泊有六七艘

南路快讯：日侵海南岛后，粤南沿海日舰即移集于雷州，沿海窥伺，一时盛传日将在雷州登陆，因此南路形势，日趋紧张。惟自军事当局加强粤南防务，各县策动民众迎战后，日知我守土力量充强，未敢轻举妄动，故情势转趋稳定。旬来粤南沿海各县，时有日舰发现，但来去不定，无法统计其确数，据连日所接各方情报综合如下：（一）防城方面，企沙海面泊有日舰两艘，白龙尾海面原有两艘，十日下午四时，忽增加二烟通日舰一艘，但无异动。（二）北海方面，冠头岭海面，十日下午泊有日舰三艘，至十一日上午七时许，全数他驶，现该处附近海面，无日舰踪迹。（三）徐闻沿海仍时有日舰往来游弋。十二日下午，海安海面发现日舰三艘，旋即向东驶去。现徐闻沿海仅泊有日舰六七艘，均属梭巡性质，尚无大举侵犯行动云。

[1939年3月18日 第三百七十三号（香港版）星期六 己卯年一月二十八日 中华民国二十八年三月十八日 第六版]

雷州防务益巩固

雷州军事全部就绪

记者一度赴指挥部访黄师长，适黄氏出巡防务，据该部高级参谋某氏谈："日人散播侵袭雷州半岛空气，已非一日。雷州我军实力雄厚，地虽滨海，与琼崖孤岛不同，地势于我有利，袭雷犯桂，谈何容易。日人不能来犯，理由有三：（一）兵源上不准许。（二）地理上不可能。（三）给养上困难大。此三点日无法打破，即无从具有作战条件。我方在雷军事布置，经甚久之经营，全部就绪，唯恐日人之不来。日人之侵琼，不外对国际威胁，急于谋和，策既失败，始扬言侵雷犯桂，益见其不可能也。"

[1939年3月25日 第三百八十号（香港版）星期六 己卯年二月初五日 中华民国二

十八年三月二十五日 第六版]

迭次进犯均遭击退，南侵日军锐气已挫

日军企图侵入海康

琼岛日军既不敢深入，一方亟亟设防御工事，似有转取守势模样。但同时日舰在海口一带者尚未见减少，且不时窥伺雷州半岛及钦、廉沿岸，并派橡皮艇数十艘到徐闻海面测探水度，又派小舰潜至电白水东各小岛掠取粮食及淡水，遇有渔船即行追捕，焚其船而溺其人。至于雷州之海康，地势比徐闻尤为重要，日军企图窥徐闻，纯系声东击西计，实际上似以侵海康为目的。海康为入廉江之交通孔道，廉江又为高、雷至钦、廉陆路枢纽，且可循公路入桂之陆川、郁林。雷州及钦、廉，不啻同为桂省之前卫线。桂军近日屯重兵于此，联合广东自卫团分段握守。最近桂军区寿年师已全部移粤南，另某某两师亦开到布防，沿海通内地之公路悉已破坏。军委会西南行营主任白崇禧近以粤南地位重要，对于国防事宜，虽有各军将领规划尽善，然仍恐百密一疏，近又派出行营参谋团前往廉州，先到濒海各要塞及各据点视察一遍，如认为应行增设或变更之处，均与当地高级长官商洽，迅速改善。闻该参谋团为战时组织之一机关，将常川驻前方，与军事长官联络，参赞戎机。

徐闻民众同仇敌忾

雷州半岛如徐闻、海康、遂溪各县壮丁刻已纷纷集中训练，尤以徐闻为多，不下六万人。徐闻近日迭遭日飞机轰炸，截至最近，该县被炸毁房屋计共一千四百一十六栋，就中以南门塘灾场尤阔，塌毁屋宇占一千一百七十所，大街占四十四间，无家可归之难民共三百一十五户，刻正由地方团体设法救济，并呈请省当局赈恤灾黎。灾户、壮丁愤日人之残酷，无不发眦俱裂，纷纷投入自卫团，准备与日人周旋到底，以报倾家荡产之仇。（廿一日）

（1939年3月29日 第二万三千三百七十五号 星期三 己卯年二月初九日 中华民国二十八年三月二十九日 第八版）

南路情势又趋紧张
日机日舰不绝窥伺雷州北海

南路快讯：关于南路沿海之忽弛忽张情形，已志前报。载昨廿一日续据南路专员快讯，日军近竟增兵五千，并由沪调到大小日舰廿余艘南下，有急速侵占全线及南路之企图。连日雷州半岛及北海关一带海面，不绝发现多量日舰日机窥伺，一时刁斗森严，情形极紧张，兹将各情志下：

南路吃紧，雷州疏散

琼岛日军除再增援五千外，并由沪增调日舰廿余艘南下，连日已纷纷开抵琼岛，且不时往来于琼州海峡、东京湾一带。北海方面，突驶到大小日舰六七艘，游弋其间，故南路形势顿见紧张。十六日起，雷州半岛亦随之告急，徐闻、海康沿海之乌石一带，不绝发现日机日舰窥伺，遂溪且终日在空袭警报之中。查徐闻、海康两县，前曾劝渝县民返县照常营业，但现以情势严重，昨特再度发出通告，疏散县市民众。同时并设立递步哨及地方梭巡队负责通讯情报工作，为利便交通计，特征用全县民有单车应用云。

［1939年4月22日 第四百零八号（香港版）星期六 己卯年三月初三日 中华民国二十八年四月二十二日 第六版］

海南岛华军四路展开游击攻势

雷州半岛日舰减少

与海南岛望衡对宇之雷州半岛，以迄北海涠洲岛海面，上月底突驶到大小日舰三四十艘之多，常出没于琼州海峡一带，截劫商船，炮轰海岸。因此南路风云遂呈紧张，而雷州半岛，情势乃更见严重。徐闻、海康、遂溪等县，当时曾下令疏散民众，应付非常。但日舰究属恐吓性质，终未大举异动。周来，日舰已大部他窜，闻系因西江及江门新会方面战局紧张，该舰等乃前往增援所致。日前停泊涠洲岛海面之日航空母舰及巡洋舰两艘，本月二日亦已离去。当日舰濒行时，曾有一艘驶到合浦县之冠头岭及电白县之寮西等处海面，游弋窥伺，但无异动。南路沿海刻已甚少日舰发现，雷州半岛三县亦无空袭警报发出，地方安谧，人心复趋镇静。惟海南岛之日舰，集中于海口者七八艘，在榆林港者数艘。

各县难民逃广州湾

据广州湾方面消息，自粤省南路紧张之后，各县民众即纷纷向内地撤退，其较富有或有亲属经商于广州湾者，则多逃来避难。连日由合浦、防城、海康、徐闻各县抵此之难民，络绎不绝，数殊拥挤。而琼岛各属民众，因不堪日骑蹂躏，或恐日骑深入，遭受荼毒，而间道逃至广州湾之硇洲岛者，数凡三四千人。至由琼逃出之难民，均甚狼狈，身无长物，情况凄凉。广州湾赈灾会西营分会，日来已分头设法收容救济矣。

（1939年5月21日 第二万三千四百二十七号 星期日 己卯年四月初三日 中华民国二十八年五月二十一日 第七版）

粤省我部队向各路推进，雷州湾日军请降

南宁二十二日电：雷州湾方面，日军派员向我方司令部请求投降，二十一日，邓龙光总指挥特将命令送交日方军官渡边中佐。

分区接收各地，军事长官派定

芷江廿二日电：中国陆军总部参谋长萧毅肃今日以何总司令之备忘录一份，交与在华日军最高指挥官冈村宁次之代表今井总参谋副长。该备忘录中关于接受日军投降之我方军事长官及其地区曾作详尽规定。其扼要志次：……（二）第二方面司令官张发奎，接收广州、香港、雷州半岛、海南岛。

（1945年8月23日 第二万五千六百四十五号 星期四 乙酉年七月十六日 中华民国三十四年八月二十三日 第一版）

（二）经济

雷州等处每有奸商贩运洋药

近日，高州、雷州、阳江等处，每有奸商贩运洋药，走漏税金，有某甲者将洋药分储衣箱内，行至阳江，被营勇拿获，交阳江厅转解省垣厘务总局，局宪发县管押，札委王司马树櫆前往查勘情形，禀覆核夺。

（1901年3月23日 第一万零二十九号 星期六 辛丑年二月初四日 清光绪二十七年二月初四日 第二版）

徐闻县拟创农牧公司

广东：雷州府属徐闻县仙桥、屯云二岭荒地，前由邑绅杨挺桂等报承开垦。嗣以经费难筹，招人承办，经左君小竹、潘君景文订立合约，名曰东兴农牧公司，禀明商务局在案，现省局暂设十八甫桂堂新街，仿照有限公司办法，以二十元为一股，拟集二万五千份，不收洋股，已散布章程招集矣。按仙桥、屯云二岭，距县城东北三十余里，土质肥沃，乡人多植甘蔗、菠萝、麻，历年出口值银百余万。禾稻、花生出口亦复不少，青

竹、棉花、槟榔及诸果实皆其土宜。溪流源源不绝，束之可灌数百顷地，随在均可畜牧，无天寒草枯之患。县东、西、南俱滨大洋，城南二十余里即海安港，输运尤便，只以地广人稀，弃而不治耳。该公司集股有成，办理得法，洵无穷利赖也。（张）

（1905年4月19日 第一万一千四百九十四号 星期三 乙巳年三月十五日 清光绪三十一年三月十五日 第十七版）

批示濬河垦荒

广东雷州属荒地甚多，现拟集资开垦。经雷州府朱守具禀周督，奉批：禀图均悉，垦荒先讲水利，自属不易良规，海、遂两邑洋田万顷，一岁三熟，所收约二十余万石。近以河道淤塞，频岁歉收，而侣塘蓄水之区又复废弃，致洋田变为斥卤下游，未获水利，上游水患迭遭。濬治之方，原不容缓。据称需费三万余两，议以岁收二十余万石为率，每百抽四，可得四万金，足以敷用。拟先借拨存当官款三万两开办，照存当利息，两年本利归还，并拟饬委雷州常关委员张秉懿管理，会绅妥议章程，所见甚是。惟须勘明河道原委，不可拂逆，水性工程尤宜确估，不可丝毫浮冒。此事既归绅办，由官督率，务须谋定后候行。布政司、农工商局详候饬遵。至星架坡招商备资五十万元，已否集有眉目，并由后任详晰禀陈。（妖）

（1907年4月3日 第一万二千一百九十三号 星期三 丁未年二月二十一日 清光绪三十三年二月二十一日 第十二版）

雷州普生公司召顶广告

启者：本公司自本五月四号开股东大会，表决停办，将公司全盘召人承受。现本公司垦场已种植者二千余亩，所有水泵及犁田、机器、房屋、货仓、农具俱全，办理五年，布置颇为完备。如有志兴办实业者，较诸从新经营相宜百倍；倘有意，请与张弼士面商，如弼士不在省港，则与薄扶林道十一号陈雨民面商便得。特此布告。

（1913年8月17日 第一万四千五百四十八号 星期日 癸丑年七月十六日 中华民国二年八月七日 第九版）

广东商民之苦税

雷州商民因雷关欲行加税，激起罢市风潮。商会及商界等已有电到省。文云：雷关拟欲加税，民心不服，致罢市三十七天，民愈愤，各行一律不能卖，村下米谷渐不出城沽卖，商场恐难保。伏乞恩准照旧收税，乞电示。雷商会印，商界全体叩。真。此电到时，高雷镇守使王纯良适因公干在省，聆斯耗后，恐中有不逞之徒藉此滋生事端，当即遄返雷州防地。不期又值并无商船，乃乘坐兵轮前往。

(1915年12月22日 第一万五千三百九十八号 星期三 乙卯年十一月十六日 中华民国四年十二月二十二日 第六版)

（三）社会与文化

广东立堂会匪最为民害
光绪二十一年三月二十五日京报全录

（宫门抄）李瀚章片。再，广东立堂会匪最为民害，前将著匪曾鲈鱼、梁其保、何肥鞍等拿获重办，近数年来颇为敛迹。臣仍饬文武各员认真查拿，不准松懈。兹据海康、遂溪、石城等县禀报，访有匪犯何帼纯等结盟拜会，当饬严拿，并派琼军左营驰往，会同各该营县上紧拿办。先获夥匪何帼纯等多名，讯明入会行劫，就地惩办。旋将匪首何帼纯及何帼景追捕弋获，讯据该匪何帼纯供认，起意创立洪义堂会名，伊为大哥，余依齿序结为兄弟，纠众敛钱，行劫得赃多次。何帼景供认听纠入会，叠次行劫得财，各情不讳。禀经臣核明，饬将该犯等正法。现在地方一律静谧，仍暂留琼军左营驻扎遂溪县，会同营县督率乡团弹压巡缉。据雷琼道杨文骏、雷州府知府李钊先后具禀前来。臣查现值海防有事，攘外必先安内，雷州为滨海要区，该匪何帼纯等胆敢创立堂名，纠人拜会，若不及早拿办，难免句结日众，滋蔓难图。该文武等先获夥匪多名，旋将首要捕获，办理尚属认真，核与拿获开堂立会首犯一名、准保二员，章程相符。合无仰恳天恩，俯准择尤请奖，以示鼓励，出自逾格鸿慈。所有拿获开堂立会匪犯讯明惩办，吁恳请奖出力人员各缘由，理合附片具陈，伏乞圣鉴训示。谨奏。奉朱批：准其择尤酌保数员，毋许冒滥。钦此。

(1895年4月27日 第七千九百零七号 星期六 乙未年四月初三日 清光绪二十一年四月初三日 第十四版)

雷州海康县田头墟遭盗贼入墟，连劫民居三十余家

《中外新报》云：广东雷州海康县属田头墟，民居铺户约百余家。九月十七晚初更时，有盗贼数百人，驾船十余号，由后海蜂拥而上，连劫民居三十余家，铺户七十余家，掳去幼女数口，伤毙乡勇二名。□盗贼入墟时，分劫各家得赃约万余两。后以大股

攻劫中和典肆，当中人竭力堵御，至四鼓后，乡民齐出，盗贼始去，擒获三名，解县审办，供出夥党甚多。又距田头墟十余里之北夏墟，人烟铺户较为繁盛，其中福来典肆，资本亦较丰厚。十月初四日，盗贼复驾船数十号，自朝至暮围而攻劫，阖墟被抢一空，赃物以数万计。事后，阖邑之民迁徙避盗，人心惶恐。府道各官急派兵轮船防堵，惟兵轮船泊在外洋，急切不能入港，以致土匪联盟、拜会者如故。闻是处著名首匪王姓、陈姓自称为"两班统领"，何姓自称为"三班统领"，结拜十八友会，名曰"食洪米"。又有李姓者结伴数人，以医病卖武为名，诱人入会，到处呼群引类，宰牲联盟，乡人共见共知，诚莫可如何也。

(1896年12月13日 第八千四百九十九号 星期日 丙申年十一月初九日 清光绪二十二年十一月初九日 第一版)

雷匪围城

广州采访友人云：刻下雷州土匪啸聚滋事。上月二十日，就安铺纠众数千人，翌日攻扑遂溪县城，幸县主葛明府，先事豫防守御得法，不致被匪攻破。府尊闻有警报，立拨营官带勇前往剿办，接战于城外杨柑墟，轰毙匪人甚多，余匪势不能支，纷纷逃散。近日雷琼镇武镇军，亦札调广玉兵轮船载勇到来，想不难歼厥渠魁，使境宇重臻安谧也。

(1897年5月21日 第八千六百五十三号 星期五 丁酉年四月二十日 清光绪二十三年四月二十日 第一版)

雷州水灾

雷州日前疫疠流行，人心惶恐，日尚未晦，相率闭门。不意天不厌祸，飓风成灾，何辜小民，遭此大厄，顷接友人惠来双鲤，言之颇详，谨节录之，以为斯民告哀也。据云：上月廿一日之夜，鱼更二跃，风伯扬威，雨师税驾，海潮陡发，咸水灌至城闉。三更以后，风势益壮，水声益狂，有如万马千军，镇夜号叫，迨至天晓，始寂无声。雷州府郅伯香太守暨海康县徐明府继梁、地方文武各官，均轻骑减从，会同登城瞭望，北隅尽成泽国，所有田园庐墓多在水中，晚稻禾苗付之流水。且田经咸水淹浸，杂粮亦不能遂其所生。骸罐尸棺随流而去，以百数十计。朝夕饔飧，无水淅米，须求数十里以外，始得淡流。遂溪县属之东洋，亦在巨浸中。事后查点伤损人口屋宇实属不鲜。计海康县属之岚村，塌屋四十椽，压毙九十命。大埠村塌屋二十余椽，淹毙三十余命。渡仔村塌屋十余椽，淹毙十余命。麻亭村塌屋三十余椽，压毙三命。洋村塌屋二十余椽，压毙七命。调排村、山尾村、西洋村、东甲步村，共倒塌屋九十余椽，惟幸尚无伤人。麻亭村之堤岸被水冲坍，茅檐竹户尽扫一空。大桥村、港东村，所有茅屋亦全行吹去。天后庙至关部横街，倒塌店铺七十余家。尚有零星不可胜计。此盖数十年以来未见之巨灾也。

大约溺毙、压毙人口当有数百。现在哀鸿遍野，待哺嗷嗷，业经地方官驰禀来省，大宪檄委胡子英通守永昌驰往赈抚矣。然终恐杯水车薪，灾多款少，尚望仁人君子，乐善好施，义粟仁浆，源来接济，庶有以拯彼一方之民也。录《循环报》。

(1897 年 10 月 15 日 第八千八百号 星期五 丁酉年九月二十日 清光绪二十三年九月二十日 第二版)

雷州灾情

雷州府风灾已纪前报。兹又接省中访事友来函称：雷属绅士修函赴省，向各善堂绅董求请赈恤。据云，海康县属于八月廿一亥刻，飓风大作，终宵达旦，势甚猖狂，沿海堤岸多半崩坏，咸潮滔滔涌入，倒塌民房，伤毙人口，难计其数。灾情之大为近廿余年所未有。现在灾民露宿风餐，饥寒交迫，伤心惨目，莫此为甚。且平壤之田一经咸潮淹浸，沃壤变为石田，非两三年不能净尽。目下米价奇贵，斗米千钱，虽蒙府县电请大宪提款平籴，并捐廉散赈，无如杯水车薪，无济于事，且为日正长，若非别有巨款，诚恐难以为继。爰是特恳诸善长一视同仁，鸿恩速沛云云。刻下闻广仁善堂已先垫银千两，解往灾区，并四出长红劝捐助赈。谅省垣富商云集，不乏好行其德之人，定能慷慨解囊，源源接济。窃为数十万哀鸿馨香祝之也。

(1897 年 10 月 24 日 第八千八百零九号 星期日 丁酉年九月二十九日 清光绪二十三年九月二十九日 第二版)

广仁善堂、广济医院等发赈接济

广省雷州水灾，广仁善堂接到告赈书信，即汇付洋银千元，以赈哀雁。兹闻灾区米贵，乃购米十万斤，委人解往发赈。广济医院亦即电汇洋银千元，并在四处劝捐，俾得源源接济。可谓当仁不让、见义勇为者矣。

(1897 年 11 月 2 日 第八千八百一十八号 星期二 丁酉年十月初八日 清光绪二十三年十月初八日 第二版)

雷灾续述

《循环报》云：雷州府属猝遭风灾，迭纪前报。兹有自该处回者言：当时山洪涨发，浩瀚奔腾，所过之处，屋宇倾塌，田园淹没，虽经闭关堵御而城不没者三版。文武各官走避高阜，越两昼夜，幕天席地，抵饥挨寒。迨潦水渐退，官民复归故居，而仓廪储积尽被冯夷君搜括净尽，无以为爨。翌日，始有由邻境贩米至者，而登垄断以左右望，高抬市价，千钱不能易斗米。民人遭此奇厄，室如悬磬，野无青草，将何以购食。

多有转乎沟壑者，乃祸不单行。附近边界又有末路英雄，潜踪草泽，乘机煽聚饥民劫掠富户，地方官避灾方已办赈尤殷，不暇查办，以致贼匪愈横行无忌，民心益为惶惑。友言如此，谅非子虚。现闻两粤广仁善堂议雇小轮船，以便载运米石前往灾区，察看情形，栞赈兼办，以济民食。想民心既安，地方即易臻安谧矣。

（1897年11月10日 第八千八百二十六号 星期三 丁酉年十月十六日 清光绪二十三年十月十六日 第二版）

上海南泥城桥永兴花园广济善堂职董李廷椿等谨启
来信照登

上海广济堂列位善长大人阁下：兹恳者，雷郡于八月廿一夜陡遭飓风，海潮随之泛涨，隄岸房屋冲塌无数，人口亦多淹毙。更可惨者，附城东西两洋田不下数万顷，为雷民养命之源，刻被咸潮灌入，微特本年颗粒无收。若无大雨冲刷使淡，来春亦难种植。小民颠连困苦，目不忍睹，口不忍述，笔不能罄者。弟忝宰是邦，目击情形，难安寝馈。昨经捐廉酌恤，并蒙本省大宪发款五千两，又得粤省广仁、爱育两善堂慨助赈银二千两、米十万余斤。惟灾区广大，受赈者得延以残喘，以济隆冬。但野无青草，室如悬罄，来春凭何接济？素谂海上诸君子饥溺为怀，恫瘝在抱，用代灾黎一呼将伯。尚祈悯恤鸿嗷，慨助银米，并乞登高一呼，广为劝募，俾数万灾黎不致填于沟壑，则感颂再造之恩，弟亦同深感戴矣。徐仁杰顿首。

附启者：敝堂昨接广东雷州府海康县徐大令来信，得悉雷郡遽遭飓风海潮之灾，数万小民颠沛流离，嗷嗷待哺。承徐大令嘱敝堂筹款接济，惜乎堂无恒产，常捐力不从心，只得录登报章，伏乞海内善士仁人大发菩提，或慨助仁浆，或广为劝募，其款请交敝堂经收，掣付收条，汇解粤东，并登报章以昭征实，是所叩祷也。

（1897年12月5日 第八千八百五十一号 星期日 丁酉年十一月十二日 清光绪二十三年十一月十二日 第四版）

海康县违律买婢

雷州府朱太守去腊具禀粤督，略谓：雷州贩卖人口之风最甚，每年出口动以万计。本月十二日，吉利轮船开时，起获幼女十余名，当即分别讯明，交其父母领回。内婢女六名，查系海康县孙令眷属所带，当饬巡警局查传各该父母，具结领回，不准再卖。查六名之中，内有名阿紫者，本为民妇，乌石三之婢，孙令因将乌石三房屋、两婢充公发卖，即将阿紫自行收用，携之返省。另有一婢名青善者，经孙令送与雷州营邢守备保童，均经卑府起出，饬交该父母领回抚养。卑府为严禁贩卖人口起见，理合禀请察核批示，云云。（岭）

（1907年2月21日 第一万二千一百五十二号 星期四 丁未年正月初九日 清光绪三

十三年正月初九日 第十版）

雷州海盗劫杀惨闻

　　雷州著匪吴桂芳等，日前假扮客商，暗搭货船，驶至海康县属河面，将船主捆缚投下海中，其舵工伙夫等，亦被枪刀致毙，弃尸下海。适遇雷威兵轮驶至，该轮管驾梅胜华立即督饬兵勇过船搜捕，当将吴犯等拿获，解交海康县审办，各匪供认不讳，已通详大吏，按法惩办矣。（涯）

（1907年9月21日 第一万二千四百四十六号 星期六 丁未年八月十四日 清光绪三十三年八月十四日 第十二版）

日僧违约传教

　　张督昨札行胡藩宪云：查日本僧人安满了仙，藉游历为名，前赴雷州府属地方，违约私行设堂传教一事，前次迭经照会日本领事官查禁。旋据海康县秦令广绥电禀称，日僧安满了仙奉给护照来雷游历，私串棍徒吴家齐、林妃坤，尼姑修明、梁文彩、官世珍、秦胜明等造谣惑众，强占职员颜学之承子颜元祐房屋等情。

　　查该日僧来雷数月，闻宿娼、饮酒、赌荡共费不下二千余元，全系尼姑修明等供给。该尼姑等产业有限，难遂无厌之求，以致日僧和盘托出，禀明系藉名游历私行来雷传教。惟该日僧在雷敛钱不少，现复禀请追偿各费，显系讹索。拟请宪台照会日本领事，迅饬该日僧回省，追缴游历执照，驱逐回国，以免滋事等情。并据秦令将民人刘海章、梁文彩，尼姑秦胜明供词，及入教章程、证书、徽章等件禀缴前来。当查该日僧安满了仙藉游历为名，前赴雷州私行传教，已属大违约章。乃竟串同棍徒吴家齐等强占颜元祐房屋物件。并据梁文彩供称：该民花了百余元，日僧派充副董事，给有金牌徽章一个、文凭一纸。又据秦胜明供称：该僧勒人入教，索银不遂，动以洋枪吓放，或用枪打人等语。是该日僧惑众敛钱，强横勒诈，凿凿有据。且查该僧章程内称"本教信徒当共结团体，如有横逆之施欺凌之事，必当力为护卫，免碍进化，设护卫部"等语，竟与匪徒聚众拜会之语无异。似此违约煽惑种种不法，非特扰害中国治安，且于中日两国感情尤为大碍，断难稍容。照请日本领事立即电饬该僧回省，严讯究办，追缴前给游历护照注销，驱逐回国，嗣后不准该僧来华游历，以免滋事。并批饬海康县严拘棍徒吴家齐等，务获解省惩办，以昭炯戒。至该日僧既控吴家齐等欠交费用，所有女尼秦胜明等供开该僧勒诈各节，难保日僧回省后不饰词狡赖，并饬该县迅将秦胜明、梁文彩、刘海章三犯刻日解省，以凭指证各在案。兹据署海康县秦令将梁文彩、刘海章、秦胜明及续获之秦李氏尼姑李修能、陈程玉、陈宝光等七名口，押解来省，听候质证前来。除照催日本领事电饬日僧回省惩究，并先将该犯等票发南海县查收，一俟日本领事照复，再行札饬该县提犯讯明，分别办理外，合就札饬。札到该司，即便遵照办理。

(1908年6月29日 第一万二千七百二十号 星期一 戊申年六月初一日 清光绪三十四年六月初一日 第十一版)

雷州患疫之惨状

雷州疫症近益加剧，该处卖鱼街及遂溪宾兴祠前一带，住户几绝人迹，尤以南亭街为最盛。市场旬日以来，各商店均于下午三点余钟，即行闭户，北街一带亦然。惟广帮商人染疫颇少。土人毙后，多以蒲包卷殓，浮葬于谢公墩之侧。近以雨水过多，尸骸重叠，初掩之浮泥陷落，尸骸暴露，随同雨水流入西湖塘，复入西门濠，穿城而出东濠，其濠沟之水，偶有停蓄之处，一经太阳蒸晒，臭气熏天。闻该处酒楼、妓馆尤冷落异常，各妓多迁往赤坎花□，商人尤为叫苦，现正商议请求减饷，俾免亏累。

(1915年7月15日 第一万五千二百三十八号 星期四 乙卯年六月初四日 中华民国四年七月十五日 第七版)

有匪船多只常往来海、徐两邑港口

雷州来电云：军政府、督军、省长、报界公会鉴：海、徐盗匪现更猖獗，海属东海仔等处于三月十五被焚十三乡，毙五十二命，掳男女数十人。四月四日徐属迈陈墟一带被焚三千余家，毙四百余命，掳男女百余人。各匪均用振武军旗帜。现有匪船多只，常往来海、徐两邑港口。惟大股匪踪探在琼属澄迈之东水等港，集处民居周围约四十里。该处绅民非特不据情上闻，且有通匪窝贼包揽趸卖情事。恳饬琼崖镇道迅剿，并饬广利兵舰速来缉捕。吁切！海康县保卫局长何柵、海康南会长梁禹畴、劝学所长曾兆桐、徐闻商会长杨挺桂、劝学所长苏步濂暨两邑绅民叩。啸印。

(1919年4月28日 第一万六千五百九十号 星期一 己未年三月二十八日 中华民国八年四月二十八日 第七版)

雷匪第二次率党焚洗雷州
广东雷属之惨劫

雷匪首领李福隆，于前月二十五日，第二次率党焚洗雷州。兹据该处通讯详述，各地焚劫情形如下：（一）遂溪、海康两县交界之乐民区被焚屋宇七百余间，男、妇死者一千八百余人，被掳一千五百余人。（二）河头区亦系遂、海两县交界，被焚屋宇四百余间，男、妇死者九百余人，被掳五百余人。（三）田头村二月二十八日被劫焚屋五百间，男、妇死者六百人，劫后检得尸首者只一百七十具。（四）雷城西北至乌泥塘市，被焚村落计六十余处，男、妇死者约三千人。（五）遂溪城东至新桥，被焚村落计五十余处，男、妇死者约三千人，其余被焚杀之小村落，死者一二百人均不计入数内。可见当时匪党杀戮之惨。故雷人无不呼李匪为第二张献忠。又闻滇军离琼之后，被雷属土匪李福隆率众截击，该军与之决斗，沿途追剿，以茅洞三角山一役为最剧烈，交战至八小时之久，始将股匪击散，而当时第二梯团长何福昌亲行督剿，勇敢异常，卒被流弹伤及足部，其势颇重，屡医未痊，故昨已搭轮来省就进医院，以便调理矣。

（1921年3月29日 第一万七千二百七十五号 星期二 辛酉年二月二十日 中华民国十年三月二十九日 第八版）

雷州惨被焚劫之请援
死者无算

雷属各界代表电粤当局云：广州大总统、徐省长钧鉴：雷民被匪焚杀，惨无天日，数载于兹，积至今日，蔓延愈甚。去年讨贼军兴，匪徒乘机蠢动，啸集十余小股，合为大股，数达二千有奇，枪枝数百杆，冒称高雷讨贼军林总司令部下，未知是否受林总司令委任。计自上年十二月间，在徐闻县属之剪刀湾山招集时，首向东区曲界市至白沙社附近各处，杀毙居民十余命，被焚村庄三千余户，掳去妇女及不知下落者千四百余名。至本年正月二十四日，即向海康迤南之那斜、草白、乃家、铜鼓各村，北至遂溪之城月一带，被其焚杀、逃溺及非刑而死者四千余命。计掳去妇女、儿童千余名。迨至二月十旬，更复围攻雷城，兼旬不解。驻城部队黎民乐急调海、遂民团，三面夹击，该匪退却数十里，又愤将附城之沈塘、秀山、榜山、崩塘各村尽行焚毁，掳杀千余命。现正尸填沟壑，遍野哀鸿。雷民何辜，遭此惨祸？况黎部孤城独守，势难久持，绅等或接家乡函电，或间关奔驰，危甚倒悬，情殷壶浆。用特据实联叩钧座，俯念地方危急万分，迅准檄调黄总司令明堂，刻日到雷维持，以苏孑遗，实叨恩便，临电无任迫切待命之至。雷州三属绅商学界代表王天一、何兆衡、谭鸿任、麦雨年、陈成雅同叩。冬印。

（1923年3月13日 第一万七千九百七十四号 星期二 癸亥年正月二十六日 中华民国十二年三月十三日 第七版）

粤省南境风灾
海康决堤南郊成泽国

广州通信：粤省南路各属地濒大海，每当风季，常有飓风之虞，故当地人士几于每年受风灾一次。去年十月间，海康、遂溪等属巨风来袭，海潮澎湃，冲毁堤岸百数十丈，田园庐舍荡然无存，迄今疮痍未复。讵本月八日，风警又报，其损失不亚于去年。查海康县自去月以来，一向天气晴朗，且热度甚高。至本月七日晚，天气陡变，西北风从海洋中挟骤雨俱来。一时陆上风声虎虎、屋瓦震动，势如万马奔腾。居民均从梦中惊醒，补漏闭门，状殊狼狈。至夜深五时，风势更烈。直至八日，风仍未止，拔木沉舟，吹倒屋宇，演成巨灾。县城外地势低洼，海潮上涌，堤岸为之溃决，南溪一带尽成汪洋。南门外之墨亭乡、墨城村、白沙圩、南门市、北调会等村落，已在巨浸中，仅露山岗树杪，一二小舟来往而已。附近南郊水深四五尺。闻去年崩决后之围堤多数冲决。墨亭湾之新堤，全部被海水冲塌，所有晚造禾稻及杂粮，已扫荡一空。城内难民麇集。雷州师范学校及县立第一小学之教室及宿舍，均被风吹倒。海康县长林振德，除一面电饬灾区区长调查灾情外，昨复电省报告，略谓"八日晨飓风陡起，海潮暴涨，南北堤岸决口多处，东西洋被浸，灾情不亚去年"云云。（十月十八日）

（1935年10月24日 第二万二千四百四十九号 星期四 乙亥年九月二十七日 中华民国二十四年十月二十四日 第八版）

二、雷州民国日报

（一）政治与军事[①]

海康昨开庆祝廿八年元旦纪念大会筹备会议纪

（本城讯）一月一日为中华民国成立纪念日，海康县党部为庆祝元旦起见，特于本月廿四日召集各界在海康县党部礼堂召开庆祝元旦筹备会议，兹将议决案抄录于下：

甲、报告事项。（略）乙、讨论事项：一、……二、纪念仪式应……案，议决：（一）是日纪念大会，本城各机关团体学校全体参加。（二）是日由雷城警察所通饬本城各□□一律悬旗张灯结彩志庆。三、关于大会主席团及□□应如何推定案，议决：推定十二区游击司令部、□政府、县党部、保安连部、县商会为主席团，并推定□□司令为主席团主席。四、关于纪念日应如何宣传案，议决：由雷师、海中两校各派宣传队五队、青抗会派宣传二队，前赴城厢内外宣传。五、关于大会标语口号及告民众书应推何人负责起草案，议决：由县党部负责起草。六、关于大会经费应如何筹措案，议决：大会经费定为毛券十元，由本会函请县政府拨支。七、关于大会印信应如何借用案，议决：向县党部借用。八、关于大会地点及时间应如何规定案，议决：地点中□纪念堂，时间廿八年一月一日上午九时云。

邓司令对廿二干教队毕业学员训词

雷州是很蔽塞的地方，在这很蔽塞的地方里，来开办一个军事教育机关的自卫团干部教导队，当然是一件很不容易的事，然而事势上又不许我们把这件事丢开不理，所以兄弟便亲赴省呈准上峰，开办现在的第廿二干部教导队。教导队开办了，学员们上课了，但不到一个月，突然给战事影响，经费发生问题，又奉令结束停办。那时候兄弟再四思维，认为这事是不宜半途而废的，兼之，和□学员着想，在这里受训不满一个月，所得无几，又怎样能够回乡工作呢？结果，兄弟便将各县集结大队一个中队的款项来继续办理下去，经过三个月，到今天才算得到毕业。

雷州从来很少举办军事教育的。民国以来，在十一年间，曾办过一间南疆讲武堂，是没有主义的雷州人极少入堂受训。现在当此非常时期，又办这教导队，是□主义，要

[①] 《雷州民国日报》是民国时期雷州地区重要地方报刊，原件现存于雷州市档案馆。现存报纸部分版面标注明确日期，多数因原件经人裁切装订导致具体出版日期缺失，难以辨识。据文本内容中涉及的重大事件、行政机构变迁及行文格式特征综合推断，其主体存续时段应为民国十五年（1926年）至民国二十六年（1937年）间。

救乡救国的，当然以此次为最伟大。

今天举行毕业典礼之后，各学员便要分散回乡工作了，在这临别赠言的时候，兄弟是有三件希望来贡献的！

第一，我们知道，学术是没有止境的，求学是要致用的，所以我们是要读书不忘做事，做事不忘读书，才能相得益彰。本来，军事学术，最低限度也要学过三五年，方才得到多少工夫，各学员在队里受训，经过这短短的期间，对于军事学不过是晓得一条普通的门径。现在离开课堂操场，回乡去做事，我希望各学员要随时随地把所受训的学术科来温习，并多购军事学书籍来参考研究，切不可自己认为读书已结业，把"读书"两个字忘记。

第二，教导队里的生活，是新生活化的，是军事化的，各学员到这里来三个月，初时总不免觉得勉强些，可是现在想已习惯了。我希望各学员此后要把这种军人生活保持着，把这种刻苦耐劳、坚忍硬干的精神表现着，回到乡村里去做大众的模范，改革大众那种陈旧、颓丧、污秽的生活，切不可把我们这种生活和精神变更，再给大众那样陈旧、颓丧、污秽的生活吸收同化。

第三，现在万恶的敌人，差不多要闯进我们的家里来了，无论男女老幼，都要组织全民游击战，负起抗战的任务，和敌人拼命。各学员更抱定革命的人生观，要牺牲□□来负起抗战的任务，做大众的前驱。我希望各学员回去，要做自卫团队中坚的干部，负起责任去尽量组织和切实训练自卫团队，把这里所学的学术科忠实地去教导我们自卫团，将来组织全民游击战，务必造成个个乡民都是游击战的战斗员。人人抗战，时时抗战，处处抗战，来消灭万恶的敌人。

以上三项贡献，希望各学员实行接受、负责，完成这个重大使命才能保乡卫国。学员们，努力吧！"抗战英雄"的荣誉！我□是当仁不让的，我们□勇往直前，不顾牺牲……

海康社训部干训班招考学员

本城讯，海康县社会军事训练总队部昨布告云：案奉广东国民军事训练委员会廿六年十二月一日社字第四七七〇号训令，附发广东省各县社训干部训练班养成计划，饬遵照办理，等因。奉此，自应照办。当经派员筹备，并于廿六年十二月廿七日，召开社训干部训练班委员会议，议决成立学员队一中队、军士队二中队。除军士队饬由各乡镇选送优秀壮丁编成外，学员队则调各年富力强之乡镇长副编成之。惟人数不足一中队之额，权准由初中毕业以上或具同等学力者考选编足，以符定额。当经通过在案。兹已筹备就绪，亟待成立，合行布告周知，仰各热心服务社训者，即照后开章程前来报名可也。此布。附招考章程一份。

一、名额：六十名。二、报名日期：由一月十日起，至一月十七日止。报名时间：每日上午八时至十一时，下午一时至五时。三、报名手续：缴验二寸半身相片二张，毕业证明书，及觅商店一间或地方具有资望者一人担保，于报名时注明，考试取录后补缴保证书。四、报名地点：海康县政府。五、考试资格：以籍隶海康具有初中毕业以上或同等学力者，前警卫队干部训练班训练期满者。六、考试课目：（一）检验体格（体格不及格不得笔试）；（二）国文（不拘文言语体）；（三）党议；（四）常识；（五）口试。七、考试日期：一月十八日上午八时至十二时。八、开学日期：一月二十日。九、训练期间：预定两个月，必要时得伸缩之。十、缴费：考试取录后，须缴足两个月膳费共毫券一十四元，否则将名取销，由备取者按次递补。十一、待遇：训练时由班本部发给军服全套及需要之书籍、笔墨、纸张等。训练期满后，由县政府及社训总队酌予录用，生活费由十六元至三十元。十二、其他：考试时须各携带笔墨，试卷由社训总队发给。

海康县党代会宣言

海康县党部第十五次全县代表大会宣言草案，昨经修正发出，兹探录其原文如下：溯自孙总理手创本党揭竿革命以来，因环境之阻逆，本党主义与政纲，未得逐一实现，驯至国力不充，国运转而日趋衰殆，殊深浩叹！试观近数年间，暴日之侵凌日益加甚，自"九一八"事变，夺我东北四省后，进而威胁我华北，迫我政府撤退疆吏，解散当地党部。近更变本加厉，嗾使一般卖国汉奸，以殷逆汝耕等，出而进行华北自治运动，成立所谓"华北自治政府"，造成严重之局面，阴谋分裂我华北五省之疆土，从而侵夺之，以遂其大陆政策之迷梦。党国之垂危，于斯已极，凡我国人，若不急图趋救，亡国灭种之祸，转瞬立至。本大会同人痛追往昔，抚念今兹，佥以国族之危亡若是，其原因虽多，要皆在国人爱党爱国之观念薄弱，不知国家处境危险，各持自私自利之所致也。于今而后，我侪应奋起而澈底悔悟，一本总理遗教，下最大之奋斗牺牲决心，以民族国家为前提，积极组织领导及训练民众。至低限度，务期能固结全县三十余万民众之力量。

海康党部十五全代会昨日开幕

是日出席代表廿一人，下午讨论提案，今日选举出省代会及下届执监委

海康县党部第十五次全县代表大会，原定本月二十日举行，后以奉省党部令将会期提前昨（十七）日开幕。兹将其开会情形略志如下：该会开幕礼原定于是日上午十时举行，在未行开幕之先，该会秘书处特依开会程序，先于上午七时召开。

预备会议

推举大会各部人员及各项委员会委员，计推定陈培元、莫鸣岐、陈兆松等为大会主席团，陈兆鳌、莫鸣岐、郑立行等为提案审查委员会委员，黄志伊、陈培元、陈兆鳌等为宣言起草委员会委员，辛成材、陈兆松、黄志伊等为决议案整理委员会委员，至十时即举行。

开幕典礼

计到区分部代表，第一区一分部莫鸣岐、二分部陈元鼎、三分部庄谦、四分部李谱传、五分部冯景文、六分部吴善初。第二区一分部何仕标、二分部黄炳燊、三分部颜锦华、四分部莫咏畴。第三区一分部辛成材、吴守山，二分部何文康、三分部郑春和、黄天德。第四区一分部杨舜、二分部陈兆松、三分部庄济川。第五区一分部吴乐平、二分部邓龙腾、三分部杨宝梓。县党部执委黄志伊、陈培元、陈兆鳌，监委郑立行，县党部全体工作人员，省党部监选员全观铭。来宾有法院何元勋、邱兆骥，雷城分局郭作求，教育会莫纯熙，第三初小唐文祯，县蕃殖场黄汉如，女小何湘，南市初小翁继璜，县合作指导处蒙周日，雷师学治会陈志青、林业勤，县长林振德，县兵队刘福光，县特务队苏灿然，同仁医院□□□，一小符度文，本社王元亮，简师学治会□英，简师学校莫□宗……分会蔡一美，县参议会庄敬，县商会莫宅商，民教馆李华南，一区公所□桑，雷师学校吴炳宋、王曜光，县中学治会关建谦，县中学校吴震东，□□费会王香甫，总部二特营二连岑美干，二小学校刘可宗等数十人。由陈培元主席领导行礼，致开会词毕，由各省党部指导员全观铭训话，县党委黄志伊作党务报告，县长林振德作县政报告，议长庄敬作自治工作报告，法院何元勋作司法工作报告，继有雷师校长吴炳宋演说，旋由主席陈培元代表答词，至下午二时乃礼成散会。

继续开会

下午二时半，到会者各分部代表县执监委员如前，列席有大会秘书池天演、何鸿豪、官焕南、候补监委邓武等二十余人。莫鸣岐主席宣布开会后，即由秘书处宣读预备会议决案，代表资格审查委员会黄志伊报告审查经过，秘书处何鸿豪报告大会筹备经过，及收发文件。

议决要案

旋即讨论提案，计有请县府严禁抽鐡赌粿以免愚民弄赌案、请县府严禁花筵捐私发□牌及临时牌照以端风化案、电请政府拒绝日本无理要求以维主权而保领土案、电请政府迅行出兵讨伐伪组织收回失地案、请县府将抽收本城单车牌照费所得之款按月公布拨充修葺本城路面以利交通而符原案案、请县党部令饬雷州民国日报社赠送报纸一份与各区分部案等六宗。又大会据第三区党部申请书，申请援助第三区迈港乡后湾村民刘治春惨被北海关城月白石咀分卡武装关兵枪杀，恳请援助追凶一案，亦已议决通过，予以援助。讨论至四时半，乃宣布休会。查今日仍继续开会，选举出席省党部第七次代表大会代表及改选本县执监委员云。

海康各区选送新兵
展限本月廿八日到县检验，县府昨通令各区公所转饬遵照

海府以选送新兵一案，迭经电催各乡迅速选定。现查松江轮约本二十七日可以抵雷，昨再令各区乡，规定本月二十八日齐集到县，听候检验，以便趁松江轮护送到省。兹录其原令于下：顷据松江轮船办房主事人声称"本轮定本十六日启行往省，兹因飓风阻隔，决定二十日黎明开驶。回时，大约二十七日抵雷，如有因事阻误，另电报告"等语。查本县前通令各该区长选送新兵一案，于本月十八日前，先收该区选定新兵年籍册呈送到县。至今逾限，未据各区长呈缴前来，殊属玩忽，兹与各区长约本县选送新兵期限，规定本月二十八日齐集到县，听候验明挑选，趁松江轮船护送到省。至新兵年籍清册，限二十二日以前清缴，以便改编。除分令外，合将经费表一纸并发令仰该区长副，即便遵照，共同负责。惟该区招待等费，应依照表列数目，切实开支，仍须取具单据，呈缴来府审定核发。事关特件，毋得逶延贻误，切切，此令。

海府组织县设计委员会，定期十月一日举行成立，函聘各机关人员为委员

海康县政府设计委员会，经第一次县务会议时，提出议决组织。现已拟就大纲及章程，昨特函聘各机关人员及专门人材为设计委员，定于十月一日成立。兹探其原函并组织大纲及章程录下：

聘委员函

迳启者：案奉广东民政、建设两厅令，饬组织县市设计委员会，专以促进三年施政计划之救济与生产建设一案，当经遵令参照省政府设计委员会组织大纲及章程，拟就海康县政府设计委员会组织大纲及章程在案。兹查该组织大纲第三条内载："本会委员九人至十五人，以县长为当然委员外，其余由县政府函聘各机关人员，及专门人材组织之"等语，自应由本府分别函聘，现本县设计委员会定于十月一日上午十一时举行成立典礼，素仰台端学识渊深，经验宏富，对于施政设计尤有研究，用特专函聘请担任委员一席，务希俯就，共策进行，届时并希到会（县政府内）参加成立典礼为荷。

组织大纲

第一条，本县依奉民建两厅第二二六八号训令组织设计委员会，以统筹本县之生产救济事业而促进三年施政计划。第二条，本会定名为海康县政府设计委员会。第三条，本会委员九人至十五人，以县长为当然委员外，其余由县政府函聘各机关人员，及专门人材组织之。第四条，本会置干事一人，佐理日常事务，及保管各项文件卷宗，于必要

时，得酌用雇员一人，以资帮助。第五条，本会每月开会一次，由轮值之常务委员召集之，如有特别事故，开临时会议不在此限。第六条，本会职权，以讨论县政府交议事项，各界建议事项，及委员提议事项。第七条，本府对于各项提议，认为有交付审查之必要时，召集各委员审查。第八条，本会已定设计事项，应制作分期举办，详定图表，及说明书，送请县府办理。第九条，本会委员，概尽义务职，不支薪水，与及夫马费、办公费实报实销。第十条，本会组织章程另定之。

该会章程

第一章，通则。第一条，本会依据海康县政府设计委员会组织大纲第十条成立本章程。第二条，本会办公室，设干事一员，雇员必要时酌用之。第三条，本会设常务委员三人，由各委员中推出轮值每三月一次。第四条，常务委员除会议时间外，仍应随时到会指导办理会务。第二章，会议。第五条，本会议分三种：甲、常例会议，乙、临时会议，丙、审查会议。第六条，常例会议，定每月之最后星期六、日下午三时遵行，临时会议，由县长或本会委员三人以上认为必要时提交常务委员，随时召集审查会议，由推定审查委员召集。第七条，本会常例会议、临时会议，均以县长为会议主席。县长不到会时，由常务委员轮任之。第八条，本会以全体委员过半数出席为法定人数，如不足法定人数，临时改开谈话会。第九条，本会议决案，须经会议主席署名归会备查。第三章，设计。第十条，本会职权，依照组织大纲，审查县府交议事务，及各界建议事项，委员仍应随时提议设计，以促进全县一切政务之实施。第十一条，本会委员所提出之县政设计，及县府交议事项或各界建议事项，经本会议决后，应制定图表说明书，函送县府酌核施行。第十二条，本会委员为设计县政，需用一切调查统计材料，及与所设计事项有关之档案，得随时函请县府秘书处，代向各机关征集或借用。第十三条，本会委员为设计县政需用技士或助理员时，得专函请县府核准调用。第四章，办事手续。第十四条，各界向本会建议事项，由县府收发处收送本会办公室，汇交常务员于会议时，提出审核。第十五条，本会文件，由干事拟稿，送请常务委员核阅署名，方得缮发。第十六条，本章程如有未尽事宜，得由本会议决修改之。

海康各界开会讨论欢送新兵办法
松江轮开行前一日开欢送会，开会后列队欢送至港头码头

第一集团军总司令部，前为试行征兵制度起见，特颁定广东省各县每乡选送新兵暂行办法，令由各县每乡选送新兵一名，聚中训练，期满返县。并为鼓励各应征新兵起见，于暂行办法第七条内规定，各县府收到各区公所送到各乡新兵时，应妥为收容，加意招待，并即汇造全县新兵姓名年籍清册呈报，于选送此项新兵赴总部之日，召聚各界开大会欢送。对于新兵，并加训话奖勉，以壮行色。海康县政府奉令后，当即转令各区公所，依照暂行办法，每乡选送新兵一名，现全县各区对于此项新兵，□体挑选完竣，

将于日间转送来县，县府拟于新兵到县后，搭松江轮船，送□总部。惟于启程之日，应如何开会欢送，须聚思广益，从长讨论，特于□（廿四）日下午一时，召聚各界代表，齐聚该府礼堂，讨论欢送办法。查□日到会者，计林县长振德，县府秘书梁词侃，公安局长王浦生，教育会莫纯熙，编练处林驭群，雷城分局许照寰，参议会陈兆松，县商会莫宅商，县兵队何培保，县党部黄志伊，本社陈家谟，海中吴震东，海师莫岳宗□十余人。当时由林县长为主席，行礼如仪，主席宣布开会理由后，随即讨论，兹将议案录下。一，欢送会名称，海康各界欢送应征新兵赴省训练……

海康各界欢送新兵赴省

陈总司令为实施本省征兵制度，特令各县每一自治乡选送新兵一名，赴省训练。海康县政府奉令后，经饬各区乡选送。各情经志前报。现各区区长于前昨两天，将各乡选送新兵亲带来县报告，县府□□派员检验各新兵体格，合格者即予点收，计：

各区合格新兵人数

第一区十一名、第二区二十一名、第三区四十九名、第四区二十五名、第五区二十六名、第六区七十名、第七区四十三名、第八区六十九名，合共三百二十名。海府以各区应征新兵人数有三百余人，于事先经择定住宿地方。查第三、四、五、八区新兵住宿处为苗圃办事处，第一、二、六、七区新兵住宿处为玉皇庙，并饬员妥为布置，雇定厨房水夫等，以备供应。

制定证章赠送物品

□□□各应征新兵，不能识别，特制白布证章，上书"海康县第□区第□班"，中书"新兵"二字，下书姓名，悬于胸前，以资认识，并依照九月廿四日各界在县府开会所议决之欢迎新兵办法，每个新兵赠送面巾一条、筷子一双、漱口盅一个，以资纪念。

各界开欢迎会情形

海府以选送新兵办法第七条规定有选送此项新兵赴总部之日，召集各界开大会欢送，对于新兵并加训话勉励，以壮行色。特通告各机关团体，于十月一日上午八时，齐集县党部门前，开欢送新兵赴省训练大会。开会秩序：（一）肃立。（二）奏乐。（三）唱党歌。（四）向党国旗及总理遗像行三鞠躬礼。（五）恭读总理遗嘱。（六）宣布开会理由。（七）长官训话……炮。（十一）欢送。（十二）礼成。会场搭一讲台，前悬白布，书"海康县各界欢送应征新兵赴省训练大会"字样。是日，到会参加者，有县政府全体职员、县兵队编练处全体职员、警卫队、总部特务连官兵、雷城分局警察、县党部、参议会、各区公所、各学校机关团体共千余人。王公安局长宣布开会理由，旋由林县长、张副主任、黄委员志伊，相继训话。训话完毕，遂列队向南门而出。

欢送队伍排行秩序

（一）军乐队。（二）县兵。（三）新兵。（四）警卫队。（五）特务连。（六）各界团体。（七）各学校。警察沿途维持秩序，由会场出发，经镇中路、广朝路，直出南门外一路燃放爆竹，军乐悠扬，计各界及学校送至镇武堂一带而返。警卫队、县兵队、特务连、警察送至港头，保护新兵登轮始返。

海康县设计委员会昨成立
随开第一次常例会议，修改章程及推举常务

海康县政府，前奉民政厅、建设厅令组织设计委员会，以促进三年施政计划之救济与生产建设事业，当经通令参照省政府设计委员会组织大纲及章程，拟就海康县政府设计委员会组织大纲及章程（经志前报，兹不赘），并依组织大纲第三条"本会委员九人至十五人，以县长为当然委员外，其余由县政府函聘各机关人员，及专门人材组织之"之规定，聘请陈省参议员培元、县参议会庄议长敬、县党部黄常务委员志伊、县商会莫主席宅商、本社王社长元亮、教育会陈常务干事家谟、省立雷州师范学校吴校长炳宋、县政府梁秘书词侃、公安局王局长浦生、教育局李局长春熙、自治科关科长彦文、财政局钟局长允捷、建设局黄局长祖皓、农林种苗蕃殖场黄主任汉如等十四人（连同林县长十五人）为委员。经昨（一）日上午十一时开成立会。惟以昨日上午八时，各界开会欢送应征新兵赴省。十一时县立民众教育馆补行开幕典礼，时间冲突，该设计委员会成立会，乃临时改期下午二时举行。届时，除陈委员培元在省，王委员浦生带领新兵赴省外，其余各委员，即齐集于县政府会议厅，当由林县长为主席，举行成立会。行礼毕，继开第一次常例会议，修正该会组织大纲及章程，并选举常务委员。兹将议决各案，照录于下。（甲）关于海康县政府设计委员会之名称，应否改为海康县设计委员会案。议决：多数通过，改为海康县设计委员会。（乙）关于组织大纲第八条条文，应否修正为"本会已定设计事项，应制作分期举办详细图表及说明书，送请县府办理"案。议决：照修正通过。（丙）关于组织大纲第七条条文，应否修改为"本会对于各项提议，认为有交付审查之必要时，将推举委员若干人审查之"。议决：照修正通过。（丁）关于组织章程第一条条文，应否修正为"本章程依据海康县设计委员会组织大纲第十条订定之"案。议决：照修正通过。（戊）本会会址，应否规定案。议决：在组织章程内加第二条文为"本会会址，附设在县政府内"字样。（己）关于组织章程第三条条文，□应将本会"办公室"三字删去案。议决：照修正通过。（庚）关于组织章程第六条开会时间应否改为下午一时案。议决：通过。（辛）关于组织章程第六条审查会议，应否修正为"审查会议，由推定某案审查委员一人召集"案。议决：照修正通过。（壬）关于组织章程第十四条内本会……

海康县参议会第三届第二次常会昨开幕
上午报告前会议案办理情形,下午收各提案交付各组审查

海康县参议会第三届第二次常年大会,定于十月七日起举行。经志前报。查昨(七)日,为该会三届二次常会之第一日。是日上午十时,举行开会式。出席者:参议员陈家谟、林麟年、莫炳麟、王元亮、黄楷、邓武、莫宅商、李谱传、谢琦、陈延龄、邓雅宜、官焕南、冯应时、庄敬,列席者县党部常务委员黄志伊,主席议长庄敬,纪录书记长周景华。行礼后,由议长致开会词,旋报告第一次常年大会议决案办理情形,及收支数目。报告毕,由县党部黄委员演说。最后将各提案分别交付各组审查。及十二时许,宣布休会。查昨日下午一时起,各组分别举行审查会议,审查各项提案,以便提出本日(八日)大会讨论云。

海参会三常会议案函送县政府执行

海康县参议会第三届第二次常会议案,现已陆续抄送该县政府执行。查前、昨两日函送县者二案,兹将原案录下(函请县府将所收之本城车辆牌照费明白公布拨为修理马路费用,以利交通而符原案案)。提议人:庄敬,连署人:陈家谟、黄楷、官焕南。(理由):查本城马路开关,交通日繁,各种车辆往来,苟无规则颁行,俾资遵守,将于道路之保管,社会之秩序,公众之安宁,均受莫大之妨害。而车辆之无牌照无保证,行驶者漫无限制,倘有发生意外,亦无根据以取缔或惩戒之。况各路平日毫无修理经费,如有崩坏颓陷,临时筹款,更属困难。因此覃前县长元超特拟订本城车辆交通规则,收车辆车夫之牌照费,提交本会议决,俾资限制而养路基。当经本会第二届第三次常会提出讨论,将该车辆交通规则修正通过,函复县府请准建厅于本年三月一日布告施行。惟该案自实行以来,已历数月,该项牌照费所收入若干,未曾公布。各处马路坍坏不修,亦复依然,似此不特与原案主旨不符,且对于路政无从整理,交通实受防碍,基上理由,特提请函请县府自本年三月一日起,将所收入之各项车辆牌照费逐月公布,并概拨为修理马路费用,以利交通而符原案,是否有当,敬候公决。(办法):一、请县府将本年三月份起,所收入之牌照费及罚款逐月公布,概拨为修理本城马路之用,并按月造具收支表册,送交本会审核。二、嗣后所收牌照费及罚款,须造具三联单据,一份发给缴款人,一份存查,一份函送本会审核(函请县政府,将县立农林种苗蕃殖场,划归农林设计委员会管辖,以一事权案)。提议人:陈家谟。连署人:莫炳麟、宋希如、李谱传。(理由):查生产建设为三年施政计划之重要项目,本县年来,先后创办垦殖场,以开垦荒地,设立农林种苗蕃垦场以蕃殖种苗,组织农林设计委员会以统司设计之责,其责任与名称虽殊,而旨趣实一。惟以上各机关之组织,于统系上,似有分歧欠妥之处,查农林设计委员会,为县中各机关团体所组织……

海党部转令知国旗使用办法

下半旗日只就向有旗杆下旗，其余一律不得悬挂

海康县党部昨转令所属，以凡下半旗之日，除机关门首向有旗杆，每日必升旗者，应照下半旗外，一律不得悬挂。令云：现奉中国国民党广东省执行委员会训令组字第一六四号开，案奉中央执行委员会敬字第四一七号训令开，按国旗使用，有关观瞻，过去每遇遵令下半旗之纪念日，民间商店住宅一律悬旗，方式参差，有似庆贺，亟应加以整饬，以崇体制。爰经本会第一七四次常会决议，凡下旗之日，除机关门首向有旗杆每日必升旗者应照下半旗外，其余一律不得悬旗等语在案。除函国民政府通饬遵照并分行外，合亟令仰该党部，并转饬所属一体知照，此令，等因。奉此，除分行外，合行令仰遵照，并转饬所属一体遵照，此令，等因。奉此，除分令外，合亟令仰该党部遵照，并转饬所属一体遵照，此令。

严禁警队走私护私，海府奉令饬属遵照

海府昨奉南区绥靖署转奉总司令部，令饬所属警卫队，不得走私护私，以维农工商业，特转饬所属一体遵照。兹录原令于下：本月四日，奉广东南区绥靖委员公署，本年十月三十一日军字第七八五号训令开，本年十月二十六日，奉国民革命军第一集团军总司令部同年十月十九日务字第二五八号训令开，为严切训诫事，照得保国卫……排除障碍，指正施行。本总司令治军有年，每以军政互相关联，一方面整饬军纪，一方面即以扶助政治。悬此鹄的，并力以趋。乃详加考察，各军队及所属警卫队，其纪律严明者固多数，但营私罔上，以挟带私货及掩护走私为利薮者，亦间有所闻。甚或缉私其名，而走私其实。似此贪饕玩法，罔恤军纪，不惟贻全军之玷，而以扶助政治之进展者，反而溃抉政治之藩篱，其罪尤不容逭。要知近来外货倾销，农商业均濒破产，此赖关税壁垒政策，以保此凋瘵之孑黎。若以军队或警卫队而走私护私，则农商益致困穷，社会亦将摇动，其为害之烈，殆不忍言。本总司令爱护军民，视固一体，决不容此种恶化，流播于无形之中。为此，严切训诫，通令周知，一面派委干员，分投各路，暗地秘密调查。如发觉有上开情事，则是吾袍泽甘居不肖，自外生成，非种必锄，害马必去，惟有痛加惩治，尽法以绳，不能稍涉宽贷也。仰即通饬所属，一体凛遵，毋违，切切！此令。等因。奉此，自应遵办。除分令外，合行令仰该县长即便遵照，并饬属一体遵照。此令。等因。奉此，自应遵办，除分令外，合行令仰即便遵照，并饬所属一体遵照。此令。

海康各界筹备纪念总理诞辰会议决案

海康县党部，以十一月十二日为总理诞辰纪念日，特于前（九）日召集各机关团

体学校代表在该党部开会筹备庆祝,并决议纪念各办法如下:(一)关于大会名称应如何定案。(决议)定名海康各界纪念总理诞辰大会。(二)纪念办法,依照中央规定,是日全国一律悬旗庆祝,各地党政军警各机关各团体学校均分别集会纪念,并由各该地高级党部召开各界纪念大会并放假一天。(决议)分为:总务股:县党部;宣传股:雷州民国日报社、各中等学校学生自治会;布置股:县政府;纠察股:编练处、雷城分局、特务二连。(四)关于大会敬告民众书应推何人负责案。(决议)由海中学校起草交总务股印发。(五)关于大会经费应如何筹捐案。(决议)预定廿元,请县政府在地方公款项下照拨。(六)关于大会会场应如何规定案。(决议)海康公共运动场。(七)关于大会时间应如何规定案。(决议)十一月二日上午十时。

海康警卫队筹设区分党部

海康县编练处,前日奉南区特别党部执委会电促成立县警卫队区分部,并列编练处及第一、第二独立小队为第十三分部,第一中队为第十四分部。该编练处奉电后,经推定曾伟夫、林驭群、韦肇能为第十三分部筹备委员,李仕林、吴全良、李森芳为第十四分部筹备委员,并电请南区特别党部照委,俟委定后,即可进行成立云。

海康后备队干部训练班将成立

海康县警卫后备队干部训练班,定于十二月一日开始训练。全班学员名额原定九十名,嗣因经费预算不敷,改定为六十名。至各区抽调来训练学员名额,由编练处按各区后备队人员之多少而指定之。各区应抽调名额如下:一区二员、二区五员、三区十四员、四区五员、五区五员、六区十一员、七区八员、八区十员。编练处限于十一月卅日以前,令各区速将抽调学员送到编练处,以便编班训练云。

海康警卫编练处裁撤独立第二小队
所遗兵额暂归并其他小队

海康县地方警卫队编练处为搏节公帑起见,特将独立第二小队裁撤。该队队长谢武义同时撤职,所遗兵额,补充其他小队云。

南二区党务指导员黎梓材抵县
服务员四人同来昨赴徐闻

省党部派出之南二区党务指导员黎梓材,出巡各县,视察党务,于昨(十七)日下午一时许,来抵海康,下榻于该县党部。同行者有省党部所派党务服务员四人。闻黎等一行，已于昨（十八日）上午六时，乘车前往徐闻，办理征求预备党部事务，俟办理完毕，仍返海康云。

海府令区编组邻长

海康县政府，以修正县地方自治条例第五条，有"积五户为邻，积五邻或二十五户为里"及同条例第三十六条有"里民组织里民会议，邻民组织邻民会议，由里邻长分别召集之"等规定。本县在县地方自治条例未修正以前，各区只有区乡镇里各级之组织，未曾编妥邻数选举邻长。现第三届选举筹备在即，自应依照修正条例编妥邻数呈报县府，届时选举邻长，以符法规。该县府昨特令行各区区长转饬各乡长遵照办理云。

海康筹备自治改选一瞥
规定筹备改选经费，停止公民登记，区长副时须在所办公

海康县政府以县属第三届自治职员选举，业经定于十月一日开始举行筹备并通令各区遵照，惟关于筹备改选经费尚未规定，自应斟酌各区情形分别厘定，以便筹措。兹该府特将全县地方自治第三届选举各区经费额数列表令发各区遵照。第一区三十元、第二区四十元、第三区八十元、第四区六十元、第五区六十元、第六区八十元、第七区七十元、第八区七十元，以上各项系由区公所召集各乡镇长开区务会议解决之。次关于停止公民登记，依照县地方自治条例施行细则第七条之规定，自十月一日开始筹备日起，一律停止，以免纠纷。至于区长副时须在所办公，查本县自治改选，依照修正县地方自治条例细则第十九条之规定，已属迟缓，自应赶速筹办，以期克期完竣。凡各区区长副，自十月一日起，至选举完毕之日止，务须在所任事。未经呈请准假，概不得私自离职，致误选政。

海康县党部积极征求预备党员
省党部服务员已由徐返海

省党部南二区党务指导员黎梓材，前偕同服务员吉俊基、刘显绩、叶宗华、孙永兆等四员，前往徐闻县党部办理征求预备党员事宜。黎指导员随即转往他县指导党务，现吉服务员等四员在徐闻县党部任务完毕，于前月三十日返抵海康县，下榻于该县党部。查海康县党部征求预备党员事宜，原定由党部自行征求，该县党部早已遵令征求多日，省党部为迅速办理，以期早日结束，特着由服务员协同县党部征求，现该县党部已积极办理征求预备党员工作，不日即可办理完竣云。

海参会第二届第三次大会昨日闭幕

海康县参议会前（三）日因派员会同各机关代表调查风灾情形，是日停止会议一天，昨四日下午二时仍继续开会。出席参议员陈兆庆、李树芳、苏海国、莫炳麟、陈篆吾、邓育荣、吴锡九、何云汉、李森芳、庄敬、林麟年，主席吴锡九，纪录周景华。一、报告，由陈兆庆报告该会收支数目，书纪长宣读前日议决案。二、讨论：（一）莫炳麟、林麟年两参议员审查县府拟具各区公路管理委员会暂行章程，请修正案。议决：修正通过。（二）县府交议本城车辆交通规则，请议决案。议决：修正函复县府。讨论至此，各项议案已完，随由主席致闭会词毕，遂宣布闭会。

海府拟订第三届自治选举工作程序，令发各区公所及指导员遵照

海康县政府，以县属第三届各级自治人员之选举，业经定期开始筹备。该府为赶速办理起见，特制定工作程序表，俾资依次举行，昨经令发各区公所及选举指导员遵照。兹录其程序各下：

（第一期）由十月一日至十月五日。在此期间内，由各该区区公所负责督促所辖乡镇公所及各该邻所属之里长副，将邻数划编妥善。依照县地方自治条例施行细则第五十条之规定，里长、副里长、邻长于开始筹备选举之日，依照造报公民名册规则规定程序，于十日内编造里邻民名册二份，以一份存查，以一份缴送乡镇公所，由乡镇核准分别召集里邻民会议选举区代表里长、副邻长，并依照选举规则第八条之规定，将选举里长副邻长之选举区域内公民名册公布之，并先期五日发布通告揭载选举日期、投票所在地、投票方法、当选人之额数等项。

（第二期）由十月六日至十月十五日。在此期间，由区代表里长、副邻长等应一律选出，不得逾限，并依照修正县地方自治条例施行细则第五十二条之规定，里长、副邻长于选举完竣时，应将筹办选举经过情形报告乡镇公所递报区公所县政府备案，各区之乡镇公所，亦须拟定改选日期，呈区核定，派员监选，并依照选举规例第八条之规定，将选举乡镇长之选举区域内公民名册公布之，并先期五日发布通告揭载选举日、投票所在地、投票方法、当选人之额数等项，使乡镇公民周知。

（第三期）由十月十六日至十月二十五日。在此期间内，各乡镇里长，务须一律选出即将各该乡镇选举情形呈报区转报县府备案，各区区公所于此时亦须将区代表当选报告表及乡镇长副当选报告表报县，并拟定区代表大会日期、地址，呈请县政府核定。再将区代表姓名公布，并发布通告揭载选举日期、选举地、投票及开票所在地、投票方法、当选人名额等项，使区民及区代表周知（区代表亦须有通知书）。

（第四期）由十月二十五日至十一月十日。在此期间内，由各区选举一律办理完

竣。关于区代表大会地点预先布置妥善，至区长、副县参议员选出后，即将选……

海府令饬商教两会造缴会员名册，为选举第三届县参议员之准备

海康县政府，以本县第二届各级自治人员任期已满，经呈奉核准依法筹备第三届选举，并通令各区公所于十月一日一律开始筹备改选在案。查修正县地方自治条例第十一条，有"县设参议会，由县内各区公民及各界团体依法选出之参议员组织之"及"县参议员名额除各界团体一人外"之规定，自应饬由县商会及教育会遵照修正县参议员及各区乡镇里邻自治人员选举规则第六条，商会依第一项，教育会依第四项及第八条之规定，于开始筹备选举十日内，造具代表或会员名册呈报，以凭查核，而利选举，该府昨经令饬该两会遵照办理云。

海府定期开冬防会议

海康县政府，昨奉广东南区绥靖委员公署训令，以盗匪窃发，冬季为多。兹值冬防已届，自应预为戒备，防患未然。现特制定冬防办法，通饬遵守，除分行外，合将冬防办法一份，随文令发，仰该县长，即便遵照办理，仍将奉文日期及遵办情形具报备查。该府奉令后，特定期本月二十日正午十二时，在该府礼堂开冬防会议。昨经分令各区公所公安分局所，及函请编练处，请沙营等长官出席讨论办法云。

海一区定期选举县参议区长

海康县属第一区公所，昨将各乡镇里长副选出，并经造表呈报县政府，听候圈定。业志本报。查该区长等根据自治法规于各乡镇里长副选出，即召开区民代表大会，选举区长副及县参议员，当即呈奉县府核定本月廿五日上午十一时，在县参议会（即旧宾兴祠）举行选举，现已公布区民周知云。

海五区自治选举结果

海康县第五区第三届自治人员选举日期，经县府核准于本月十一日举行，已志前报。查是日选举结果，县参议员冯应时得四十六票，劳嘉才得三十六票，邓雅宜得二十一票，邓汝舟得二十一票，均当选为候圈县参议员。区长副符作惠得五十一票，林循周得四十六票，邓耿聪得四十一票，陈观书得四十四票，邓励精得三十七票，黄光日得三十票，均当选为候圈区长副云云。

海康评价委员会成立

海康县地税评价委员会，业经财厅令派委员梁镇来县，会同覃县长，及函请县参议会派出代表一人共同组织，各情已志前报。现闻县参议会已派出庄敬参议员充任评价委员。该委员等昨经开筹备会议，经议决于今（十七）日成立，同时宣布就职云。

海八区选出参议员

海康县第八区第三届县参议员及区长选举日期，前经县府核准于本月十七日举行。已志本报。查是日选举结果，县参议员：邓武八十八票，李树芳八十五票，陈元才五十四票，官焕南三十五票，均当选。区长：吴培良一百三十五票，尹学稼一百一十九票，官杰一百零五票，吴乐平三十票，庞□三五八票，吴伯尊二十八票，均当选。但参议员及区长，仍须呈候民厅圈定云。

海康裁撤卫士队，将枪械拨交警卫第三中队

海康县前县长缪任仁，前曾设立卫士队一班，有士兵十余名，直归该县长指挥，以便随时保卫出发。自该县长调职后，新任县长兼编练处主任覃元超，以现下匪氛平息，该队自应裁撤，而节饷糈。前日乃下令将该队裁撤，所有枪械一概拨交第三中队云。

雷城各界欢迎林厅长大会续志

林厅长训话

兄弟今日来到海康，承各界欢迎，本不敢当，但乘着这个机会和各位讲话觉得非常庆幸。兄弟民国十五年追随陈总司令来雷，担任革命工作，今已距离六七年之久。近来得陈委员、缪县长治理海康便有这样好现象，尤觉非常欢喜。兄弟老早想来南路视察各县，因其他事情阻误，未能如愿，现在才能成行，非常抱歉。本来视察系想知道各县的民间病苦、社会需要以及建设等等，以图改善，但因时间太迫，宛如走马看花，恐不能得到确切的观察，收效是很少的。兄弟所管的是民政事情，我们总理讲政众人的事……治乃是管理，管理众人的事就是政治。往明地方政治全靠县长一人，现在实行地方自治，人民不能专靠县长，是靠人民自身的能力，所以希望各位民众帮忙帮忙。地方自治是由官治达到民治必经之途径，不过现在一方面，仍是官治；一方面办理自治，要使人民知道自治意义，以便易于推行。现在广东九十四县，成立自治的已有七十余县，但其中有些人没有自治相当的认识，仍是放弃县为自治单位。实行自治之县，必使人民先知

自治之利益及需要，并能行使四权，自治才能实现。如调查户口、办理警卫、肃清土匪，使人民安居乐业。人民能把地方弄好之后，便能全县建设起来，如筑洋楼、辟公路等。可是建设事业头绪万端，有消费的建设，有生产的建设。海康向来是富庶之县，交通利便，如能促进文化、肃清土匪，一方面增加生产能力，一方面建设，那末才是真正建设，那末人民生活乃能充裕，地方才有生气。

关于教育事情，是否适合地方需要，也有莫大之关系。如教育不合需要，空费经费无补于事的。目前有知识的青年或教员，即要设法如何使生产增加，方可以称为生产教育。一县教育发达，文化进步，我的国家，便可进化，对于县中教育不好，那末学生的父兄空增加一笔担负，对子弟对地方也无益处。假使教育能向于生产方面，学子一方面可以升学，一方面得到相当智能可以谋生，并能为国家社会服务。所以教育必须向生产方面，才能称为进步发达。

过去的海康费了许多金钱、许多时间，才有今日这个现象，今后又如何发展，固然地方长官的事情，指导督促以及有老前辈的帮忙，但各位青年亦有关系的。如果有知识者有继往开来之志，对社会如何贡献，并于本身前途如何可以抱乐观，这都是我们应该注意的。其有关于地方的事情，自身也有一分责任。如从前的地方自治，是一区或一方，现在是全县的整个的地方自治……由一省以至全国自治……所以就要群策群力以进行，不可单靠地方官吏呢！现在得陈委员、缪县长来治理我们的地方，是很好的。但是我们大家不可倚赖官厅放弃责任，务要努力进行，使其成一完全自治之县才可。兄弟在这走马看花的时间，不能作详细的观察。各位如有困苦状况或其他事情……可以尽量来向兄弟报告……当能设法解决……兄弟离开海康有六七年，今日见有这个好气象，非常欢喜，并望各位同心协力，使海康成为一个新建设的海康，这就是兄弟贡献的意思。

陈委员训话

今日欢迎林厅长，兄弟也是欢迎中的一人。关于地方上应兴应革的事情，请各位随时报告于林厅长。近日海康得缪县长建设各种事业，所以气象比较旧时好得多。但是，最痛苦未能除的，就是徐闻山的土匪为患，兄弟见路上贴着欢迎林厅长的标语，说肃清徐山土匪。这可见得各位望治之殷。本来徐山土匪能够肃清与否，这个责任是兄弟的，兄弟因见剿匪将近一年了，尚没能达到肃清的地步，其最大原因，一方固因徐……不容易，一方亦因兵力过少，未能收截缉的效能。所以这次特请加派一团兵来雷，不久即可到了。但欲肃清匪孽单靠军队来剿，无人民帮助，也难见效。因为徐山，一方面要剿，一方面要辟，一方面尤要断绝接济，方能根本肃清。所以兄弟也请林厅长返广州向政府报告这个情形。但兄弟也希望雷州民众帮忙一点，嘱与各乡民，切切不可通匪济匪，为虎添翼，那末匪孽自可肃清。最后一句，希望各界团结一致。

海府一月份办事报告

海康县政府奉令按月应造具办事报告表，呈候存转复核，兹将其二十二年一月份，

造缴之办事报告表,探志如下:

治安方面

一、县警卫队第一中队第二小队驻县城北门。第二中队第三小队驻西门。第一特务队驻县府,第二特务队驻南亭街。第一公安分局警察驻城内,以保县城治安。二、县警卫队第一中队第一小队驻第七区调风市,第三小队驻官昌市。第二中队第一小队驻第五区平湖市,第二小队驻第八区流沙港。第三中队第一小队及第三特务队驻第五区田头市,第二小队驻南兴市,第三小队驻第五区英利市,以保外区治安。三、奉绥靖公署,令发候差员李青等四名,分别派赴英利、田头、官昌、流沙港等处,协助指挥警卫队,兜缉逃窜残匪。四、分令乌石港、企水港水上公安分局、新寮岛河清海晏等处师船,梭巡海面,并归附近驻防警卫队长指挥。五、分令各区冬防队,及各乡保卫团,协力防堵窜匪逃入。六、奉绥靖公署令发剿匪会议纪录,及封锁匪区团,转发警卫各队部遵照,并布告县属商民人等,一体遵照。七、令驻第五区平湖市冬防队一班,调驻石盘市。

警务方面

一、奉绥靖公署令发布告各捐税机关,查缉走私,务须会同警察办理,分行各捐税机关遵照,并将遵办情形呈报。二、分派职员,前往英利、南兴、流沙、调风、田头、蓉树港等处,办理联保甲,并烙印枪枝,发给登记证。三、分电催令各区区公所,派员来府具领烙印书证合件,赶办枪炮登记烙印事宜。四、奉绥靖公署,转令发现种烟苗地方,负责官吏,一律以军法从事,分令各公安分局遵照。(未完)

欢迎林厅长大会之中缪县长演说辞

雷城各界于十三日欢迎林民政厅长翼中大会,情形迭志本报。兹将是日缪县长任仁演说词录下:

今日是雷城各界欢迎林厅长大会的日子,我们知道林厅长是本党最忠实最努力的先进,于党于国均有……区各县的地方自治及视察各种建设起见,不远千里而来,驾临本邑,实在最值得各界热烈欢迎的。刚才林厅长、陈委员称道兄弟到任年余,对于教育方面,学校增加了百数十间,建设也有很多成绩。对于治安,也有相当的自卫能力等奖劝语。这几件事实非兄弟个人所能做到的,乃是林厅长、陈委员之指导,及县中各界之援助,才能收效的。所以此后我们,仍随时在林厅长、陈委员指导之下,继续努力,并希望各界团结一致,匡我不逮,起为地方谋福利,那地方的各项事情,定可蒸蒸日上了。

林厅长昨抵海康,各界欢迎甚形热烈

广东省民政厅林厅长翼中,巡视南路各县,情形层志本报。现林厅长于十二日抵遂，十三早莅临海康。雷城各界于是日上午十时半，列队齐集北门外公路迎候。十二时半，林厅长偕同南区陈委员章甫、南区陈秘书翰华、遂溪赵县长及海康缪县长，暨民厅股长课员马弁等十数人，由遂乘车往坎转抵海康，沿途备受各界欢迎，甚形热闹。当抵步雷城北门时，各界向林厅长致礼，林厅长即落车向各界欢迎者答礼，后即返海康县政府稍事休息。沿途炮竹之声，振动全雷。各界齐集运动场开欢迎会，至一时，林厅长偕同陈委员及各机关职员莅会，是时各界到会者有南区绥靖公署、海县党部、县参议会、县政府、南教所、县教育会……

海七区自治选举

海康第七区自治，昨十六日在该区调风市举行第□届选举，查是日出席里代表三百四十余名。选举结果：陈兆庆得百零八票、李森芳得九十票，当选为县参议员。王弼中得八十六票、宋干中得二十七票，当选为候补县参议员。朱英才得九十票、戴尊道得六十八票、陈雄得七十六票，当选为区长副。王方叔得六十四票、吴祖庚得六十三票、丁炎得五十八票，当选为候补区长副云。

省府明令抚恤沪战故兵林其兴

海康县政府，昨奉广东省政府令，附发故兵林其兴恤令一件，饬即查明其遗族住址所在，克日传案具保，查验属实，即予发给支领。海府奉令后，以查得故兵林其兴之父，系林运昌，住雷州城南街。特分令第一、二两区公所，限文到五日内，查明转饬到府领取恤金。复查林其兴，系第六十师第四团第七连一等兵，……经政府调查明确，依照国际战争条例，晋级上等兵抚恤，计一次抚恤金一百元，遗族年抚恤金五十元，给予二十个年止云。

海康县属乡团请领枪弹汇志
具结县府不得转卖枪弹

现在冬防已届，徐山土匪，不时乘虚窃发，海康县长缪任仁，为充厚人民自卫实力起见，曾经通令各区公所各区冬防保卫团，转知各乡团民等，如须请领枪弹，可呈由区公所转请汇领给发，各情已志本报。兹查各乡团备价呈向县府请领枪弹者，有第六区公安团团董陈笃延、陈泮芳等，请领七九步枪二十枝、子弹二千颗，分发备用。又第五区顺化楼团董林循周，请领七九子弹一千颗，回团分派各乡。又第五团青竹园乡团董邓玉福，请领七九步枪一枝，及六八子弹五百颗。又第六区保善乡团董苏蔚等，请领六八子弹五百颗，分发备用。又第五区武寮乡团董郑尊五，请领七九步枪三枝。又第五区那宛乡团董劳吉堂，请领六八子弹六百颗，分发配用。闻缪县长均经分别呈奉准予如数价领回府分别转给各该请领团董具领,并着各该团董具结不得变卖弹械,以免流落匪手云。

第三独立团第二营抵雷剿匪

南区绥靖委员陈章甫,以徐山匪徒虽经迭次痛剿,但此剿彼窜,仍未歼灭,故军队一经他调,匪徒又时出劫掠。兹为维持治安起见,特令调第三独立团张文韬部第二营,来雷属驻防,以安黎庶。闻张团第二营,昨廿七日,已由北海开拔乘船直抵乌石港,卅日经抵海五区英利市驻防云。

海府十月份办事报告(续)

教育方面

一、奉教厅令发中等学校学生入学保证章程及保证书式暨各校军事训练学生及训练员穿着制服办法,又令发训育人员及党义教师合格人员一览表,均经令饬各校遵照。二、委任尹英为第八区私立调和初小代理校长,洪春暄为第六区私立文化初小校长,陈成栋为第八区私立培杰初小代理校长。三、第七区南董初小、第八区育英初小、县立第九小学校、第六区温敏初小等校,造报设立表,当经核明分别存转备案。四、第六区北山初小、平宁初小、田溪初小,第三区菉梅初小、彬家初小,第八区平步初小、育文初小,第四区垂裕初小等校,呈报开办图表;第三区七宝小学,第六区永宁初小、联芳初小,第二区成德初小等校,呈报立案图表,当经分别存转备案。五、县立乡村师范学校,呈报二十年度下学期成绩表;县立第六初小呈缴十九、二十两年度校务概况表,县立中学校呈缴毕业报告表;第四区区立第二初小呈报二十年度学生报告表;第三区秩南初小呈报二十年度学生报告表、校务概况表,及员生一览表;县立第六小学校呈报二十一年度学生一览表;县立第三初小呈报二十年度学生报告表;县立第七初小呈报新生一览表。当经核明,分别存转备案。六、通令附城各校长,严禁各校门口摆卖食品,并令第一公安分局派警查禁,以肃学规。七、省立第十中学校,学生旅行海口,通令各汽车□□半费,并令第八区师船渡□,以资保护。八、本月廿五日,举行学科比赛会,与赛团体有县立中学校、乡村师范学校、第一第二高级小学校,连赛三天,经于廿八日将各科试卷,分发各评判员评阅。九、筹备海康第一次运动大会进行事宜,并定于十一月举行。

建设方面

……银九十元零六毫四仙正。

卫生方面

据雷城同仁医院筹办委员陈培元,呈请分令各公安分局区公所各乡团团董,协助募捐，并分令劝捐员克日出发。二、将窃犯黄妃胜一名，令发第一公安分局，罚充苦役，清洁街道，完……

谳狱方面

查上月份留存未结案十七件，本月新收三件，开除八件。一、拉夫勒索人犯周维道等三名一案，函送分庭办理。二、欠饷犯郭妃桃一案，交保省释。三、匪犯刘寿中一案，呈解南区绥靖公署核办。四、嫌疑匪犯王氏、洪家喜二名一案交保。五、匪犯刘仲连一案，呈解南区绥靖公署核办。六、包运私货人犯刘华友等三名一案交保。七、逃兵吴得利一名，判处三个月徒刑。八、逃兵陈学强一名，判处监禁一个月。除外仍存未结案十二件。

自治方面

一、当选人同时被选为两级自治人员时，县府得通知当选人，决定就一级之职务，而取销其兼职。二、奉发流运式之船排公民，行使选举权办法，通令各区公所知照。三、奉厅令，凡学校校长，得兼任各级自治人员，分令各区公所，一体知照。四、第一届选定就职之各级自治人员，改选事宜，暂缓办理，通令各区区公所遵照，并函县参议会查照。五、函县参议会，每次召集常会日期，须先期十日，函县转报备查。六、函县参议会，每月预决算，得依照普通式样编制，送县列入地方款，汇编呈报。七、奉令出发南兴、乌石、调风等处，所调查之各种户口表册及编制统计第一、第二表，呈缴南区绥靖公署察核。（未完）

海六区调排山尾组织巡哨队

近来匪氛焰炽，劫案叠见时闻，县属偏僻区乡，时虞匪祸，寝不安枕，且附城村落，亦每风鹤频惊。查海六区山尾村乡民，为事先预防，而免不测起见，昨经会议，组织冬防巡哨队，仿照军队编制，抽选壮丁一百二十名，公推队长一人，佐理一人，编为十二班，每班设一班长，每次合二班巡哨，挨次轮流，自晚六时起至早六时止，其经费按田派捐。每逢出巡，均齐集列队，听候点名，出发巡哨，颇有秩序云。

缪县长犒赏第三特务队

海六区潮溪村，于本年十一月七日，被徐闻山股匪抢劫。县警卫第一、三两中队，及第三特务队，奉令截击，与匪战于第五区丁满村附近，其阵亡队长队员，业由县府呈请抚恤，候令办理，各情已层志本报。现缪县长以第三特务队长邓夔调，被匪枪伤足部，除医药费已由公家发给外，又另给赏毫银二十元，以昭激励云。

一教导师派员来雷招募

第一集团军第一教导师师长缪培南,为补充该师兵额起见,前经呈准总部,派员前赴钦廉、高雷、两阳等属,设处招募新兵。现该部委派李中、梁秉云,为该招募处正、副主任。查该两员奉委后,经于昨五日来雷,设立总招募处于本城内镇中西路高州会馆,并分别派员前赴各属设立分处云。

海康参议会二届一全会前日闭幕

海康县参议会第二届参议员第一次全体大会之第一、二日情形,经志前昨本报,现将第三日情形,录志于下:廿七日上午十时开会,出席参议员陈兆庆、王凤岐、郭景熙、王元亮、吴锡九、林麟年、莫炳麟、何云汉、邓育荣、陈箴吾、邓雅宜、李树芳、唐如俭、李森芳、庄敬等十五人,缺席一人。列席者周景华、陈家谟,主席庄敬,纪录周景华。主席恭读总理遗嘱,行礼如仪。甲、报告事项。一、宣读上次会议录。二、略。乙、讨论事项(略)。查每日开会时间,原定上午十时至十二时,下午一时半至四时,惟是日以议案过多,乃延长开会时间,自上午十时直至下午四时,连续讨论,中间惟休息片刻,即继续开会,出席人数如前,主席王凤岐,纪录周景华,恭读总理遗嘱,行礼如仪。甲、报告。宣读上次议决案。乙、讨论。一、略。二、据第六区公所区长蔡惠民等声请免收南兴市咸鱼税,应如何办理案。三、据第八区海康市筹备委员会等声请本会转函海康县政府,请将该市鱼税依照原令,在此五年期内,一律减免出入口鱼税,应如何办理案。以上两案合并讨论。议决:函请县政府严行制止。四、……演村民陈家祯,与该区港西仔村村民陈景进等因修昂字岸堤,与毕嘴两字岸堤,按田派捐,发生争执各案卷,请审核拟妥办法案。议决:俟收获完竣,由常务参议员会同该区参议员前往勘验,拟妥办法,函复县政府办理。五、王元亮参议员提议,催促各区公所完成禁绝烟赌工作,以绝盗源案。六、李树芳参议员提议,提倡乡民戒烟禁赌案。以上两案归并讨论,议决:将办法修改通过。兹将各该案理由及修正办法,探录于下。王参议员提案理由:烟赌之害,甚于洪水猛兽,人民直接、间接而死于烟赌者不知凡几,近十数年来,各乡子弟吸烟聚赌,靡然从风。嗜好日深,戒除匪易,遂致吸烟者转昼作夜,成为废人。聚赌者荡产倾家,流为匪类,小则狗偷鼠窃,大则结伙劫舍,影响所及,民生因此凋蔽,国本因此动摇,瞻望前途,殊堪浩叹。总理云今日图治之道,兴利尚可稍缓,除害则为最要之急务。此种贫民弱种之大害不除,何以为国?本省政府有见及比,乃于三年施政计划中,亦有禁绝烟赌之议,依期实现,固不待言。惟吾雷恰当肃清土匪之际,对于造匪之烟赌,亟应提前施禁,以免死灰复燃。查本会前届经已议决禁绝乡村烟赌通行有案,现各乡父老自动禁止烟赌者甚多,间因权力有限,执行禁约,时感困难。本会为一县最高之自治机关,自当竭力催促,俾成善举。兹将办法于下,是否可行,敬请公

决案。（未完）

海府会同军警昨晨六时恭祭关岳

昨（廿五）日为恭祭关壮缪侯、岳忠武王之期，海康县政府特于昨晨六时，邀同防军、警卫队、警察等各官兵全体齐集关岳庙致祭。查昨日天甫黎明，正献官县长林振德，东序分献官编练处副主任张建名，西序分献官特务第二连连长李公权暨各陪祭官兵，各执事人员等，陆续齐集关岳庙。及六时，各自齐整衣冠谨肃行礼，及六时四十分礼毕而退云。

海康九全会开幕典礼纪盛

中国国民党海康县第九次全县代表大会，于本月廿八日上午十一时在该县党部，举行开幕典礼，兹将开幕情形分志于下。

出席代表

第一区第一区分部代表谢琦、第二区分部代表唐文祺、第三区分部代表洪培英、第四区分部代表李谱传、第五区分部代表冯景文、第六区分部代表袁安衢。第二区第一区分部代表何仕标、第二区分部代表黄炳燊、第三区分部代表陈仕辉、第四区分部代表莫天教。第三区第二区分部代表何文康。第四区第一区分部代表杨舜、第三区分部代表庄济川。第五区第一区分部代表韩维相、第二区分部代表官焕南、第三区分部代表杨宝光。

团体参加

县政府代表张毅生，海一公安分局何茂良，县建设会吴锡九，一区公所黄志伸，二区公所何仕黄，县分庭梅春华，十中学校陈焱辉，南教所杨钜雄、龚璞山，职业学校陈茂元，海二高小罗桑、钟道新，海一高小蔡春培、苏振瑭，海中学校曾同容，县图书馆韩娟，县参议会何云汉，雷州民国日报社陈兆庆，南区绥靖公署敖道奎，县教联会莫继汤，南市初小莫炳麟，海二初小罗镜，海师学校李玉田。

开幕程序

一、摇铃齐集。二、监选员就位。三、推举主席团，执委会推举陈培元同志，并各代表推举冯景文、袁安衢两同志为主席团主席。四、肃立。五、奏乐鸣炮。六、唱党歌。七、向国旗、党旗及总理遗像行三鞠躬礼。八、主席恭读总理遗嘱，代表团推举陈培元同志为主席。九、主席致开会词（词略）。十、监选员训词，主席请赵监选员训词（词略）。十一、演说，有南绥署代表敖道奎，县政府代表张毅生，南教所代表杨巨雄、龚璞山，县参议会代表何云汉等演说（词略）。十二、答词，由陈培元同志答词（词略）……

（二）经济

清坭村蔡天德买田声明

启者：本族内蔡天德于民十六年凭中向本祠生去□毛银二百元，订定周年行息一分六厘，写田一丘一斗作□在清坭村前门口塘坑处。迄民十年，因天德逝世，即行分□。而该田及本祠生项分为次媳蔡陈氏已份，对本祠生项蔡陈氏前均按期担负完息，现因积欠利息过多，故救将该田管批顶息。如有轇轕情事，务趁十五天内向蔡陈氏理楚，与本祠无涉，特正登报声明。

海原六区清坭村蔡敦笃公祠启

管田

海六区南兴市杨名卿氏廿三年生大银二百五十元欠息两年余，兹将其按契内晚田四丘□种四斗，一丘三斗五升在后塘村后沟后寮坑，一丘八斗在大群村沟□，早田四丘，种一石九斗五升，在西沟村边坎下塘后坑，管批此田，若卖当必赎，该按契方效。

海原六区清坭村蔡天文

济英公路利同公司广告

本公司向海康县济英公路整理委员会投承济英公路，自廿八年一月一日起接办，兹为利便交通起见，划出南渡至英利一段公路，得由各汽车商人自由缴租领照行驶车辆，有志领照营业者，请到本公司（南兴车站）接洽可也。

利同公司启

买田声明

启者：氏凭中买到骆朝俊、朝杰同母□氏巳田一丘一石六斗，土名坐落东门外迎春亭河渠等处，定期旧十一月初八日交价。朝俊等若将该田典按何人，趁于期内携契到来与卖主理楚，与买主无涉。倘若过期，以为无效，特此登报周知。

谢氏启

买田启事

启者：凭中买受海康白沙村陈光耀名下躬田一丘九斗，编为第十一段十八号，面积一亩九分正，土名坐落白浣乡黄宅坑等处，订明旧历八月十五日立契交易。倘该田如有典□镠辖及亲房兄弟手续未妥等情，请于未交易前向卖主理妥。一经立契交易后，概与买主无涉，特此登报声明，以免后论。此启。

海康白沙村洪锦堂启

海康县政府代电

财字第　号　二十九年元月　日

急分送各区署各乡镇公所均览案，查本县奉广东省政府发来拆城补助费国币一万元一案。当经上年九月间，本县举行非常时期县政会议议决：如领到省政府拨给拆城费国币一万元，除购置拆城器具及开支工人药费外，若有盈余，则依照全县各乡镇人口比例分配补助拆城工人伙食费等。现查拆城工程行将完竣，前经规定工册式样，电饬于每日依式造报，并经于上年十二月以养财代电催□各在案。兹查遵令造缴者固多，延而未缴者亦属不少。对于核发上次补助拆城工人伙食费，殊多□碍，合再电仰遵照先令，各电于七日内将各该乡镇每日拆城工册造缴八份来府，以凭核发补助工人伙食费，并着各区署□□督饬依限造缴，毋得再延为要。县长丘□财印。

关立德堂买田告白

启者：本堂凭中买受步月村林兆丽晚田□斗五升，土名坐落步月村西洋宇字岸内等处，买已议妥定□□十二号立契交易，该田如有典按或镠辖情事，请于期前与□□理楚，否则一经逾期，与买主无涉，特此声明。

□六七八号
海六区关新村乡关立德堂启

莫璧堂买田告白

本堂凭中买受海二区黎郭村□言晚田一丘二石，土名坐落黎郭洋，定期本月十七日立契交易，该田如有当按，请趁期前理楚。

□七九号

迎秀街陈云山买田告白

鄙人凭中买受海二区洪富会洪冠千□名下已分早田一丘一石□斗东□一截□斗，土名……平原村村前坑处第十八分段第六十号，定期国历……日立契交易，该田如有债务樛轕情事，即向卖主理……概与买主无涉，特此声明。

雷城迎秀街陈云山启

西坡沟村钟日新买田启事

启者：鄙人在民国甲戌年十一月十日当到海六区山内村蔡攀虎晚田一丘二石，每年占租五石，土名坐落西坡沟前坑等处。日后该田若有卖按情事，须向鄙人□赎理楚，方生效力，特此登报声明。

海七区西坡沟村钟日新启

海四区下坎村何其让买地启事

启者：鄙人凭中买到本村何桂保旷地一所，价已妥洽，定于本五月十六日立契交易。如有典按债务樛轕，请于期前向卖主理楚，一经逾期，与买主无涉，特此声明。

一六八号

驳斥

昨阅《雷州民国日报》英利市万隆号杨世珍、和兴堂陆星桥当到英利市高州会馆广告一则，不胜骇异。查英利市高州会馆为我高住英利同人所集资建筑，为公有物业，任何人不能私自当卖，所有擅卖，均属不合，特予驳斥。

李世英、梁世和、陈永泰、陆球启

当铺告白

鄙人凭中同当到英利市高州会馆瓦铺二座相连，土名坐落英利市上□□宁境弄头铺仔对面，坐东向西，订定于旧十二月十五日立契交易，此铺若有典按生揭手续，及有远近会丁樛轕，可趁于期前声明交涉，否则至于立契成交之后，概不关鄙人等之事，特此登报周知。

英利市 万隆号杨世珍和兴堂陆星桥同启

海府招投船照印烙捐
本月十五日

本城讯,海康县政府昨布告云:查县属船照印烙捐,旧商于廿六年十二月十五日经已承办期满,前经本府布告,继续开投在案,惟以期限太促,以致无人招投,兹为□持捐款起见,特再定期于一月十五日下午二时在本府大礼堂当众开投。如有意投承该项捐务者,仰照后开章程,届时来府竞投可也,此布。

开投县属船照印烙捐章程:一、年饷底价国币二千二百五十元。二、征收捐率如下。甲,三枝桅船每艘征收毫券八元五角。乙,二枝桅船每艘征收毫券五元八角。丙,一枝桅船每艘征收毫券二元九角。三、以出价超过底价高者为投得,一经承办,中途不得请求减饷及退办,并不得违章额外苛收。在承办期内,倘有欠饷及违章苛收情事,即予撤销承案押追清理,并将按饷没收充公,及将保店查封□抵。四、投承人应于开投前到本府收支处挂号,并缴纳押票金国币五十元,发回收据交执,届时凭票入场竞投,该项押票金除第一、二、三票须俟第一票遵缴按饷预饷后方行发还外,其余各票即当场凭据发还。五、开投采用明投法,至少须□三人到投,方生效力,每次加价以五元为率,准备加价时间不得过三分钟。六、投得人应于三日内缴足按饷预饷,各一个月并觅具殷实商店保结呈缴来府听候核收查明,给谕开办。倘逾期不缴按预饷或缴纳不足数额,即将该押票金没收充公,另行开投。七、承商图记准自行刊用,惟仍须将图模□启用日期呈府备查。八、承办定一年为期,由民国二十六年十二月十六日起,至廿七年十二月十五日止,所认饷额每月分上下两期缴府,不得稍延。

乌仑山村陈其精、陈其英管田告白

海三区符处村李钜铉在民国二十一年五月初一日凭中生去光洋银一百六十元,经将泮洋仔村边草鞋墩晚田七丘共三石七斗,并鱼塘一口立契作按,至今□息不清,即将该田管耕顶息,越后李钜铉倘有将该田典按情事,须向鄙人理楚,方生效力,特此声明。

一○六八号

按田告白

海七区谭宅谭福宇昨向鄙人揭去大洋银二百元,将铺仔园前坑晚田一丘五斗,又迈二坑早田三丘共二斗正作按,写单并押原红契为据。该田如有变卖典按,须向鄙人理楚债务,方生效力,特此登报声明。

海七区卜昌村曹卓猷、曹敬亲同启

乡民踊跃领植爪哇蔗
海府布告后，到领者络绎不绝

海康县政府前为推广蕃殖爪哇蔗种起见，特布告并通令各区乡民免费领植，各情已志前报。查自海府布告后，连日往西门外蕃殖场办事处领植该项蔗种者，络绎不绝。闻该场预定免费分发之蔗种数万，业为各区乡民领完云云。

海府布告：防范废券

本省自施行法币，禁止行使现金后，各处市面零星找换，于辅币券极感缺乏。广东省银行为应社会需要、利便人民起见，经先后发出一毫、五毫等辅币券，市立银行亦发行二毫辅券，以利商场交易。乃近有歹徒，趁此时机，竟以省行前之废券行使市面，朦混渔利。现经省银行发觉，特将发现废券与省市两行辅券互异各点，函请财政厅通令所属防范查缉。海康县政府奉令后，特转饬所属切实查缉，并布告所属商民人等知照，附录省银行原送市面发现废券与省市两行辅币券互异各点。一、省行五毫辅币券与市面发现□□废券互异之点。甲、废券色泽，……杂红黄各色，省行辅币券券面蓝色，券底赭色。乙、废券券面用五层楼图形，省行辅币券用海珠铁桥图形。丙、废券于行名之上有"省立"字样，省行辅币券无之。丁、废券用"五角"字样，省行辅币券用"五毫"字样。戊、废券系程天斗、容显麟签字，省行辅币券系行长沈载和、副行长霍宝材签字。己、废券纸张略窄，省行辅币券纸张较阔。庚、废券写民国十一年印（间有涂改廿三年，但痕迹极显），省行辅币券系廿三年印。二、市行二毫辅币券与市面发现废券二毫废券互异之点。甲、废券色泽，券面墨灰色，券底蓝色，夹杂绿黄各色，市行辅币券券面金黄色，券底墨灰色。丙、废券用桥拱图形，市行辅币券印总理遗像。丁、废券用"二角"字样，市行辅币券用"二毫"字样。戊、废券系程天斗、容显麟签字，市行辅币券系行长陈仲壁、副行长黄滋签字。己、废券写民国十二年印，市行辅币券写二十二年印。

海参会通告区乡公所，劝导欠粮各户清纳旧粮

海康县参议会，昨通告各区公所转饬各乡镇里长切实劝导欠粮各户，早日清纳旧粮。其通告云：为通告事，现据本城粮店全丰、均益、谦泰、美和、祥泰、同益、广源、益影、隆昌、恒利、同泰、同源、英和等号声请书称，窃商等现奉前县长覃任内财字第三七八号指令内开，前准钧会第三届第一次常会提出议决本县粮米平价征纳，自民国十六年以前，旧粮概行免征。十七年至二十二年，每升征收五先。二十三年，每升征收一毫。并限各粮户趁本年底向粮店清纳，以期两利。如逾期不缴纳者，照原征办法函

通县府核准在案，尔时商等则一面为政府现行改征地税在即，一面为民欠旧粮，免久拖累，以图双方利益，粮店扫清，短期结束，乃遵照议案办理具报饬遵各在案，商等自奉令进行照征。去后而粮户乘机缴纳者固多，其未纳者，亦复不少。查议案决定期间将满，粮户历年积欠为数实巨，以致各粮店迭次催收，彼仍置之不理。况钱粮为国家正供，粮户似此蛮抗，安何设想。不特商等垫粮受害，恐国税征收前途，岂非防碍。为此揭款负累，应追欠粮取偿，奔赴崇阶联叩。除呈县政府外，理合声请钧会准予函通各区乡公所，晓谕粮户欠粮趁期完纳，而免久欠拖累，以维国课。等情。据此，合行录案通告知照，即便通知各乡镇里长，切实劝导欠粮之户，早日清纳为要，特此通告。

海、遂两县将修筑溃堤，修堤款项已筹有相当头绪

本年十月海遂重罹风灾浩劫，堤被冲决多处，广东省会公安局长何荦得讯，大为悯恻，曾即电饬将前堤委员所存之汇水存款一千余元，悉数拨赈两县灾民外，对于此次海、遂两县所崩陷之堤岸，前经派技士陈智新前来勘测，约需四万九千余元，方能修复。现何局长拟请省府筹拨外，其不敷之数则由个人负担，设法筹足，大约在于明年一月间，即可开工修筑。现特在广州购买士敏土四百桶，前（十一）日付由松江商轮运返，起卸在南渡码头，以备修筑堤岸之用云。

海府催缴各区田亩捐款

海康县政府，昨训令各区区长、副云，案查接准覃前县长移交征收田捐拨支警卫队经费数目清册，内列各区欠缴捐数三千五百三十八元余。迭经严令限期扫解□案，迄今日久，未据结束前来，殊属疲玩。须知该次捐数，本县长奉令催收，填还前覃县长在县商会挪用为警卫队经费之仓数及匪红，暨清发警卫队欠饷，刻不容缓。除分令外，合将各区征收田亩捐解欠数目表令发，仰该区长、副于本年十二月底以前，将表列欠解数目扫数清⋯⋯

海康蕃殖场十一月份工作概况

海康县蕃殖场工作，素为社会人士所注意，兹特将其十一月份工作概况探录如下。（一）关于蕃殖事项：1. 新植及旧株甘蔗，均发生螟虫，为害甚剧，旋用烟骨浸水灌注，以为杀虫，并将烟骨埋于蔗根，以防其蔓延。现螟虫既日见减少，行将消灭，目前正进行除草及施肥中。2. 赴港购回硫酸铔肥料，及过磷酸石灰共六十一包，为本场二十五年份甘蔗肥料。3. 修整不平之田亩，将高处之泥，移于低处，使成整齐划一，以利耕作，而壮观瞻。4. 收获西贤种谷约三百斤，查此谷茎粗而发蘖多，米粒较普通为大，质软而香。5. 苗圃所育之柚木、苦楝次第除草及施行中耕。6. 播台湾相思五畦，

现既发芽，约有二寸左右。（二）关于垦殖事项：1. 仕坡收获晚季谷二十六石一斗，英利场收获晚季谷十四石，合共四石一斗。2. 修复牛栏一栋，及完成堆肥室一间。3. 收积堆肥约一万斤，概以草及牛粪为原料，使其腐□，以备明年之需。

省行续发行辅币券，海府奉令布告知照

海康县政府昨布告云，现奉广东财政厅总字第五二四二号训令内开，现准广东省银行本年十一月二十六日函开，迳启者，查敝行前为便利人民零星找续起见，经将香港新华公司所印之一毫、五毫辅币券两种，先后发行在案。惟现在市面日常零星找续，对于辅币券仍感缺乏，适敝行前向美国钞票公司定印之一毫、二毫、四毫辅币券，现亦陆续印就运到。兹为适应需要、便利交易计，自应继续签发。兹定于本月廿二十七日起，将美国钞票公司新印一毫、二毫、五毫辅币券，一并发行，以利流通，而资周转。除呈报并通告外，相应函达查照，并希布告饬属一体知照，足纫公谊，等由。准此，自应照办。除函复及布告通行外，合行令仰该县长即便知照，并布告饬属一体知照，等因。□此，除分令外，合行布告，仰县属人等一体知照，此布。

海府饬区晓谕粮户清缴旧税

海康县十三间粮店，现以各粮户对于积欠粮税，屡催不缴，特联呈县政府，转饬区乡公所，晓谕趁期完纳，以免久累，县府据情，经令饬各区公所，剀切劝谕各积欠粮户，从速清纳。令云：现据县属全丰等十三间粮店呈称，窃商等现奉前县长覃任内财字第三七八号指令内开，前准县参议会议决本县粮米平价征纳，自民国十六年以前，旧粮概行免征。十七年至二十二年，每升征收五先。二十三年，每升征收一毫。并限各粮户趁本年底向粮店清纳，以期两利。如逾期不缴纳者，照原征办法函通在案，尔时商等一面为政府现行改征地税在即，一面为民欠旧粮，免欠拖累，以图双方利益，粮店扫清，短期结束，乃遵照议案办理具报饬遵各在案，商等自奉令进行照征。去后而粮户乘机缴者固多，其未纳者，亦复不少。查议案决定期间将满，粮户历年积欠为数实巨，以致各店迭次催收，彼仍置之不理。况钱粮为国家正供，粮户似此蛮抗，不特商等垫粮受害，恐国税征收前途，岂非防碍。为此揭款负累，应追欠粮取偿，奔赴崇阶联叩。除呈县参议会外，理合具呈伏乞钧府准予，令饬各区乡公所晓谕粮户欠粮趁期完纳，而免久欠株累，以维国课，等情，到府。查此案覃前县长任内据该粮店等呈以愿遵议会粮米平价清纳案办理，请予分别令告晓谕各欠粮业户依限清纳等情。经予如呈办理在案，兹据前情，除分令外，合行令仰该区长副遵照切实晓谕各业户清纳税款，并转饬所属一体遵照，毋违。

海六区各灾乡代表到县请愿减免借征灾区地税

海康第六区，客岁被咸潮浸没之田，约二万余亩。业经各乡调查列表，缴由区公所呈报该县政府转请财厅准予减免征收临时地税，此次该县政府借征地税抵纳券，仍按照全区田亩额数，分派各区公所，转发各乡征收，所有以前被受咸潮浸没之田亩，亦在借征之列。各灾乡民，以去年惨遭水患，禾稻不收，现时又无能耕种，饥馑立至，生活不能维持，殊难完纳国课。特于前（六）日，在南兴市会议议决，选派林锡铨、林培栋、庄济州、周廷富、梁兆镕、陈登攀等六人为代表，前来县府请愿。该代表等昨日经已晋谒林县长，恳请迅予据情转呈民厅求获免征，以纾民困云。

海府函各县采购改良爪哇蔗种，每万株毫银八十元

海康县政府，以众殖场之改良爪哇蔗种经次第成熟，为推广蕃殖起见，昨通函各县政府，酌量采购。兹将原函录下：

迳启者：敝县建设，侧重农林，并注重改良蔗种，以期振兴糖业。年前开办县立垦殖场，曾派员采购爪哇改良蔗种第二七二五号及二八七八号两种分植，现该场改良蔗种生长甚佳，且将成熟，预计在本年底以前，尽可斩取作种，除一部留县自种外，尚有三百万株。兹为推广蕃殖起见，拟概行发售，定以最低廉之价，每万株（每株以两个节计）毫银八十元正，点交蔗种处在海康县城。现查贵府振兴实业，救济农村。所属农场，需用该项改良蔗种，当属不少，相应函达查照，酌量采购，广为传播，以裨农事。如能订购三十万株以上，可照原价九折计，以示优待，而资推广，并希见复，为荷。

海七区山前村组织保善社，低利借贷帮助农耕

海康第七区山前村民，近感社会经济恐慌，农村破产，日甚一日。农民生计，愈形困窘。该村民吴赞摇等四十余人，为解决目前生活问题起见，特召集组织保善社。前经会议，推选吴毓槐为该社长，负责组织，同时并拟定组织办法。查该社专为帮助贫穷民众耕种，发振该村农业，及以低利息借贷，俾贫苦农民均占利益云。

海七区雷高一带谷价骤涨

近月以来，天旱不雨，禾苗枯槁，海康雷高市附近一带人心骚动，咸虑粮食大起恐慌，因此谷价大为腾涨。查前月粘谷每车四石只沽大洋十八九元，现涨至廿七八元；纳谷前月每车沽大洋十七八元，现涨至廿六七元。惟连日降有微雨，禾稻尚可补救一二，将来不至完全失收。但内地米谷存贮空虚，一般贫民明年不知何以为活云。

海府奉令转饬办理乡村公有林

海府昨奉民政、建设两厅令饬办理乡村公有林,特抄发各县乡村公有林营造计划,令各区乡遵照切实办理。兹探其原令录下:

案奉广东民政、建设厅第八四九八号训令内开,查提倡造林固属防止水旱灾患根本之图,亦为目今生产建设要政之一,叠经奉令通饬各县切实举办有案。兹查乡村公有营造林计划,尚付阙如,自应从速拟定,以便次第进行,当经会同拟就广东省各县乡村公有林营造计划呈奉广东省政府廿四年八月十日建字第二六五七号训令开,案□前据该厅会同民政厅呈拟广东省各县乡村公有林营造计划一份,请予察核指导等情,业经提出本府第六届委员会第四〇九次会议议决:"交胡、金、李三委员审查"暨分函查照办理有案,兹准三委员将原计划分别修正,复经提出本府第六届委员会第四一三次会议议决:"照修正通过"在案,除分行民政厅外,合将修正广东省各县乡村公有林营造计划一份抄发,令仰该厅即便会同民政厅督饬各县切实办理为要,此令,等因。计抄发修正广东省各县乡村公有林营造计划一份下厅。奉此,除分令外,合将奉发抄发修正广东省各县乡村公有林营造计划抄发,令仰该县长即便切实办理为妥,等因。计抄发奉发抄发修正广东省各县乡村公有林营造计划一份。奉此,自应遵办。除分令外,合将原奉发抄发修正广东省各县乡村公有林营造计划一份抄发,令仰该区长即便遵照,并转饬所属各乡长一体遵照办理为要,此令。计抄发原奉发抄发修正广东省各县乡村公有林营造计划一份(略)。

海六区公所报请县府函转邮局添设通邮处

海康县政府,前准海康邮政局函,令饬各区公所,将辖内未通邮之要地地名及该地方人口数目,列表呈报,以凭汇转。海六区公所奉令后,以区属辽阔,原有之通邮处,仅南兴墟一处。现公平墟、松竹墟、花桥墟,皆有设立邮政之必要。当经遵将各该地地名及各该地方人口数目,列表呈报县府,请转海康邮政局转呈邮政总局,尽量设置,以期普遍,而便民众云。

海府奉令饬各区乡办理造林,成绩列入地方自治考成

造林一项,为目前要政之一。民厅以自治条例,规定乡镇公所,有办理水利森林事项之权。是造林为区乡里长应负责任,办理有无成绩,自可列入考成。特令各县转饬遵照,海府奉令昨经令饬各区公所遵照。原令云:现奉广东民政厅第四零九零号训令开,现据兴宁县长彭精呈称,查造林一项为利至溥,不仅调节气候、含蓄水源、防止水旱、增美风景、裨益卫生,其于农产生利、国民经济,关系尤巨。迭经层宪力事倡导有案,

惟属县普通民众，往往急于事功，每将此若大利源委弃忽视，各区乡里长，亦常存五日京兆，对于造林工作，敷衍塞责，鲜有成功。驯至童山濯濯，河床淤塞，水患频仍，兴言及此，殊堪浩叹。现除分令各区，设立区乡林业促进委员会，暨令各乡后备队训练员就近切实调查荒山，以备强迫造林外，理合具文呈请钧厅察核，俯赐准将造林成绩为各区乡里长办理地方自治之考成，是否有当，伏候指令祗遵，等情。据此，查修正县地方自治条例第廿一条规定，区公所有办理或委托乡镇公所办理水利森林事项之权，是造林为区乡里长应负责任，办理有无成绩，自可列入考成。除指令遵照并分行外，合行令仰该县长即便遵照，此令，等因。奉此，除分行外，合行令仰该区公所即便遵照，并转饬遵照，此令。

海蕃殖场选送各项种籽与海民教馆陈列

海康县蕃殖场场长黄汉如，为县属改良种籽、推广种植起见，日前选送东莞白、田菁、爪哇甘蔗、紫云英等多项种籽于海民教馆陈列。闻在本月十九日，又送改良稻蓬莱种籽、暹罗油木种籽各一包与该馆陈列，而资民众参考。查蓬莱稻米香而且软，早晚季均可种植。若早季在春分前插秧，一年有三次收获。闻在该场试验，极适合本地土质气候，而暹罗油木，木质坚大，可以造船及家私等，其叶可制染料，亦甚适合本土种植云云。

布贩被匪拦途劫杀

海康第六区高流水乡民陈维八，近以家计贫窘，生活困难，曾向村人生揭大洋数十元，购办布料等件，运赴本县第五区田头市一带发沽，冀获蝇头，以资糊口。于本月七日，由该区宾祺村经过，距村约一里远，突被土匪拦途抢劫并将其杀死。数日后，陈郑氏闻耗，乃雇人前往将尸抬返。据云，现已查获，该匪徒共有四名，系某村人，多为维八认识，恐后追究，以致遭其杀死。现伊母郑氏，已前赴该县第五区公所呈诉究治，以雪冤惨云云。

海府布告：重查第八区各乡田亩

海康县田亩价值，前经核定平均每亩三十二元，现已将各乡所报田亩册照评定价，改算完竣，所得田价平均只三十元零八角九分，核与原定三十二元实减少一元有余。对于征收地税不敷甚巨，故海府于本月十八日特召集各区区长及参议会议长，到府会议。当经议决，现时所核田价不必更改，将八区各乡田亩另行重查，以补原额。昨特布告各乡知照。兹录其布告，并重查田亩章程于后：案查本月十八日，本府召集各区区长及函请参议会派员来府会议，关于本县田亩价值一案，当经议决"现时所核计之田价，不必更改。一方面照所核计税额开征临时地税，一方面先从第八区着手，将各乡镇田亩详细重查，由县府派重查员三员，每员每月支薪二十五元，由处罚匿报田亩业主罚金项下开支。其重查章程，由县府拟定。重查期间定为一个月"通过纪录在案，自应照案执行。除分令外，合将重查田亩章程，录布于后，仰该区属人等，一体知照，此布。

　　章程：第一条，乡田亩均按照去年田亩调查时各乡田亩调查册分段按图重查之。第二条，重查期间定为一个月，由本年十一月一日起至月底止。第三条，各重查员到乡时，各乡长副应引导各重查员前往乡属各田亩按段详查，毋得推诿，并预先制定竹签编列号码，以便重查员工作之用。第四条，重查后，如查得有未报田亩，由乡长负责查传业主或佃户到乡公所，责令补报。如不能查悉业主或佃户时，应布告严限于五日内申报，否则将该田亩充公，任由政府拨归何人管业，毋得异议。第五条，重查后各业主报请补报者，每亩罚毫银五元，以为各重查员薪水，但在未重查之前，报请补报者不在此例。第六条，各重查员，如往某乡重查时，应于五日前通告该乡长副知照。第七条，各乡长副应于接得重查员通告后，即布告通告，俾各未报田亩业主补报。第八条，各未报田亩报请补报期间，限于重查员未到乡之前三日，逾限照章办理。第九条，第八区公所应随时协助各重查员工作，以便迅速进行。第十条，各乡镇如有处罚，应即呈报本府，同时限被处罚之业主，于三日内，已将罚款清缴。第十一条，各重查员到乡工作如需什役帮助时，各乡长应觅妥适差役以供调遣。

省行大洋券加盖戳记与毫券通用
海府奉令布告商民知照

　　广东自实施管理货币后，人民持现银换法币者甚众，省行银毫券，因不敷应付，特呈省府将印存未发行之大洋券，加盖"作银毫券用"之戳记，与银毫法币一体使用，以资救济。昨海府奉到财厅此项训令，特布告县属商民知照，兹录原布告于后。

　　现奉广东财政厅经字第五○四七号训令内开，现奉广东省政府本年十一月十三日财字第五八九一号训令开，现据广东省银行行长本年十一月十二日呈称，窃查本省自实施管理货币后，人民持现银来行变卖，由职行照规定价值给发币收买者，极为众多，职行库存一元、五元、十元券，为数有限。最近经将前未发行之一百元券，一并发行，并呈报在案，惟此项一百元券面额较大，对于百元以下之交易，仍感窒碍。查本省前拟改用大洋本位，职行曾奉令印就大洋券存贮，以待发行。兹为便利商民适应需要起见，拟从权将印存之一元、十元大洋券加盖"作银毫券用"之戳记，签署发行，与银毫法币一体使用，以利流通，而资救济。如蒙核准，拟请钧府迅赐令饬财政厅布告人民，及通令各征收机关各承商一体知照。自发行后，此项币纸，同属法定货币，无论政府税收或市面交易，对于此项作银毫券用之法币，均应以一元、五元、十元、一百元等银毫法币一体行用，以重功令，仍候指令祗遵等情。据此，查该行原有□行法币既属供不应求，现为适应商民需要起见，□□凭予照准办理……

建筑材料须用国产木材
海府奉令转饬所属遵照

　　海康县政府，昨奉建设厅令饬建筑材料，须用国产木材，以广推销，而资救济，特转令各区公所公安分局遵照。原令云：现奉广东建设厅第九五八一号训令内开，现奉广东省政府本年二月八日建字第三二二六号训令开，现奉行政院二十四年九月二十一日第零四九七九号训令开，案据实业部呈称案准浙江省政府建字第八零四号咨开，业据青竹木商代表程振记等呈，为竹木板炭业，日趋衰落，请予救济等情。据此，查原呈所拟救济办法，计有五点，关于本省部份，业已分别核饬知照。至关于请求转请中央饬令全国建筑材料，统用国产，勿用外木，以广推销一节，本省方面，亦已由建设厅通饬各县市政府，尽量采用国产木料，似可再由贵部转呈行政院通令全国一致办理，以期推广。

广东仁爱善堂拨款五千元赈海康风灾
径交何局长莘转交以工代赈

　　海康县党部，昨接广东仁爱善堂来函云，迳启者：昨读贵党部佳日快邮，藉悉贵县于十月八日冯夷为灾，波臣同时肆虐，堤岸溃决，田庐均被淹没，闻悉之下，不胜恻悯，敝堂向本慈善之怀，赈恤焉敢后人，兹奉敝堂董事长面谕，拨款五千元，径交省会公安局何局长转交海康县府及县党部、县参议会等，以工代赈，等因。奉此，自应遵照办理，除函知何局长派员携据来堂领收及另函县政府、参议会查照外，相应函达查照，为荷。

海府注意城厢治安
税捐员队武装公干须穿着制服，药膏分销处营业每晚不得过九时

　　海康县政府，以县属近有不法之徒，冒充各税捐机关缉私员队，携带枪械招摇生事，或在药膏分销处澈夜流连，于治安前途，殊多妨碍。该府有见及此，当即决定办法，凡各税捐员队武装公干，须穿着制服携带枪照，及将识别证悬挂于外。若便服携枪在外缉私，则须带有主管机关手令。又城厢内外各药膏分销处营……每晚不得超过九点钟，以资取缔□□由该府……查队，严密检查……设队警联合巡查队，定本月六日晚起，每晚由……第一中队县兵队雷城公安分局各派队警联合巡……以县政府为集合出发地点，所有城厢内外娼客……馆、烟赌馆及多人麇聚场所等，一律注意检查，以……究云。

洋糖捐影响中秋饼业无形停顿

流光似箭,废历中秋节,又将临矣。一般饼食商店将届是节,即着手准备一切。惟近一二年间,月饼生意,大不如前,盖因各处农村破产,购买力弱。况今年洋糖捐重,捐商……准售卖,各饼食商店俱不贩卖,而作消极反对。因此已缺制造月饼之重要原料,饼业生意遂致无形停顿。现时已届废历八月初旬,登市之中秋月饼,极为稀少云。

海府购返油加里树种

海康县府,前向广州农林局,购买之油加里树种甚多,现已运返,转交农校种植。闻该校昨经锄整苗床多处,为之播种,当时并分配该校学生管理。查该树原产澳洲,系属常绿乔木,生长甚速,木质坚实,可供桥梁、器具、薪炭等之用。据云,该树种价格甚昂,每斤值三十二元云。

海府令各田亩编绘员缴回证章

海康县政府,以县属田亩调查,前经派出编绘员分头前往各区乡编绘田亩,诚恐乡民有所误会,均发给证章,以资识别。现查各区乡调查田亩,经已结束,自应将前发之证章收回,以杜流弊。兹该府已据第七区编绘员梁荣业将前领七十九号证章一枚,呈缴前来,应予备查,惟尚有多数未缴,亟应令饬各区公所克日转饬各编绘员,将前领证章缴回,以杜流弊云。

驻花生坡植蔗

海康县地方警卫队编练处,前向海府商购蔗种若干,备各队兵轮流种植。查该处现拟定花生坡飞机场附近一带旷地,为该队垦殖之用。兹为各兵利便工作起见,前日特令调第一中队士兵二班往该坡驻扎,开始种植云。

田头市邮运已恢复

海康县政府,以县属第五区田头市邮政,前因匪乱,停顿已久,该府昨特函商海康邮局,设法恢复。嗣经该局呈奉广东邮务管理局核准,恢复丙类乡村信柜,各情迭志本报。兹该府现据该市筹委会呈称,为呈报恢复田头市邮政情形,恳请备案事,窃职案奉钧府第一三二一号训令,关于饬令办理恢复邮政一案,后开,仰该会即便遵照。限于文到十日内,选择该市殷实商店,由该会备函,交由该店东前来雷城,径与海康邮政局接洽一切开办手续，妥为办理，并将恢复邮政情形报查为要，此令，等因。奉此，职自应遵照办理，兹选择田头市殷实店东叶开春，由职会备函交该店东于本月十二日径与海康邮政局接洽一切开办手续，旋准海康邮政局，将邮政信柜，交于该店东叶开春领回田头市，于本月十三日设立邮政信柜开办。奉令前因，理合将田头市恢复情形，备文呈报察核，俯准备案。该府据情后，昨即分令县属各区转饬各乡民知照云。

联合公司改订雷洋公路客车价目

承办雷州至租界行车联合公司，以自行走该路以来，车脚相宜，素无加收搭客脚费。惟有啬财客商，对于来往车脚，每有不循路规发给，争论滋多。该公司有见及此，特将该路车脚，从新改订，以杜争执。昨即表列各站价目，备文呈请海府察核，业奉令复，准予备案，兹录其各站价目如下：一、……中车搭客十二位。三、大车搭客十四位。四、由雷州……营来往每层每位脚银二元二毫。六、由雷州至铺仔来往每层每位脚银一元八毫。七、由雷州至新市来往每层每位脚银一元四毫。八、由雷州至太平市来往每层每位脚银一元二毫。九、由雷州至洋村来往每层每位脚银八毫。十、由雷州至沈塘市来往每层每位脚银□毫。十一、由雷州至卜札市来往每层每位脚银二毫。

谷类输出数量骤增

八月份统计五千二百担，九月上半月八千二百担

我雷出口物产，除蒲苞、食盐为大宗外，其余如花生油、片糖、生蒜、米谷、猪、鸡、牛、羊等类亦颇多，且自政府明令内地货物，运输免税之后，吾雷输出土产，日有增加趋势。只以米谷一项，近日我雷价贱，输运出口更形活跃。查八月份由松江裕安各商轮运出统计有五千二百担之多，每担约价四元至四元零五仙计，共□银二万零八百九十元。至九月份，运出数量愈增。查□月上半月单由裕安商轮运出共有八千二百担，每担以四元零五至四元一毫之价计算，可值银三万三千五百元。惟其余各项物产，未经详细调查，不能为的确之统计云。

海七区北坑村民莺迁

近年因为农村破产，生计困难，海康第七区北坑乡北坑村民十余户，四十余人，以徐属英燕村附近，土地肥沃，适宜居住，乃请求乡长转呈区公所请县府，咨请徐县政府准给执照，迁入境内居住，以利耕种。

南兴市糖业店一致不销售洋糖

近自本省当局施行洋糖统一销售以来，吾雷亦经设立分销处，通告各市区糖面商

店，须向该处购销，每月包销定额若干。查雷城各糖业商店以中秋在即，间有向其领销多少。惟海六区南兴市各糖业店，金以包销定额，未免苛刻商人。况糖价过昂，销售有限，虽届中秋，甘愿牺牲生意……

海府布告：禁生牛出口藉端瞒税

海康县政府昨奉广东省财厅指令，据高雷区屠牛牛皮税联益公司呈一件，呈为藉端瞒税，重碍饷源，请准通告遵章纳税，并饬县保护稽征由，内开呈悉。查生牛出口税，系将例准出口牛只运出省外不在省内屠宰者，于出省时，无论黄牛、水牛、大牛、小牛，均每头征收大洋四元六角，历经饬遵有案。该海徐两属生牛，如系运往广州内地，照章不准抽税，如属贩运港澳行销，应由海徐两县查明转饬照章报纳。除令复外，仰即遵照。该府奉令后，昨即饬属随时查察保护稽征，同时并布告县属商民人等一体知照。嗣后如有运载生牛出口往港澳发售时，务须照章缴纳生牛出口捐，毋得藉端瞒骗，致干拘罚云。

海府撤销第五区各自治捐款，解除市面商贩痛苦之出品

海康县政府，以县属第五区公所经费，系由该区各墟市负缴捐款，以资维持。覃县长元超为解除该区人民痛苦起见，特将此项捐款，由本年十月一日起撤销，昨经布告周知。布告云：为布告事，查本县第五区公所自治经费，纯由该区各墟市负担，每月共缴毫洋一百二十元，以资维持。惟本县长前次出巡该区视察，查土杠市每月派缴该区公所经费毫洋二十五元，平湖市派缴四十元，田头市派缴二十元，英利市派缴三十五元，均由商贩负担，名曰市面捐。抽收未免苛细，贫民小贩，颇以为苦，间有因此不到各市贩卖者，本县长目击情形，殊觉难安，兹拟将此项市面捐，于本年十月一日起取消，以苏民困。至该区公所经费，每月由本县番摊附加捐，发给毫洋七十九元零五仙，以维现状。除分令外，合行布告，仰第五区各墟市商民人等一体知悉。自布告之后，尔等务须安心营业，以维生活。倘仍有擅在市面抽收此项市面捐者，准即扭解来府，一经讯实，定予执法严惩，决不宽贷。此布。

海府严令屠户复业

前日本城各屠户因反对屠场检验员，联名呈求海府撤职惩办，并一面停业以示坚决。各情曾志前报。海府据情后，即令传一干屠户到案，据屠户庆泗、忠平、妃福、维浩、维跛等五名当堂指证检验员有苛勒情事，该府讯究以事无凭证，系属诬告，即将之扣留，余俱释回。至昨卅日又令在押各屠户具悔过甘结，始行将其释放，并令即日复业云云。

烟馆营业延长一小时

海康县政府前以雷城地方辽阔,为便于稽查奸宄以维治安起见,曾限制各烟馆营业时间,每晚至九时为限,不得超过。嗣各烟馆店主以时间急速,所售药膏无多,请予延长,以利营业。现该府允该商之请□特准予延长一小时,即至十时,并经分令各执行机关遵照云。

税捐机关枪械须报号码

海康县政府以前以稽缉歹徒混冒机关员兵招摇生事起见,曾经函令各税捐机关,转饬武装缉私员兵,凡出外办公时,须带备枪照及各种凭证,以资辨别。惟查各机关,间有自备枪枝,仍未依章领得总部枪照,或恐于检查时发生误会。昨该府特再函令知照,如有未领照枪械,须于三日内,先将该枪身号码列册报府,以凭查核,庶免误会,仍应赶速依章报领执照,以防假冒云。

海府饬属协助统税机关缉私

海康县政府昨奉广东民政厅训令,以准粤桂闽□税局公函,转据所属钦廉查验所所长李钟元呈称□:广东为南方交通枢纽,沿海线长三千余里,且与香港□州湾毗连,水陆冲要,四通八达,诚为走私之捷径,□纵有精密之设施,亦难免疏忽之虞,矧统税之机关,查□违章漏税货物,仅逐日轮流派出检查员,于厄要地□严密查缉。一旦发见私运,虽欲从事堵截,而赤手空拳,每感力量薄弱,殊不足以资应付,拟呈请组织武装缉私队,以期扩充实力,作为堵截奸商大批私运之用。然值此裁员减薪之际,又限于经费之困难,未免因噎废食。现值土制火柴加税,船来火柴走私,势必更多,自可断言,倘不加紧派员查缉,将来影响税收极大。惟概查员执行职务,商同军警协助,而军警往往以未奉主管机关命令为辞,迨统税机关知会后,辗转往来,奸商早得如愿以偿,畅所欲为矣,□□□□于缉私,又无损于经费之法,恳请钧座转函广东省政府民政厅,令饬各县政府,转饬所属公安局警卫队,遇有统税机关,派出检查员,执行职务,随时加以协助,以维税收,而杜私运。是否有当,理合备文呈请钧核示遵,等情前来,所请应予照办,除指令外,相应函达贵厅查照,希烦分饬南路各县政府,转饬所属团警,对于统税机关查缉私货,随时予以切实协助,共维国税。仍希见复,实纫公谊,等由。准此,除函复外,合行令仰该县长即便遵照,并饬属一体遵照。该府奉令后,昨即分令所属一体遵照云。

海府招投捐商保业

海康县政府，以本城外油行街□泰号店东谢德才，前在县府出具□结担保承办城厢内外团防附加捐□兴公司饷款，嗣因该合兴公司积□饷款甚巨，经将该鸿泰号查封，令□清交欠饷在案，现该公司卸办已□，所欠饷款，仍未清缴，现特将该□泰号投变，以资抵偿。兹录其招投章程如下：一、全座产业定底价□银一千五百元。二、定期本年十月二十三日（即废历九月十六日）下……派代表一人，组织该两校□□管□会，所有该校款之收支，则由该□支理，惟设备一项，则须造具□算，经该会认可，方准支付云。

鱼地申报再展期三个月

海康县政府，昨奉广东财政厅训令开，据万宁县长钟启美呈称，案查鱼地申报规则。前经本年一月十日奉钧厅田字第一一四五○号训令颁发，经将奉发规则单式于本年一月十八日印发所属各区乡镇公所遵照办理，及布告周知，并将遵办情形呈报在案。又奉钧厅田字第二七七八号训令，以限期甚促，恐各渔户不及办理，准予展期三个月，俾各遵照查报等因。此项展期通令，亦经于本年四月二十日分别转令及布告周知又在案，统计先后所定申报期间共有六个月，现计逾限已久，而县属各渔户申报者仍属寥寥。除再行分令各乡镇长遵照，及布告周知，严催申报暨饬职府特务员转饬粮差遵照，挨户晓谕催促外，理合具情呈报察核，请派再予展期三个月以便各渔户申报，仍候指令祗遵，实为公便，等情。据此，查所请尚属可行，应予照办，惟各县难保无同此情形，自应一体准予……民周知，俾有鱼地业权者，知期限再展仍可举报云。

海府招投裕发汽车公司保店东南旅店等号

海康县政府，以裕发汽车公司商人吴德源，即吴用之，积欠南龙、平龙、龙英、济南、客河等公路路租甚巨，屡不依限遵缴。经前月五日布告将该商自置本城镇中西路开设信德药房东南旅店及容芳相铺，全座铺业扣押。又限以一个月内清缴欠款，倘再逾期不缴，即行定期布告将该开投，以抵偿欠款在案。现经扣押期满，尚未将欠款清缴前来，自应照案执行。兹定于十一月一日下午一时在县商会将该铺全座产业当众开投，以偿欠款，昨特布告所属一体知悉，届期竞投。兹录其招投章程如下。

一、全座产业上盖连地定底价□洋三千五百元，以超过底价最高者投得之。二、定于十一月一日（旧历九月廿五日）下午一时，在县商会当众开投。三、投票人应于开投前缴纳押票金大洋二百元，交商会核收，取回收据，届时凭据入场□投。四、投票押金除将投得者□□银留在价内抵扣外，其余即时凭□发还。五、投得人限于十日内将□

价缴足，由本府发给执照领铺□□，如逾期，即将押票金充公，另行开投。六、该铺坐落本城镇中西路□须观看，可请雷城公安分局派警□进。七、投得之价，除清偿公款□南龙等路租折实一千六百一十五元，客河路租折实一千零二十五元□，济南路折实四百二十元，及核还□该铺按抵有关各欠款外，其余悉□交还原业主收领。八、现住该铺□商应于该铺投成后即与投得者商□同意，另立租批，否则于一个月□搬迁，将铺交由新业主掌管。九、本章程适用于此次开投。

海府转令提倡采用上海中国电机厂出品

海康县政府，昨奉广东南区绥靖委员公署，转奉国民革命军第一集团军总司令部训令，内开，现奉国民政府军事委员会委员长，南昌行营第一三〇七九号训令开，案准建设委员会函开，本会为发展电气制造事业计，特在沪设立电机制造厂一所，制造各种电气机器及日月牌电池，所有出品迭经研究校验，尚属精确耐用，有过舶来品质。兹查无线电收发报机、收音机，及干电池等，军用上所需甚广，且素仰贵会提倡国货极表热忱，用特检同该厂有关出品之各项刊物，备函送请查照，尚希广为提倡，尽量采用等由，并据该厂长林士模面称，各部队每月需用电池甚多，应请采用该厂出品，以挽利权等语。据此，查事关提倡国货，自应准予照办。除分令外，合行令仰该总司令广为提倡，并转饬所属一体采用为要，此令，等因。奉此，自应照办。除分令外，合行令仰该委员即便遵照提倡采用为要，此令，等因。奉此，除分令外，合行令仰该县长即便遵照，饬属一体遵照提倡采用为要。该府奉令后，昨即通令所一体遵照云。

海府派兵坐催各区田亩手续费

海康县政府，以本县此次调查田亩用费浩繁，业经在粮税项下挪用款项，为数不少，前曾令饬各区公所迅将调查田亩手续费清缴归垫。去后多日，仅据第一、第五两区公所扫数清缴，其余仍未列册报缴，昨该府即令县兵队派兵按区追缴田亩手续费，以资办理结束。兹录其欠缴区名及款额如下：第二区公所欠缴调查田亩手续费五百三十五元三毫七仙，第三区公所欠缴调查田亩手续费二百三十三元二毫七仙，第四区公所欠缴调查田亩手续费三元九毫二仙四文，第六区公所欠缴调查田亩手续费二百零七元六毫四仙七文，第七区公所欠缴调查田亩手续费二十二元五毛零九文，第八区公所欠缴调查田亩手续费三百五十一元二毫六仙。

客路市糖业分销处被捣乱案续志

海康县属第三区客路市糖业营运分销处，于本月十九日上午九时与乡人发生争执，致被捣乱。昨经报载。兹查是日当冲乱时，该处商人飞报驻防遂属城月总部第二特务营所部排长张威，请求派兵弹压。当由该排长率兵十余名前来，并将李元才、庞维九、陈维二、冯朱礼、王原其、吴乾兴、蔡光咸等七人拘获，嗣以冯朱礼、王原其、吴乾兴、蔡光咸四人，尚属嫌疑，即寄交警察第一分驻所收押，其余带返城月。现第三区公所区长蔡位南，以被获数人均系良民，并由各该乡长请求转呈县府核办。县府据情，以此案如何非集讯不足以明真相。昨特函第二特务营，将是案被获各人解送过县以凭讯办云。

东南旅店展期开投

海康县政府，前以裕发汽车公司商人吴用之，积欠县属南龙、龙英、平龙、平乌、客河、济南等公路路租甚巨，迭经令饬清偿，迁延日久，仍未遵照办理。乃将担保店东南旅店、容芳影相馆、信德药房等共一座，布告招投，以便得款抵偿，各情已志本报。兹该府昨据该商吴用之呈请，将开投期间展限，俾得再事筹划，务在此期间内清理欠款，免将店铺开投。业经准予所请，展期二十天，再定十一月廿一日开投，同时并令复及布告周知云。

海府招租县城北车站

海康县政府，以县城北车站系停泊来往广州湾及各区公路汽车，历经招人承租，以该款拨充本县电话总机经费。现查旧商承租期届满，自应另行招承，其布告云：为布告事，案查本县北车站招商承租，该款拨充本县电话总机经费。现承商合兴公司于本月十六日承办期满，自应照案预日布告开投，以资接续而重公款。兹定于本月十三日即旧历（十月七日）下午一时在本府大堂当众开投，用示大公，合行布告，仰所属商民人等一体知悉，如有意承租该车站者，务须遵照后开章程，具备押票金大洋三十元，先期缴交本府收支处核收，取回收据，届时凭据入场竞投可也，此布。计开开投承租本县北城车站章程。一、本县北城内车站站租，核定全年底价毫银一千二百元。二、定于十一月十三日即旧历（十月七日）下午一时在本府大堂当众开投。三、投票时以超过底价最高者投得。即将押票金留作抵租外，其余押票金即时凭据发还。四、投得者须于开投三日内缴纳按预租银各半个月，并具殷实商店担保，方得承办。倘不依期缴纳者，即将押票金没收，另行布告开投。五、承租该车站，以一年为期，即于本年十一月十六日起租，至明年十一月十五日为止。每月一日须清缴租项，其按预饷租银，得于最后一月回。六、凡赤坎到车站之车，该车站承商得向每辆每次收站租毫银六毫正。如由站再入街市别有章程规定者，各车辆仍应遵照。七、承商对于该车站须常打扫清洁，如须小修者，仍须负责随时修葺，以免稍有损坏。八、承租该车站，务须依照定章办理，不得格外苛收，并不得中途退办，及拖欠租项。如有上开情弊，除严予处罚，及没收按预租外，担保店仍须负责清缴全年租项。

海康推广改良蔗种

海康县政府,农业蕃殖场,所植爪哇改良蔗种,成绩甚佳。现该场除留回本县种植,尚余种八十余万,该县府为推进省内农业起见,前曾通函各地农业机关,及各县县政府,请予采购。兹查有阳江、顺德、新会等县纷纷订购该项蔗种,至数万之多。现续有广西人林涤凡在南宁筹办农场,从事蔗作。闻悉本县有爪哇改良蔗种出售,昨亦来函商请覃县长出售该项蔗种一万本,运回南宁播植。至于包装运费及蔗种培植方法、经验各情形,仍待函复即可汇款来县采办云。

海府饬教费会整顿收入税捐

海康县政府,以现值地方不景,农村崩溃,影响税收,日形减少,教育经费管委会所属各种税捐,自不能例外,亟应通盘筹划。关于此次税捐之投批,照原额减少若干,照原定支出是否相符。如属不敷,应即将原有产业税捐从严整理,未始非开源之一道。如仍属不敷,亦应紧缩,以期收支适合,庶免积累日深,无法补救。昨该府特令教费管委会,迅即召集各委员会议从详计划具复,以凭核夺云。

每人携带不得逾廿元,铜元进口每人准携带二百枚

海康县政府昨奉令以本省取缔铜元进口、禁止银角出口两案办法,特转饬知照。其令云:案奉广东民政厅第三七一九号训令内开,现奉广东省政府财字第五七八四号训令开,现奉国民政府西南政务委员会第二七五四号训令开,现据广东财政特派员呈称,现据粤海关监督呈称,案奉西南政务委员会训令第二六三零号开,前据该监督呈一件,为奉财政部令,将核减海关方面限制铜元银角数目,转请核示等由。当经饬据广东财政厅特派员复称,查财政部原令海关方面限制铜元银角,原规定每一旅客准带单铜元一万枚,银角如非劣货轻角,无论单双,其数在五百枚以内者,准商人自由运输。现将原规定铜元准带一万枚者,改为五千枚,银角无论双单,准商人自由运输。其数在五百枚者,改为三百枚等因。查本省取缔铜元进口,系限制每人只准携带铜元二百枚,至银角,本省系禁止出口,经通令各关监督转饬税务司执行有案。现省取缔铜元进口、禁止银角出口两案,未奉明令取销以前,如非携带铜元进口及非将银角运输出口,均应照财政部改定之办法办理。至将铜元每人准携带二百……理合具文呈复钧会察核指令祗遵等情,应准照办。除指复暨分行外,合行令仰该监督即便遵照,此令。等因。奉此,查令文内叙述钧署呈复文,有至将铜元进口,每人准携带二百枚,携带银角出口,每人不得超过五十元,则系本省规定限制之办法,各海关仍应遵照执行等语。查职署于二十二年四月准财政厅总字第五五九号公函,以查禁银毫出口,兹从新规定,每人携带不得逾

二十元等由，当经分函各机关查照在案。兹奉令行携带银角出口每人不得逾五十元五字，有无误书，抑携带二十元之令业经取销，仍准携带五十元，职署未准，财政厅函署无从知悉。理合备文呈请钧署察核，指令下署，俾便遵照，实为公便等情。查本省限制携带银毫出口，应照财政厅新规定，每人携带不得逾二十元。前呈不得逾五十元，系属错误。除指令该监督遵照外，理合具文呈请钧会察核，俯赐更正，实为公便等情。应予更正。除指复及分行外，合行令仰该府饬属遵照，此令。等因。奉此，除分行外，合行令仰该厅长即便饬属一体遵照为要，此令。等因。奉此，除分令外，合行令仰该县长即便饬属一体遵照为要，此令，等因。奉此，自应遵办。除分令外，合行令该□□遵照。

海府招投修筑港头石坺工程

海康县政府以第一区港头石坺，日久失修，行人上下，货物起落，均感不便。前特令饬县商会及雷城公安分局募款，并测勘绘图，拟定修筑计划，以期早观厥成。现该县府经布告定期招投修筑工程，其布告云：查县一区港头，为出入口船只寄泊之所，对于交通，殊为重要，而前筑之石坺，日久失修，以致渐形卸陷，势极危险。行人上下，货物起落，咸感不便。本府有见及此，自应迅予从新修筑，当经分令县商会及雷城公安分局募集款项，并派出技术人员前往测勘，绘具图则，拟定修筑计划，以期早观厥成。兹定于廿四年一月五日（旧历十二月一日）下午一时在县商会当众开投该项工程。

广东海康县地方法院布告
纪字第一二二〇号

为布告第一次减价拍卖事，查本院执行债权人谢□进与债务人游□应等因清交稻谷事件，□将债务人所有□开不动产查封拍卖□案。兹因拍卖期日无人承买，合依上次拍卖最低价格减去十分之一，作为最低价额。兹定于八月七日在本院设柜投标，于同月八日上午九时开标。凡居民人等欲买□项不动产者，仰即来院领取投标书函，自行填明姓名、年龄、籍贯、住址、职业及自愿声明之最高价额，遵期密封投入标柜，同时并须向本院缴纳保证金百分之五，如不缴纳保证金者，概作无效，届期依法开标，以所投标最高价者为合格，其次高以下之拍买人，得回本院将保证金领回，该得标人应将余款限七日内一次缴足。由本院制给权利移转证书，交执管业。倘逾期不缴足价金，即将保证金没收，再行拍卖，仰居民人等一体知照。并仰各利害关系人于开标之日一律到场，慎勿日误，特此布告。

计开：

一、拍卖之标的物：晚田一丘五斗

二、物之所在地：坐落土名东市乡谢宅村□洋昃字岸内第二段第十号

三、最低价额：国币一百八十万元

四、看阅笔录之处所：本院收发处
五、执行人员：推事陆兆龙，书记官苏德修，执□员钟绵彰
六、对该不动产有权利者，请于布告七日内来院声明

中华民国三十六年七月二十三日

院长周显章

买断宅地声明

氏同男凭中买到□城镇，翁福庚、翁□绣、翁□璜、翁福攸、翁陈氏等祖遗，土名坐下雷城内柳絮西巷尾宅地乙所，定于本□旧历六月十六日，立契交易。如有缪辖情事，请赶于未交易前向卖主交涉清楚，先此声明。

海康县□城镇第二保周陈氏男周壮骐周□渊启

捐税承商再搭销一个月国防公债

海康县政府，分令所属地方捐税各承商，照各该商每月饷额，搭销二成公债，其令文云：为令遵事，案□广东省政府财政厅债字第五六号训令开，案查本□奉令推销国防要塞公债，业经呈奉核准展限一年推销在案。兹为早日推销完竣起见，各承商公司除照一个月饷额派销外，并令搭销一个月，分五个月匀缴。当经呈请广东省政府，转呈西南政务委员会核示在案。兹奉广东省政府财字第二七八四号训令开，为令行事。案奉国民政府西南政务委员会第一九七一号指令本府呈一件，呈据财政厅呈称，奉令推销国防公债，现拟定各承商公司，除照一个月饷额派销外，另搭销一个月等情，转请核示由，内开，呈悉。案经报告本会第七十三次政务会议准照办在案，除纪录外，仰即转饬知照，此令，等因。奉此，合行令仰该厅即便知照，此令，等因。奉此，自应遵照办理，所有国、省两税及县、市地方捐税各承商公司暨委办机关，对于纳税商人，由本年八月一日起至十二月底止，一律照税额加搭二成国防公债，并由该承办、委办机关于八月份以前，先照每月饷额二成解款领票，转向纳税商人搭销，以后按月于上月月终预先缴款领搭，以归划一。其能依限照额缴足者，并准扣支经券费二厘，籍资办公，否则不得扣支，以示限制。除呈报及分别函令布告外，合行令仰该县长即便遵照办理，并转饬所属地方各捐税承商公司一体遵照，仍将各捐商名称、饷额列表呈厅备核，毋违，切切，此令，等因。奉此，除分令外，合行令仰该公司遵照，按照该商每月饷额搭销二成公债款项，迅即缴府，以□□转解领□□给。毋违。此令。

海府维持鱼市秤捐

海康县政府布告：城厢内外各鱼商运鱼到场，须先报公秤，然后发沽。其布告云：

为布告事，现据县教育经费管委会委员谢琦等呈称：窃据城厢内外鱼市秤捐裕益公司商人周德三呈称，呈为破坏学捐，阻碍税收，恳请核准转县布告限制，以维饷源事。窃城厢内外鱼市秤捐为地方学款收入之一，商本届每月加饷二百余元，投得该捐。自承办以来，所有抽收行用，均照定章，不敢或异。就绪章程，凡有鱼商运鱼到市，须先交与承批该捐者秤过，再会同该鱼商沽与各客零卖，别人不得从中截夺。兹市场中突起奸商，每将未报公秤之鱼遽然拦路截取零卖，或卖多报少，以致钧会……县政府颁发布告，并派兵二名到市场制止此种流弊，以维学款而恤商艰，实为公便等情前来。查该商所称各节，确系实情，若不设法维持，影响□捐，损失匪轻。兹据前情，理合备文交转请察核，准予颁发布告，并派兵制止此种拦路截取零卖情弊，务使承批该捐者秤沽划一而维学款，实为公便等情。据此，查所称尚属实情，应予照准。除饬县兵队随时查拿惩究外，合行布告，仰各鱼商一体遵照，慎毋再将未报公秤之鱼遽尔从中截取，及零卖乱报情弊，以碍税收，致干拘究。切切。此布。

本城前夜发生飓风，晚熟大受损失，农家愁形于色

本城前五日下午七时许，大雨之后，兼有飓风。九时左右渐趋猛烈，其风势吹向西南，澈夜狂啸不休，至昨晨六时，始略平息，但仍淋雨不止。现以正当禾稻成熟，农人将下田畴。此次飓风非特有碍收获之期，而东西洋一望无际已成熟之晚稻，被风吹袭，损失当亦甚巨。查雷属将近立冬之日，绝少有此剧烈之风。一般农人勤辛一年，望此旬日，不料又蒙此重大损失，各皆愁形于色云。

唐纪公路开工建筑

海康第四区唐家市至遂属纪家市之唐纪公路，为海遂两属交通之要道，缪县长为早日完成该路，以利交通起见，经派出公路局技佐，赴该处测勘，各情经志本报。兹查该区路委会，经与工人订妥该路建筑费六百余元，包工建筑，于昨十二日已兴工云。

海七区糖寮纷纷罢业

海七区地处海隅，惟以蔗糖为出产大宗，在民七八年间，糠寮约有七十余间，每年产糖约值数十万元。近因土匪蹂躏，加以糖捐违章勒索寮捐，故寮户纷纷停业，至今仅存三十余间。本年县参议会成立后，目击该捐违章扰民，特提出议决，函请县府转请财厅制止抽收，现经财厅令复，糖类捐系向贩商抽收，征收寮捐，核与定章自属不符，应即令饬广东糖类捐裕成总公司制止抽收，该区人民闻知，喜出望外。否料该区糖捐公司不但不照章征税，仍旧变本加厉，每间糖寮按日强收大银二元五角，故该区糖户被受如此勒索，又纷纷罢业云。

海府布告：拍卖走私布匹

洋布匹头专税雷州分卡，于本年九月十四日，会同公安第一分局，在本城东门仔，缉获统税分局员丁包运之洋布匹头一案，均经匹头统税两局，呈请县府办理。业由县府将该案始末原委，呈奉财政厅核准，将此项匹头，公开拍卖，以四成充赏，六成充公。现县府特将该匹头，发交县商会陈列，并布告定期在商会公开拍卖。兹将其布告及拍卖办法原文，探志如下：

为布告拍卖洋布匹头事，本年九月十四日据洋布匹头专税雷州分卡会同公安第一分局，在本城东门仔缉获走私洋布匹头一案，业经本府呈□财政厅核办在案，现奉厘字第一五零三号指令开，呈单均悉，据报洋布匹头专税承商会警缉获统税员司包运走私洋布匹头等情，应饬由该县将缉获走私匹头公开拍卖，所得款项照章分别以四成充赏，六成充公。至统税分局员丁，候函闽粤桂统税局照章惩办。除分函外，仰即遵照办理具报，此令，等因。奉此，自应遵办。除将洋布匹头发交县商会陈列外，兹定于十二月二十九日，即旧历十二月初三日正午十二时，在县商会公开拍卖。合将拍卖办法，开列布告，仰商民人等一体知照，届时到县商会按照办法竞投可也，此布。计开拍卖办法粘后。

（一）拍卖洋布匹头货色数量如下：羽绒七匹，每匹长七丈五尺。蓝秋绒一匹半，共长一十六丈六尺。西衣绒一匹，长一十一丈。灰色秋绒一匹，长一十一丈五尺。花色秋绒半匹，长三丈。红色秋绒半匹，长三丈九尺。竹纱绸二匹，每匹长一十五丈。泰西缎一匹，长七丈五尺。乌竹纱三匹，每匹长一十五丈。乌洋斜十八匹，每匹长九丈八尺。蓝洋斜八匹，每匹长九丈八尺。东方白布六匹、红洋花布一匹，长七丈五尺。（二）前项洋布匹头共五十匹，又半匹，共定底价毫银九百零七元，尽数拍卖，不许零拆。（三）定于十二月二十九日（即废历十二月初三日）正午十二时在县商会拍卖。（四）拍卖时由本府派员会同商会主席共同监视。（五）投买人须先缴纳按柜毫银五十元，交商会收存，取回收据。不能投得者，立时缴还收据，取回按柜银。（六）投买人以认出货价在所定底价以上最多数者得。（七）投得者立时缴款领货，其原缴按柜银准其扣抵，如一时未能缴清，准予取具妥实铺保，限三日内缴清，亦得先行领货。（八）投得者如不能依时缴款或取保即将按柜银没收，再行拍卖。

海府招投咸鱼海味捐

海康县政府布告招投县地方款收入项下之咸鱼海味捐。其布告云：为布告事，案查本县咸鱼海味捐，于本年十二月底承办期满，自应照案预期布告投承，以资接续。兹准于本十二月二十日（即旧历十一月二十三日）上午十时至十二时，在本府当众开投，以认饷超过底价最高者承办，用示大公，合行布告，仰各商民知悉，如愿投该项捐税，即依照后开开投简章，备具押票金，先期缴交本府财政局核收，届时即赴本府竞投，毋稍观望延误，此布。计粘开投简章列后。

开投简章：一、本县咸鱼海味捐，核定底价月饷毫银四百零五元（连学款在内），押票金大洋五十元。二、投票须超过底价定额，并开票后，须有三票以上，超过底价者为有效，投得者，即将押票金收存，作抵正饷，其余未投得者，当堂发还。三、以投票价格超过底价最高者承办，若最高价格有相同时，则以其所出最高之价为底价，再由该出价相同者竞投，仍以价格最高者承办。四、……

海府布告：招投田园一大段

海康县政府布告云：为布告事，现据县立苗圃主任王光汉呈，以县立苗圃所辖北城东边田园一大段，于本年十二月底，承佃期满，亟应布告招投，并拟具开投底价清单一纸前来，应准照办。兹将该田园一大段，核定年租底价毫银一百元，准于十二月二十二日（即旧历十一月二十五日）上午十时至十二时，在本府当众开投，以认饷超过底价最高者承佃，用示大公，合行布告，仰县属人民知悉。如愿投该项田园，即依照后开田园土名，及开投简章，备具押票金，先期缴交本府财政局核收，届时即赴本府竞投，毋稍观望延误，此布。

田园土名及开投简章：一、该田园一大段，坐落土名北城外东边城濠。自吊桥起，至东北角止。二、该田园核定底价年租毫银一百元，押票金大洋二十元。三、投票时须超过底价定额者为有效，投得者，即将押票金收存，作抵正饷，其余未投得者，当堂发还。四、以投票价格超过底价最高者承佃，若最高价格有相同时，则以其所出最高之价为底价，再由该出价相同者竞投，仍以价格最高者承佃。五、该田园年纳租额分为上下两期清缴，以六个月为一期，投得者，须于开投后三日内，缴纳上期年租一半，如不依期照缴，即将押票金没收。至下期租额，以每年六月三十日以前清缴，倘有拖欠情事，即将批约撤销，另行招人承佃。六、承佃该项田园，以两年为期，即于二十二年一月一日起，至二十三年十二月底止。

海府解决蜡类税与蜡商争执案

海康县政府受理蜡类税局与蜡类商店，因旧存蜡类补税争执一案，其蜡类商店方面，主张原存旧蜡，不应补税。而蜡类税局方面，则主张所有蜡类，已无票照，均应补税，互相争持未决。现该县长以此案争执之点，系在旧存蜡类、应否补税问题。本县蜡类税局，未经开办□前，各商贩蜡自无从取得票照，若税局以其未有票照之故，责令补税，似与法律不溯已往之原则不符，且蜡税章程亦无旧蜡补税之明文。特审察情形，拟定平允办法。从本县蜡类税局开办之日起以至现在，检查各蜡商进货部，或向海关调查所有进口之蜡，未经纳税者悉令补税。以后蜡类进口，必须随时报税，违则处罚。至本县蜡类税局未开办前，各蜡商原存旧蜡免予补税。当经本此办法，呈奉南区绥靖委员公署指令，准予所拟办理。当经令行公安第一分局、县商会，分别转知蜡类税局，及各蜡商遵照办理云。

海府布告：蒲苞附加捐承商起办日期

海康县立乡村师范学校经常费项下之蒲苞附加捐承商办至本年十月底期满，曾经县府将该全案卷宗，令发县教育经费管委会援案招商承办。该会奉令后，经核定底价，并定期于十月五日在该会当众开投，各情已志本报。兹查是日开投结果，以广和公司商人陆梅，出价最高，每月连底价认饷毫银四百九十八元九毫六仙投得，经依章缴足按预饷，并具担饷保结。现县教育经费管委会，将情呈报县府，请予布告自本年十月一日起，至明年十月底止，为该商承办期间，闻县府经照准布告，及给谕新商接办云。

海府布告：征收二十二年份钱粮

海康县政府昨（十八）日布告云：为布告事，照得钱粮为国家正供，催收乃县长专责，例限綦严，考成尤重。本县二十一年份钱粮，经呈奉核准提前于本年一月一日开征，其年纳丁米粮额，截至本年十二月底，即可照额征完。自应预期布告，继续开征，并奉令实行改定新税率，化零为整，每石民米统征毫银六元，以八成解厅，以二成留拨县地方款，除分令各粮店，按照后开数目征收，不得浮滥外，合行布告，仰县属各……

海府布告：公共屠场承商起饷日期

海康县政府报告云：为布告事，现准海康县建设委员会公函开，查海康公共屠场捐，经本会议决核定底价月饷毫银一百八十元，布告招商投承，准于本月十七日在本会当众开投，自本年十二月二十一日开办起饷在案。查该日开投结果，以宝利公司商人蔡必道，出价最高，每月认饷毫银二百零五元五毫投得该捐，照章应准承办。现据该公司取具殷实担饷保结，连同按预饷各半月，具缴前来，相应附录承办海康公共屠场捐简章，函请贵府查照，发给宝利公司承商执照，及布告自本年十二月廿一日开办起，至明年十二月廿日止，为该商承办期间，俾屠户人等一体知照，以便开办，实纫公谊等由，附录承办海康公共屠场捐简章。准此，除分令及给谕开办外，合行布告，仰各屠户人等一体知照。此布。计粘附录承办海康公共屠场捐简章于后。

一、城厢内外屠户先将猪牛羊等类运到屠场，由检验员验明，无病者方准屠宰，加盖验印，方准运售。二、屠场检验费抽收之率如下：（一）每猪一只八十斤以上者，收毛银六毛，五十斤以上未满八十斤者，收毛银二毛，三十斤以上未满五十斤者，收毛银三毛，三十斤以下者，收毫银二毛。（二）每牛一头收毫银一元，每羊一只收毛银二毛。（三）本城厢内外猪牛羊等一律须在屠场屠宰，如在私处屠宰及顽抗者，得由承商人侦查，随时会警拿返，照屠场检验费二十倍处罚。（四）如有乡村屠宰猪牛羊运到本城市贩卖者，仍须一律扛至屠场请检验员验明，加以盖印，并依照第七条之规定，缴纳屠场检验费方得在本城市贩卖，倘敢故违，依照屠场检验费二十倍处罚。（五）凡本城厢内外发现售……该病死兽类埋没外，仍照检验费罚二十倍。（六）所有罚款以五成归承商人，五成充赏，而资鼓励。（七）凡酒馆、茶楼、腊味、卤味、烧猪等店，所有屠宰大小猪，仍须一律扛至屠场验明盖印，照缴屠场检验费后，方能屠宰。如有违抗者，定即拘罚，但关于私家喜……此例……

海康流沙一带晚熟失收

昨据海康市来客谈，本季晚熟，自乌石港以下，至海康流沙市一带，纵横达三十余里，皆属失收。现下农人惟疾首浩叹，将来该区粮食，难免恐慌。查其失收原因，系因前五、六月间被淫雨淋漓，浸淹累月，禾苗被没者，已居十之八九。该带农民，卒无何术可以补救，故至今皆无收获云。

渔舟沉没百四十艘，损失约计十万余元

本月五日夜间，飓风大作，查海属各渔船在外海捕鱼者，损失极为重大，各情已志昨报。盖当此入冬之时，从无如此大风，故渔民多不以为意，仍在海中网鱼。及风势急剧，乃不能驶返，致遭覆没。现查海六区麻参、港东等村，出海渔舟五十余艘，存者仅十数艘，其余谅已沉覆无疑。统计渔舟约值银二万余元，渔夫溺毙在一百余命。又夏岚村出海渔舟百三十余艘，存者仅卅余艘，统计渔舟约值银六万余元，渔夫被溺毙者约二百余命，其余各处少数被沉没者亦不下三四十艘，计损失十万余元。每艘以三人计算，渔夫毙命为数约五百人之谱。现闻夏岚村各驶返渔舟已拾获死尸六七十具，漂流至海七区外罗埠者，亦有一百余具。闻有十余具，已泅泳起至该埠之海坪上，但因当时风雨交作，寒冷异常，各皆披着湿衣，不能抵住，卒被冻死，死时各仍屈膝俯首坐着，状似不胜觳觫云。又讯法租界麒麟村，居民案以捕鱼为业。本月五日被飓风吹沉者一十八艘，溺毙二十一命，尚有数艘，不知漂流何处，存亡未知，现该村渔民痛切哀号，惨不忍闻云。

兹将雷州各界对日经济绝交委员会成立大会
收支数目开列于后，请各界算核

收海康县党部捐来毫银一十元，海康县公署捐来毫银十五元，海康商会捐来毫银十五元，雷州各界追悼路友于等同志，并促进北伐大会剩款来毫银十九元九毫。以上合共收入毫银五十九元九毫。

一支艺文号一单，银一元六毫，刊四方叩长印等。雷阳印务局一单，一元一毫九仙，小楷笔纸信封等。永盛一单，银六毫六仙，墨汁纸等。雷阳印务局一单，银一元二毫八仙，印快邮代电等。敏记一单，银一元二毫，汽水茶芽等。南方酒店一单，银五元，包点二百件。雷州印务局一单，银一元，通告简章等。荣芳影相馆一单，银十五元，相底加晒相等。白糖糕烟仔共支银二元九毫。邮票百份，支银一元二毫五仙。以上合共支出毫银三十一元零八仙。

收支比对存银二十八元八角二仙

理财股谨启

（三）社会

东岳宫前偶演雨剧

正当舞兴高且烈，偏是穹苍不谅人

本城北门外东岳宫，日昨为该宫神诞，开演大三星班男女剧团，一般红男绿女，按时到场观剧者大不乏人。并廿二晚一出，尤为观者欢迎。所有闺阁白叟，三尺黄童，亦相率往观，路上往来，肩摩□□，络绎于途，一时交通，为之梗塞。殊当晚十一句钟该剧演至精采之处，台上各伶，现身说法，争献所技。台下观众，倾目注视，乃天情多妒。风雨骤临，一般红男，遭正天谴，做鸟兽散，纷趋避雨。惟胭脂绿女观剧情痴，不避风雨，当空直立，虽旗袍外套，被雨湿透，亦所不顾。于是翩翩蝴蝶，便做鱼游。直至是夜四时，剧散雨止，始告归家云。

港头发生劫□，店主早有准备，此劫只损衣服

（本城讯）离本城十里许之港头村陈某，素有□□癖，在该村开设烟馆一间，引劝一般道友时到店中，吞烟吐雾，苦海沉沦，月也融融。昨二十四夜九时许，更深人静，万籁无声，突有匪徒七人，手持驳壳短枪三杆，闯入该店行劫。幸陈某发觉，穴隙兔脱，呼援求救，随有附近五里麻亭村十余人，持枪赴救，时匪已远飏，追捕莫及。计检被抢去衣服二十余件，棉被四张。该陈某语人云，所有店内银物，早经□存他处，此劫未受重大损失云。

□□启事

启者：两人配合以来，不调琴瑟，偕老难终，兹经新寮乡公所双方调解两愿……系并订离婚约据，各执为凭，特正登报。

海七区新寮岛　林家村陈攸山　西边村朱氏同启

鸣谢雷城同仁医院邓院长奋生启事

时新三次身患急霍乱病，幸得邓院长奋生医学精□，打针医治，便获生还，恩同再造，并且格外恩惠，概免收手术各费。本拟徐闻酬报，奈现奉令调返省统委会，心事相违，愧无以报，特此登报鸣谢。

广东民众抗日自卫团第廿二干训教导队区队长吴时新

海三区湖仔村李氏离婚启事

窃氏系海三区湖仔村人，现年三十一岁，于民廿六年旧十二月嫁与同区那灵村林芳兰为妾。否料芳兰夫妇，凶恶如狼，虐待不堪，时加殴打，势难同居，特此登报声明，与林芳兰脱离关系。

海康地方法院布告

布字第二号

为布告事，照得民刑诉讼、最重物证、关于私人之买卖按揭等契约，务须在报纸上登载告白，以便发生诉讼时，本院得采为证据。前经布告在案，近查地方习惯，对于买卖按揭，仍多沿用标贴通知，但并未登报声明，历时既久，标贴往往损坏无存，一旦事端发生，涉讼公庭，卒不能提出标贴确据以资质证。兹为完备采证起见，嗣后各团体或私人所有，关于买卖按揭及其他预防发生争执事件，除沿用旧习惯标贴外，务须在报纸上登载告白，以资印证。兹查海、遂、徐三属，仅有《雷州民国日报》，凡在该报登载告白者，本院审理案件，自当依例采为参证，合行布告，仰所属人民知照，此布。

中华民国二十三年一月十八日
院长莫冠英
兼首席检察官廖国珍

海康各界征募慰劳分会通告

泾启者：本会第二次募捐寒衣，各机关□学校职员捐薪一天，前已录案函请查照，趁于去年十二月底汇送本会，以便转致在案。兹查本城各机关捐薪一天之款，暨各区署各乡镇之寒衣募捐款，尚未依期送来，无从汇转，特再登报通告，务希查照，克日将该项捐薪款及寒衣募捐款送会（天宁寺本会干事陈正□收），以便转解，幸无延误为荷。

此致

海康县各机关团体各区署乡镇学校职员等
中华民国二十九年一月十八日

揭奸声明

启者：鄙人堂弟文彬前月亡故，遗下水牛一头，负债累累，日见追索。堂弟妇潘氏现将另适，不认所负之债，家私器物尽行售去，且与其父草朗村潘日龙抖谋诈谓寄□，将水牛一头索去，屡索不还也。思□骗，故鄙人不能不登报声明，俾社会诸公知其奸细意。

海二区折桂籍村吴拔萃启

七日夜飓风海潮决堤灾情梗概
水位较去岁增高，几与各堤相等，幸筑大各堤堵御，灾情稍逊去年

七日午夜，飓风骚发，海潮上涌，本城南溪一带，尽成泽国，各情经志昨报。惟当时因交通绝断，灾况如何，尚仍未详。至昨（九日）日，各处水退，交通恢复，灾情稍知梗概。查自七夜十二时飓风发作，追八日晨三时愈烈，纯为东北风。及六时许，咸潮上涌，此时风雨益甚，港头附近之堤岸，首被冲决数段，潮水由此涌入，四处奔流。

而墨亭仔与墨亭村附近之堤岸，旋亦崩溃数处，海潮复由以上各处冲入，转瞬之间，县城以南，南渡以上，便成泽国。至九时左右转吹南风，水向北趋，澎湃至于龙头村止，一望无际之田畴，皆被洎没而无余。至于渡南各处堤岸，亦崩决颇多，第六区宋村，步月各处堤岸，各被决口一大段，草洋外堤崩陷尤惨，居民庐舍尽成蛟龙之窝。麻参村辰字堤岸，因当冲要，修堤委员会，此次乃将该堤堤位向里迁移，追坭土结实之后，堤身稍有低缩。飓风起时，海潮涨溢，几与堤齐，且有二处，行将决口，幸在日间，为乡民发觉，鸣锣纠众，冒险前往，抢救堵御，乃免于祸。南渡附近之大桥新填一段堤岸，被溃一段，广约二□，海潮涨入，漫浸港西，南渡□□王宅、下田等乡，陇亩尽变汪□，平地之水，二尺至四尺不等，至十二时始渐退出。查此次水势，较去年尤大，幸堤岸新筑高固，少有崩塌，灾情不至去岁之惨。而□字岸为每□堤岸，最当冲要之□□□长今岁返梓巡堤，目击其重要，捐款饬为再筑高大，此次得以安全无恙。

至于遂溪十字堤岸，辛壬癸三字，最为吃力，当怒潮激荡之时，该堤决口亦有数段，而东山、揖花、韶山南北各乡禾田，及甲乙丙岸外堤潮田，均被淹没。他如各乡之渔船，虽泊于内港者，多不及备，致为漂流毁损者不可数计。南田村民数十人，因在堤

外取盐，飓风起时，不能奔返，尽遭溺死。兹次人民受此重灾……荡折流离，悲呼痛哭之……皆是，其凄惨之状，不忍……海康县参议会议长庄敬……莫宅商，县党部盐委郑立……晨六时，往东南堤各处巡勘情形，惟以道路泥泞，且各□难以行过巡视一部份后即□明两天天气晴朗，拟再前□□勘，以备呈报层宪，及筹划□云。

海遂堤岸方修复，昨晨发生飓风，海潮又涨
田庐漂没灾情不减当年，交通断绝损失现未详悉

去岁十月一日，飓风大作，海潮涨溢，海遂两属洋田堤岸，崩溃殆尽，屋宇田畴，尽被漂没，其损失不可数计。后经省会公安局何局长公卓氏慷慨捐助，奔走呼号，得政府借拨款项十余万元，将海、遂两属崩堤修复。该项工程，自本年一月间开工，直至八月初始告完竣。沿海居民，方以为从兹以后，堤基巩固，可以高枕无忧。谁知昊苍不吊，固困吾民，去岁疮痍未苏，今又以飓风大作，海潮上涌，浸没田野村社闻矣。

前日午夜，骤起飓风

数日以前，天气晴朗，热度略增，及前（七）日下午五时，天气稍变，微吹西北风，或以风势不大，不致发生祸患。讵至午夜十二时许，转西北风，势忽狂紧，加以急雨。一般半旧屋宇，俱有漏滴，而各处门窗玻璃，多为打碎，自二时至五时，更加狂猛。

田亩村社，尽成泽国

及八日晨，城厢街道，行人不绝，有前往探视灾情者，有灾区难民，逃入本城者。据云，南溪一带，已成汪洋。于是晨风稍息时，记者乃登南门城楼远眺。但见南方一带，一片白色，确已尽成泽国，三两小舟，随风飘泊，冲要村社，仅见树林之梢。墨亭、墨城、白沙、南门市、北调会等处，俱入鱼鳖之乡矣。

东南风阻，水退极慢

记者复出南门外，到十三行、关部各处探视，仍见有水潴积，深可齐脐，龙舟沟水，为海潮所阻，倒向上流。据路人云，水势现稍下退，昨（七日夜）尤深，惟东南风抵住，下退极为迟缓。又据云，附城之水，较去岁者稍浅，而洋中潮水，或有深于去岁者。查此次海潮上涌之原因，殆系堤岸修复未久，土质未实，又为海潮水冲决而进，盖闻墨亭湾之堤岸，经已崩塌也。遂溪及东洋各大堤，未闻冲陷，或免灾难，然南方之水，巳刻之后，仍向东洋倾注。据云，南田各乡，亦被殃及云云。

损失情形，现未明了

飓风急雨，自前（七日）夜，至八日正午，仍未稍减，各处交通断绝，故对于灾

区损失情形，尚未明了。然各处田亩，既经去岁海潮淹没，今年又遭旱灾，至好之田，收成仅有三四成希望，以至市上米价，日日高涨。此次风灾，灾情既不减于畴昔，则秋收已无希望，民食发生恐慌，当为意内之事。至本城损失情形，据现调查所获者，省立雷师崩塌教室一间、宿舍五间。县立一小宿舍亦遭崩塌。该校教务主任欧国梁及其两公子，俱被压伤，欧之伤势不重，可□危险。而大公子脑部压破、二公子则被压折臂骨云云。

海府为救济农村，拟就第一步水利办法，布告农民依照办法进行

　　海康各属，时患旱灾，农产物损害甚夥，影响农村经济，海府为救济农村起见，拟兴办水利，以谋补救。特拟就第一步水利办法三条，布告农民照办法自动进行，兹探录布告于后。查县属各区，时患旱灾，农产各物，常被损害，影响农村经济，良非浅鲜，本府为救济农村起见，自应积极兴办水利，以谋补救。然兴办水利，步骤频繁，究以一时筹款维艰，且未能遽尔成事，亟须分期举办，较为易行。兹拟就第一步办法，开列于后，先行劝导遵行，俾使储蓄水量，以资灌溉，庶不致坐视农产物之枯萎殆尽。除分令外，合行布告，仰所属农民知照，迅速照后开办法，自动进行，事关救济农村，慎勿忽视为要，此布。

　　第一步水利办法：（一）所有水闸水坝，均须修理，以免泄漏雨水。（二）原有公私沟渠、池塘、湖沼等积水地，自动疏浚，不许填塞，及种水植物。（三）加凿池井，增辟沟渠云。

海府会议筹购消防具

　　海康县政府第二次县务会议，雷城公安分局长提议筹组救火会一案，并经县府召集参议会等机关于昨（十六）日到府会商筹购办法，各情节志本报。兹续将是日会议情形探录于下。出席者：县商会莫宅商、雷城公安分局郭作求、本社王元亮、参议会陈兆松、县党部黄志伊、编练处何仕黄、县兵队谢炯辉、二区公所李登云、一区公所陈国桑、民教馆李华民、县府林县长振德、梁秘书词侃、王局长浦生。主席林县长振德，纪录王浦生。一，报告事项（略）。二，讨论事项：（一）关于应否设立雷城慈善救火会案，议决：毋庸设立。（二）关于推举募捐人员，及购置救火机事宜，并保管机器责任，应如何决定案。议决：甲、募捐人员由本日到会代表，于本月十九日齐集县府全数出发，向各界募捐。乙、募得捐款，概由商会保管。丙、购置消防器具人员由县党部县商会、雷城分局负责办理。丁、保管火机由雷城分局专负。（三）关于捐簿收据事项，议决：捐簿收据，以雷城各界购置消防器具筹备会名义，借同县印，共印三百张，收据由雷城分局保管，捐款由商会保管。

海师学校筹备四周年校诞纪念

查十二月二十一日为海康县立简易师范学校成立纪念日,该校特定于本月二十、廿一两日举行纪念大会,同时开学生成绩展览会及游艺会,欢迎各界参观。现正着手筹备,工作甚形忙碌,想届时当有一番热闹云。

海府拿获潜逃卸区长朱英才

本县第七区前区长朱英才,因征收本区神庙捐,吞没大洋一千四百余元,潜逃无踪。经覃前县长呈请民政厅核准停职,一面通缉归案追缴。兹于本月十日夜七时,海府据密探报告,当即派出县兵队带同线人前往坎头街口某户拿获,扣押县府候办云。

海府令饬修理济南公路

海康林县长日前出巡五八各区,因见济南公路,路基诸多损坏,既碍交通,而车辆往来,亦属危险。特令饬该路委员会,限期雇工修理平坦。其原令云:照得本城南门外至南渡之济南公路,为县南交通孔道,本县长日昨巡视该路,查路基诸多崩陷,凹凸不平,桥梁涵洞亦有损坏,行车既形窒碍。如遇天雨,危险更属堪虞,为此令仰该□即便遵照,于文到二十天内,雇工修理完妥,以利交通,仍将遵办情形具报为要,切切此令。

海府订定优待儿童乘车办法
令饬行车公司遵照办理

海康县政府,前奉广东建设厅令,饬拟订优待儿童乘车最惠办法,业经该府拟定呈奉照准。昨特令饬所属各行车公司遵照办理。其原令云:现奉广东建厅第一六五七九号指令,据本府呈一件,为遵令拟订优待儿童乘车最惠办法一份,呈请核示饬遵由,内开,呈及办法均悉,应准如拟办理,仰即转饬所属行车公司遵照,此令,办法存,等因。奉此,查此案前奉广东建设厅第一〇〇五四号训令,以奉铁道部令饬厘订优待儿童乘车最惠办法一案,当经本府遵令拟订一份,备文呈□核示饬遵在案。兹奉前因,除分令外,合将本府原呈抄发,令仰该公司即便遵照办理,毋违,此令。(原呈略)优待儿童乘车最优办法:一、凡儿童团体旅行,如分乘公共汽车,准予免费。惟包用公共汽车,须酌给电油费。又包车作长途,旅行时,除酌给电油费外,须加给司机膳宿费。二、凡学童每日入学及放学时,乘坐公共汽车,准予照原定半价后,复折半收费(即四分之一)。三、本办法所称儿童及学童年龄,均在十二岁以下。

海府召开组织救火会筹备会议

海康县政府,以第二次县务会议,雷城公安分局长提议"召集地方团体,组织救火会,发起募捐,购置消防器,以弭火灾"一案,当经提出讨论,即席议决通过,自应照案执行。昨特分别函令,县参议会、党部、编练、民兵队等机关,于本月十六日下午一时,在县府礼堂开筹备会议,□举办,以策进行云。

伤天害理,图救子病绞毙三岁孙孩
谁知其子旋亦不治,觋巫之罪岂容逭哉

海康第二区井园村陈某,年二旬,曾毕业于县农林补习学校,前在英利□殖分场充当职员,近因水土不服,倏染病恙,回家医治罔效。其母素甚□信,乃赴祈神问卜。神棍之流,谬云其子之病,断非药石可以能救,惟□属之中倘有人替死,或可挽回。母以爱子心切,无计可施,乃将三岁孙女私自绞毙,事为媳妇发觉,奔往施救,然因女孙已伤过重,数日而殇。前(八)日,陈某亦因病势垂危,旋即丧命。邻里闻讯,无不代为悲切,谓其母妄听巫觋之言,至愚亦至忍云。

海府招告嫌疑匪犯

海康县政府昨公布招告嫌疑匪犯陈妃宝一名,其布告云:本年十月四日据雷城公安分局雷高分驻所巡官王超荣呈解匪犯陈妃宝一名到府,请求依法惩办等情。查该犯系由山前乡民吴毓英引拿,并由山前乡乡长吴英才、耆老吴成章、吴斐然、吴成之、吴庆云、吴如庄、吴奋之等指证,该匪陈妃宝于民国六七年间,投入匪首石合三帮内,曾掳勒吴毓英之父吴孟阳大洋三百元,嗣畏罪潜逃。经匪亲陈文良等悬红二十元购缉等语,当即分别票传提同在押陈妃宝质讯。据吴毓英、吴英才等供同前词。惟陈妃宝供称,民国六七年间,吴毓英之父孟阳,以前充三点会首,将伊父长生棺木扛去,其后龙济光部驻雷,伊则投充马夫,将伊父店内之棺木被吴孟阳强抢情形,述与部队内兄弟知悉。固将吴毓英之父捉拿至连部,处罚三百,分给四十元与伊,作为伊父长生棺木之资,并无投入石合三帮内为匪情事。再质之陈文良据称,该陈妃宝,自幼在村耕田,或与人佣工,现经出外二十余年,但不知在何处当兵,伊并无悬红二十元购缉。又讯闻山前村附近之扶柳村旧团董柯元锦亦证明文良并无悬红二十元,在团局购缉陈妃宝各等供。据此,查悬红购缉逃匪,务必呈报县府布告,饬属严缉,始能发生效力。本案陈妃宝之花,陈文良等均不认有其事,本府对于此项花红,不能认为事实。且本案事关掳勒,案情重大,何以民国六七年间,该山前乡乡长吴成章、吴斐然等,均不呈请本府通缉归案惩办,迄今相距一十八年,始由十五岁之乡民吴毓英引拿,并控告在民国六七年间,被

该陈妃宝率匪掳勒伊父吴孟阳情事。复核词内虽有声叙该陈妃宝在民国六七年前，曾杀毙陈有文之子两人，但该陈妃宝获案将近两月，该陈有文之家属，并无来府控告。事属离奇，殊难臆断。查该陈妃宝谅非安分良民，若不侦查明确，布告招告，仅以吴毓英一面之词，执法惩办，不足以成信谳，而昭折服……合行布告，仰县属人民一体知悉。你等如有被该陈妃宝所害，及认明该陈妃宝确系为匪者，自布告之日起二十日内，举出确实证据来府控告，一经讯实，从严惩办，惟不得挟嫌诬陷，致干反坐，此布。

海康各界昨举行总理第一次起义纪念会

昨（九）日为本党总理孙中山先生第一次起义纪念日，海康县党部特于是日上午十一时，召集各界代表，在海康县立民众教育馆礼堂，举行纪念会。计到会者县党部全体，海康县政府梁立赓、吴光球，海康县参议会陈兆松，雷城公安分局吴辅之，特二连岑美轩，海中陈耀斗，海合作处林秩抡，县兵队区启亨，自治同学分会蔡一美、李登云，一区公所陈国桑，海民教馆李华民、邓武，编练处陈慎徽、韦肇能，海师学治会赵湘南、谢廷吉，本社陈家谟，海二小学吴堃，自治会王国英，雷师王雅光，二区公所萧夏卿，海师学校何家铭，海中学治会李康勤、陈日尊，雷师学治会林业勤，海一小学吴成全，海一女小梁慕贞等三十余人。当时公推县党部常委黄志伊主席，行礼如仪，主席宣述开会理由及总理第一次起义经过后，随有县政府代表梁立赓，雷师代表王耀光等相继演说，演说毕，旋高呼口号而散。

海府派队到石头村围捕折屋劫掠案犯

捕获从犯三人，起出赃物一部

海康县第二区大要村村民颜锦道等，年前以屋宇不敷，村场狭隘，于去岁在其村边己田，填地建筑屋宇四座，以资居住。惟邻村石头村民迷信风水，以颜锦道等所建屋宇，有伤该村来龙，去岁十月间，曾集众将颜锦道等新建屋宇折毁。颜等以村小人稀，被受压迫，乃声请县参议会、县党部，第一、二区公所及邻村绅耆，前往劝理。惟石头村民强悍不遵，颜等无奈，遂呈控于该县政府。县府旋以案属司法范围，移过海康地方法院办理，结果，法院判决赔偿损失八十余元，并出布告保护建屋。颜锦道等以状已胜诉，官厅亦布告保护，□再鸠工购料，重新建筑，并为防范于万一起见……村民不循法纪，不惟不赔偿损失费，复于七月卅一日夜四时，鸣锣吹角，召集村民数百人，拥至大要村边，将颜锦道等建筑尚未竣工之屋宇，折毁无余，并将建筑材料砖石、桁桷等件，搬迁追尽。当时二区公所所丁，以众寡悬殊，不能制止。退入大要村内，告知村民，速行躲避，以免危险。该石头村村民将屋宇折平后，再拥入大要村肆意搜掠。此案发生后，大要村民颜锦道等，以事属抢掠案件，复呈控于县政府，县府经先后诱捕从犯十余人，第以主犯王学炳一名在逃，以致案悬至今，未能解决。闻石头村民，恃其族大势强，勒索盗劫大要村民财物之事，前此屡见不鲜，迨此案发生以来，凌迫比前尤甚。大要村民，除时被拦途殴辱之外，其禾田作业，亦多为践踏摧贱，惨忍情形，殊难言状，以致该村村民，多有走散四方，如避匪祸。该县政府据呈得悉情形，以该石头村民如此凶悍，苟不严予惩处，实不足以抑强暴，而维治安。前（八）日夜据报该案主犯王学炳潜返家中，遂于是日夜一时半，派出县兵二十名，前往石头村围捕，奈王事先得讯逃脱，仅捕获从犯三人，并于该村宗祠中，起获桁桶等赃物一部分云。

海教联会改选委员

海康县教职员联合会，于前（九）日上午十一时，在该会开第八次选举委员大会，出席会员二十余人。县党部派郑委员立行监选，公推李谱传主席，行礼如仪，主席宣布开会理由（略），及监选员训词（略），毕，随即发票选举。结果，谢琦十五票，王元亮十四票，陈元鼎十二票，欧国梁十二票，莫纯熙十一票，李谱传十一票，黄钟杰九票，以上七人得票最多，当选为委员。李维森七票，蔡世昌七票，得票次多，当选为候补委员云。

海康县党部派员指导改选海中学校学治会

海中学校学生自治会第一届干事，任期已满，应行选举第二届干事，治理日常事务。该学生自治会日前经呈县党部以已定期于九月九日上午十时，在该校第七班课堂开代表大会选举第二届职员，恳请派员届时莅会指导监选等词，该县党部据呈后，当经派定池天演为指导员，于前（九）日前往该校指导改选。选举结果，关建谦等三十人当选为干事。继开干事会议，分配工作。常务股干事，正主任关建谦，副官清；文书股干事，正陈辉于，副陈永惠；理财股干事，正林作桂、副辛世冠；交际股干事，正李起蛟，副李兆连；宣传股干事，正孙应贤，副陈安学；膳食股干事，正杜诗雄，副祝开保；出版股干事，正赵□五，副符恩宠；研究股干事，正曾石珊，副黄宇春；裁判股……日尊，副林昌培；体育股干事，正陈家兴，副陈克礼；游艺股干事，正陈炳权，副谭康富；卫生股干事，正黄泽渊，副杨开汉；庶务股干事，正林自勉，副陈永光；监视股干事，正林崇山，副徐连光。

海康县各界举行九一八国耻纪念大会
陈兆鳌宣布开会理由，池天演报告国难经过

昨（十八）日为日本帝国，欲实现大陆政策之迷梦，乘列强经济恐慌、我国天灾人祸之际，出兵强占东北之国耻纪念日。海康县党部，特于是日上午十一时，召集各界代表，在县立民众教育馆，举行纪念大会。是日到会者县党部全体，海师何云汉，雷师

王曜光、林智芳、黄天煌，海师学治会林乔山、谢延吉、赵湘南，雷师学治会林业勤、蔡启驹，海康自治同学分会蔡一美，民教馆邓武，合作处蒙周日，县政府梁立庚，雷城分局许思言、林质峰、林印光，县商会莫宅商，参议会陈兆松、卢家昌，海一小学陈元鼎，海一区公所陈国桑，教费会王香甫，县兵队何培保，海一小学自治市陈廷英、王天泽、林天材，教联合李谱传，编练处林驭群、韦肇能，一中队李仕林，蕃殖场陈文贵，女小梁慕贞、吴可瑞，本社陈家谟，二区公所李登云，海二小学王国英，自治会吴堃、王炳辉，海中自治会杜诗雄、李兆运等三十余人，公推陈兆鳌同志主席。行礼如仪，主席宣布开会理由后，随由池天演同志报告九一八国难经过，对于纪念之意义，及吾人应付方策，皆作沉痛叙述，发挥尽致，至十二时许始散会云。

海康各界筹备纪念双十节

国庆日在党部门前开庆祝大会，并于是晚举行提灯巡行

十月十日为我中华民国国庆纪念日，凡我国民，对此仅有的国庆纪念，自应热烈庆祝，以表爱国之忱。海康党部，特于昨（廿三）日上午十时，召集各界代表，在该党部礼堂，举行庆祝国庆纪念会筹备会。是日到会者，县党部全体，县参议会陈兆松，县合作处蒙周日，雷师黄天煌，自治同学分会蔡一美，二区公所萧夏卿，同仁医院陈美南，女小符女贞、陈爱文，教育会莫纯熙，三初小卓子余，海一小学陈元鼎，特务连李公权，海师学……雷城分局吴辅之，警卫一中队李仕林，海师何云汉，地方法院何元勋，检察处陈辉民，编练处朴驭群，本社陈家谟，二小陈敦修，自治市吴元炜，海中自治会杜诗雄、李兆连，遂二小学洪天麻，自治会吴诚忠，县兵队谢炯辉，雷师学治会宋养仁、邓麟彰，一区公所温升庭等三十余人，由黄志伊主席。行礼如仪，主席宣布开会理由后，随即讨论纪念办法。兹将议决案录下：（一）关于大会名称如何规定案，议决：雷城各界庆祝双十国庆大会。（二）关于庆祝国庆仪式，应如何议定案，决议：甲、依照中央规定，于是日各机关团体学校商店，均悬旗结彩，鸣炮庆祝，及列队参加庆祝大会及巡行，并是日放假一天。乙、十出十一夜，各界举行提灯会，各机关、团体、学校、商店，均自备灯色，于晚间六时，齐集运动场，准备巡行（每商店须提灯一枝参加）。（三）关于推定筹备委员案，议决：推定县党部、县政府、县参议会、县商会、特务营、地方法院、编练处、雷师、海中、海师、民教馆、雷州民国日报社、教育会等机关各派代表一人组织之。（四）关于筹措大会经费案，议决：大会经费预定一百元，除用本会名义，函请县政府在地方公款项下拨五十元外，其余向各方募捐。（五）关于大会时间及地点，应如何规定案，议决：十月十日上午十时在县党部门前开会。（六）关于大会敬告民众书，应推何机关起草案，议决：由雷师学校起草，交筹备会印发。讨论至此，时已下午一时，遂行散会。

雷城各界筹备庆祝国庆首次会议

查昨（廿五）日上午十时，海康县党部召集各筹备委员，于该会礼堂开第一次会议。计是日出席代表：县党部黄志伊、县政府吴光球、县民教馆李华民、特务第二连李公权、雷师学校黄天煌、县编练处林驭群、县商会符精华、县参议会陈兆松、海师学校何云汉、本社陈家谟、海康地方法院何元勋、海中学校李起蛟、教育会莫纯熙等十余人。主席黄志伊，记录池天演。行礼如仪，随时讨论各事项。（一）关于经费应如何募集案，决议：由各筹备委员于明（廿六）日上午十时齐集县党部出发募捐。（二）关于本会工作应如何分配案，决议：分为（甲）总务部：县党部、县参议会、地方法院；（乙）宣传部：雷师、海中、海师、日报社，由日报社召集；（丙）布置部：县政府；（丁）理财部：县商会；（戊）纠察部：特务第二连、县编练处、雷城公安分局；（己）游艺部：民教馆、教育会、雷师校、海中校、海师校，由民教馆召集；（庚）评判部：县党部、县政府、地方法院、县参议会、教育会、编练处、特务第二连、民教馆、日报社，由县党部召集。（三）应否通告武艺团体届时参加表演助兴案，决议：交由游艺部办理。（四）关于提灯会灯色优异者应否装备彩旗奖品奖励案，决议：交由评判部办理。（五）关于奖励标准应如何拟定案，决议：交由评判部办理。（六）关于国庆应否表演白话剧案，决议：于十、十一两晚均演白话剧，由游艺部负责组织之。（七）关于提灯会应举行若干晚案，决议：于九、十两晚举行每晚六时齐集运动场准备巡行。（八）应否组织化装宣传队案，决议：交由宣传部理办。（九）散会。

渔船被风卷没，三人溺死其二

海七区沟口东边海坪本月廿二日漂来已残破不堪之单桅船一艘，船中尚有被伤男子一人，约有三十余岁，其胸背两部皆流血。据该男子称，系水东人，该船采海硇洲东边海洋，忽被狂风怒涛冲击，船中有伙伴三人，船沉之后，随被风浪卷入海中。惟余在其船后掌帆，以绳自缚其腿，与船飘流，始留残命，现身中伤痕，系被船板撞击，然获不死，已属不幸之幸云云。

夏初村民祈雨，演琼州白话剧酬神

海属各处，本月以来，旱象叠呈。第六区夏初乡去月十旬，老少聚议，建坛于本村三元庙，仗士祈祷，冀得甘霖救济。不日适有降雨，该乡民以为神力所致，特聘琼州白话剧（俗称白斋）班，在本月廿九夜开演，以示酬答云。

海师学治会改选情形

海康县立简易师范学校学生自治市，前届各职员任期已满，本学期例应改选，乃于本月廿七日九时召开全体会员大会，假本校三年级课室为会场。是日除该会全体会员均出席参加外，计列席者有海康县党部池指导员，该校教导主任王端闳及各职员。当时推举赵湘南为临时主席，谢延吉为纪录。行礼如仪后，由主席宣布开会理由，随请党部指导员及教导主任训话（略）。旋由上届各部长报告工作经过。报告毕，随则讨论章则及表决各提案，至下午一时选举，结果，邓有泰等十五人，得票最多，当选为干事云。

海四区井尾村附近发现虎群，菜园前塘两村牲畜被噬

海四区井尾村附近山林，素无虎迹。本月廿四日乡民忽见猛虎三只，相率而行，在前（廿五）夜，曾到菜园前塘两村攫噬牲畜。该处居民，极以为虑云。

海康县立民众教育馆昨午举行开幕典礼

海康县立民众教育馆，自本年三月筹备以来，迄今经有半载。现该馆各项设备，业经筹备妥当，特定于昨（一）日上午十一时，举行开幕典礼。是日，民教馆中，布置一新，各处墙壁，悬挂该馆自置之各种挂图，并征集附城各中小学校学生各种成绩品陈列，以便民众观览研究。及十一时，正式行礼，由该馆馆长李华民主席。行礼如仪。主席宣布开会理由后，随由馆员邓武报告筹备经过。报告毕，继有县政府梁秘书词侃训话，县党部黄委员志伊、县立简易师范校长唐溪等演说，后由邓馆员答词。礼成，即行□影茶会而散。查是日到会参加者，有县政府、县党部、县参议会暨各机关团体学校代表四十余人，情形非常热闹云。

海康第一次学艺比赛，筹备会开第二次会议，决定出题标准及聘请评判员

海康县第一次全县小学学艺比赛大会，前经定于本月十五日举行。现为期将届，该会筹备委员会特于昨（二）日下午一时，在县政府会议厅举行第二次全体职员会议，讨论各项进行事宜。计到会者林振德、吴震东、黄志伊、梁词侃、李春熙、吴光球、唐溪、李华民、陈家谟等，主席林振德，纪录吴光球。甲、报告事项，主席报告本日应行讨论事项（见后）。乙、讨论事项：（一）关于试卷，应如何制定案，议决：交总务部干事办理。（二）关于评判员，应如何聘定案，议决：国语第五、六年级聘请梁秘书词侃担任，第三、四年级请林斐章先生担任；算术第五、六年级聘请王瑞闳先生担任，第

三、四年级聘请林国宝先生担任；社会第五、六年级聘请黄局长祖皓担任，第三、四年级聘请关科长彦文担任；自然第五、六年级聘请唐哲明先生担任，第三、四年级聘请吴校长震东担任。（三）关于出题标准，应如何限定案，议决：三年级组试一、二年级功课，四年级组试二、三年级功课，五年级组试三、四年级功课，六年级组试四、五年级功课，年限均以秋季始业为标准。（四）关于试卷编号弥封，应推何人办理案，议决：交由总务部干事办理，届时如因工作繁难，再行雇员帮同佐理。（五）试场台椅，应向何校借案，议决：交由县政府向本城各小学校酌量借用。（六）关于本会奖品，应如何购备案，议决：本会奖品先暂定五十元，交由总务部购备，届时视各机关团体学校赠送多少，再行决定。（七）监考员应否另行聘定案，议决：聘请林县长、梁秘书词侃、吴校长震东、庄议长敬、李局长春熙、黄督学志伊等六人担任。（八）各科比赛时间应如何指定案，议决：国语、算术两科，各规定二点，其余社会、自然两科，各规定一点半，国语上午八时起至十时止，社会由十时二十分起至十一时五十分止，算数由下午一时三十分起至三时三十分止，自然由三时五十分起至五时二十分止。（九）比赛规则应推何人担任案，议决：交李教育局长春熙负责。丙、临时动议。陈筹备员家谟提议，关于原章程第四条规定每级人数满十名者送一人可否增加案，议决：照原章程办理。讨论至此，遂宣布散会，闻关于出题事宜，仍须从详讨究，特定于昨（三日）下午六时，召开筹备员、干事、评判员全体会议，以资讨论云。

促进注音汉字推行办法，海府转令各小学校办理

海府昨奉教育厅转奉教育部令，以注音符号，可以辅助识字，统一国语。近年各地推行，虽见成效，惟小学及民众学校，所用教学课本，仍多专用汉字书写印刷，未能充分采用注音符号注音，殊欠完备。特铸造汉字注音铜模，并制定促进注音汉字推行办法，以利实施。凡小学及民众学校课本，所有文字，须完全用注音汉字，以期国语统一。特将原令及促进注音汉字推行办法，令县属各学校遵照办理。兹录令文及办法于下：现奉广东省教育厅第四六一零号训令内开，现奉教育部二十四年九月三日社注一第二九五一号训令内开，查注音符号，可以互助识字，统一国语。业经中央执行委员会于十九年第八十八次常会议决推行注音符号办法三项，同年并经本部详订推行办法二十五项，通令遵行各在案。又查近年各地推行情形虽成效可见，惟小学及民众学校所用教学课本，仍多专用汉字书写印刷，未能充分采用注音符号注音，本部详加考虑，认为印刷工具之不完备，殊为重大原因。因是特由本部筹款，交前铸造汉字注音铜模，以利需要。该项铜模各号齐备，即将铸成，既极经济，亦合美观。兹依据十九年中央议决案之精神，参酌专门学者最近研究之意见，制定促进注音汉字推行办法，以利实施。除布告并业经委托上海中华书局赶铸各号注音汉字铜模，限期完成，备各著作人及各印刷商店备价购用，或遵照规定式样及手续，自行铸用外，合行抄发办理，令仰遵照转令所属各小学校各民众学校，暨境内各著作人、各印刷商店，一体遵照，此令，等因。计抄发办

法一份。奉此,除分别函行及布告外,合行抄发办法,令仰遵照……

海康小学学艺比赛第三次筹备会议纪

海康县小学学艺比赛第二次筹备会各情经前志昨报。查前三日下午六时,又召集全体职员在县府开第三次会议,兹将情形录下。出席者：林振德、李春熙、王瑞闳、唐哲明、梁词侃、黄志伊、李华民、吴光球、黄祖皓、林国宝、吴震东、庄敬、林斐章、陈家谟,主席林县长,纪录吴光球,行礼如仪。(甲)报告事项,主席报告本月应行讨论要点(录后)。(乙)讨论事项：(一)关于各级各科出题应如何规定案,议决：算术、社会、自然三科,每级每科各出五题为限,国语一科,五、六年级出作文题一条,定以七十分；测验题五条,每条六分；三、四年级作文题一条五十分,测验……体裁案,议决：各科题目,均以白话为标准。(三)各科题目,应限何时拟定案,议决：限十月十四日上午十时以前,由各评判员,亲交主席管理。(四)各科题目选推何人印就案,议决：一律交由主席负责印妥。

剧场肇事案受祸者向各机关诉请昭雪

去月二十七夜,本城南亭北路旧民庆戏院,肇事殴伤多人,各情经纪本报,惟尚略而不详。兹闻其原因,当时有统税局巡丁陈碧如者,演剧完场之时,挺立门口,对妇女施以佻挞无礼之手段,旁人见之有怒斥者。陈本强横之辈,不肯屈服,因而两方口角,继至用武,终出手枪示威。当时激动众怒,多起喝助,陈以势孤,退还统税……即由内鸣枪示威,使众莫敢逼近。移时有警兵数名,前来弹压,众始尽散。该陈某以众人不可奈何,旋开门出,引导警兵多名,四下逮捕。当时被执获者数人,皆受殴击甚伤。苏楼巷住民陈肇基者,是晚有女观戏未返,讯问之余,刻往查觅。追行至曲街文富坊巷口之处,即被统税职员陈某指与警兵拿获。当时因受拳敲脚踢,重伤呕血,旋被其扭送雷城公安分局扣押。现该肇基以其无端受此惨祸,经已具呈向海康法院、县政府暨各机关鸣诉,求雪冤抑,以伸曲直云。

海康各区设立学务委员会

县府已委定各区学务委员,并令饬依照规定迅速组织

海府于第一次县务会议议决组织区学务委员会,以辅助地方教育行□之进展。昨特委出各区学务委员,并令迅速依照区学务委员会暂行规□□织,以资辅助。兹探录委令原文,并各区委员姓名,及区学务委员会暂行规程于下：

委令原文

……进展,故本省三年施政计划,有设立区学务委□□定,本府叠经奉令严催办

理有案，自应遵照组织，以符功令，而□□□。兹查□□□等学识丰富，热心教育，堪充该区学务委员之职，除□□□，合行令委，并将区学务委员会暂行规程及该区委员一览表各一□□□，仰即遵照，会同该区各委员迅速依章组织区学务委员会，以资辅助，将□遵办情形及成立日期暨各委员履历表具报，以凭核转，万勿违延，为此□令。

委员姓名

第一区学务委员：陈国桑、何鸿豪、黄志伸。第二区学务委员：莫炳麟、李登云、何仕黄、莫桑、郑立后。第三区学务委员：辛成材、黄楷、潘优、蔡位南、陈学秀。第四区学务委员：吴家荣、王寿杰、谢布棋、卓宝良、林希尧。第五区学务委员：邓耿聪、邓育荣、冯应时。第六区学务委员：陈岱、邓纪荣、蔡立统、洪春熙、李□文。第七区学务委员：梁荣叶、陈昌年、宋浃思、郑宗、陈昌基。第八区学务委员：吴培梁、吴乐平、陈廷佐、杨宝光、尹学稼。

暂行规程

第一条，为辅助各县教育行政之进展起见，各县应按□自治区域划分学区，并体察区域户口及交通情形，将□学区划为若干分区。第二条，每分区设学务委员一人，由各分区学务委员联合组织区学务委员。第三条，区学务委员会应设于该区适中地点。第四条，区学务委员由县教育行政机关，就下列各项资格人员遴选，荐由□政府委任之。一、师范学校毕业生。二、中等以上学校毕业而有教育经验者。第五条，区学务委员会应互选常务委员一人处理常务。第六条，学务委员之任期为一年，但得连任。第七条，区学务委员之权责如下：一、调□学龄儿童事项。二、劝导乡村办学事项。三、劝导学童就学事项。四、□育之研究及报告事项。五、答覆行政机关及区民咨询之关于教育事项。六、办理教育行政机关委办事项。第八条，区学务委员会，每学期开会一次，遇必要时，得召开临时会议，议决案须呈报县教育行政机关核办。第九条，区学务委员会会议应讨论事项如下：一、县教育行政长官交议事项。二、区学务委员建议事项。三、区内学校请议事项。第十条，区学务委员为义务职，于必要时得酌给公费。第十一条，区学务委员会经费，由县政府于地方款项下酌予拨给。第十二条，本规程自公布日施行。

海康全县小学第一次学艺比赛今日举行，昨日开四次筹备会议

海康全县小学第一次学艺比赛大会，本（十五）日在县立民众教育馆大厅举行。该会筹备委员会，特于昨（十四）日上午十一时，在县政府礼堂，召开第四次全体职员会议。计到会者吴震东、李春熙、唐哲明、陈兆鳌、李华民、梁词侃、林振德、吴光球、陈家谟、黄志伊、关彦文、黄祖皓等，主席林振德，纪录吴光球。主席恭读总理遗嘱，行礼如仪。甲，报告事项，略。乙，讨论事项：一，关于比赛规则，前经议决由李局长春熙拟定，兹应如何修正案，议决：原规则修正通过。二，关于各项奖品应如何支

配案，议决：推定李局长春熙、黄督学志伊负责编配，在未比赛前公布。三，关于各科试卷应限何时交回本会，以便计分公布案，议决：限十七日十二时以前交会。四，关于各项奖品应定何时颁给案，议决：定本十九日下午二时，在县民教馆颁奖。五，关于各科试卷应用何笔及何字计分案，议决：一律用毛笔及大写中字计分，并加盖私章。六，关于各科试卷□齐后，及评判员送回本会时，应否弥封，并盖章案，议决：应一律弥封及加盖私章。讨论完毕即行散会。

海参议会议长庄敬会同县府党部派员勘灾情

本月七日午夜，飓风骤发，翌晨咸潮怒涨，海康南北堤岸决陷多处，东西两洋，概被浸没，灾情之重，较诸去岁尤惨。该经参议会议长庄敬、副议长莫宅商、县党部监察委员郑立行、经政府技士吴康发，在于前（九）日晨六时，会同前往南堤一带巡勘。旋因道路泥滑，且各处陷堤，难以行过，仅巡视一部份即返，各情经治志本报。查该参议会议长，以近日天气晴朗，堤路可行，乃于昨晨七时又邀同县政府吴技士、县党委邓立行，往灾乡及南北堤岸巡勘，期得实确情形，以便具情请层宪拨款赈济，并筹划修复崩坏堤岸云云。

庆祝国庆筹委会四次会议
同时开评判部会议，海中夺获灯色冠军

雷城各界庆祝国庆筹委会，于前（十二）日在县党部开第四次会议。计是日出席委员吴光球、王元亮、黄志伊、李华民、陈兆松、韦肇能、黄天煌、陈耀斗、王镕经、王凤章等，主席王志伊。甲，报告事项：总务部报告略谓本会原定于九、十两晚提灯，十一、十二两晚唱演白话剧，预定经费二百元，后募捐及县公款拨三十元，合共银一百十七元二毫五元。嗣因风灾影响，改为提灯一晚，停止演剧，所以经费除支用外，约尚存五十七元四毫，详细数目迟日登报。乙，讨论事项：关于本会存款用途应如何指定案，议决：保留为二十五年元旦庆祝经费。丙，散会。旋继开评判部会议。出席者吴光球、王元亮、黄志伊、陈兆松、李华民、王镕经、韦肇能，主席吴光球。投票处决提灯会优胜等第，计取录五名，分为五次投票。投第一名时，海中得六票，海一小学得一票，海中第一。投第二名时，海师得五票，海一得二票，海师第二。投第三名时，海一得五票，雷师得一票，弃权一票，海一第三。投第四名时，雷师得七票，雷师第四。投第五名时，海二小学得三票，海三初小得三票，南市初小得一票，海二与海三票数相同，用抽签法解决，海三初小抽得第五名。

飓风咸潮酿灾再志

本月七夜飓母扬飙，海潮怒涨，各处灾况，迭纪前报。然灾情惨重，灾区辽广，纪

载调查，殊难尽详。兹将前所未述者，再补志一二如下：查此次飓风，虽不及去年十一月一夜之役狂猛，但该飓风起于倏忽，为人所不料。各处船只之受伤者，实属不少。且此次咸潮涨溢，水势较于去年确增高二尺之谱，以南渡方面而言，北边咸潮涨至平石头东岭、北界洋一带，南边没至调排、山尾、安榄调当渡一带，距海远处，约五六十里。以特侣塘茂良渡方面言，水势亦涨至平余、罗家、迈豪、卜格等乡，禾田尽遭泊没。据一般老年农家云，即前清光绪二十三年，亦无如此次潮水浸没之广，或因下游为堤围阻激，少有宣泄，故其泛滥如此。然假非今年增修高大各处堤岸，沿海一带居民，已无孑遗矣。查各处水退之后，视其水位俱与堤等，除有决口崩陷之处，禾田被淹没外，即堤岸全无恙者，而附近之二三皮田，亦被浪花溅注，禾苗枯萎。倘非各堤之水平线准确，无高低处，其受害更不止如斯惨剧。至于海七区各处堤围被陷，咸潮浸没，灾情亦惨，各港之盐田、渔船，损失均属甚大。兹将所得灾讯，汇志如下：

海七区山后、山前两乡及土头等堤岸，八日晨咸潮暴涨，多有崩陷，甚被风浪荡激成潭，禾苗秋收无望，盐室亦被咸潮漂没，间有死亡人命云。

又讯，海康第五区田头市一带，前被徐山土匪扰乱，居民元气未苏。本月八晨，飓风挟潮暴涨，该市附近一带田洋，亦被淹没，灾情甚惨。查该市一带，素无咸潮为患。此次因飓风起时，正当该处海潮澎涨，被风吹袭逆流倒上，田畴尽为泛滥，其灾情之重，与东西洋相埒，又各村卢舍，被飓风吹塌者甚多。闻下海村，坏屋十余座，并压死一人，受伤者五人。

又讯，遂溪县第三区调神村，多属渔户。当本月七早天气晴和，各渔人无不埋头采海，讵遭是夜飓风吹荡，失跌者六十余人，各渔户眷属，哀号甚惨。又在赤坎埠方面，亦发现尸体十余具……城周围之四五十里地方糖蔗皆被吹折，禾稻已无结实可能。蕃薯亦大受创伤，市面谷价连日突涨。

又讯，遂七区江洪港，于本月七日有渔船三十余艘，聚泊该港。是夜被飓风吹沉十余只，查其中有三只，眷属全在舟中，事先不知逃避，被溺死八命云。

灾乡呼吁

遂溪县第九区揖花乡，此次风灾该乡受祸较去年更惨，昨特将灾情向县府及各机关呼吁，请求赈恤，其原呈云：呈为飓风潮水淹没田舍人命牲畜，请求赈恤事，窃本月八日，突起飓风，潮水因之而起，冲陷十字堤辛壬癸岸，淹没田亩，庐舍摧崩、没毙人命者有刘成珠、赵成泰、陈定裕、陈家寿、陈子南、陈家能等。现漂尸已获。然田亩里淹没二千八百一十亩，舍屋二十余间，牲畜三十六头，营鱼港损失六千余元，殊为惨重。一波未平二波又起。去年本月一日，今年八日，纷至沓来，重演巨灾。受灾之民，号寒啼饥，风声鹤唳。舍既摧崩，露天野宿，田无收获，饥形菜色，苍苍蒸民，遭此罗灾，生者无依，死者无殓，殊为痛心疾首之事也。然饥寒交迫，壮者散于四方，老幼填于沟壑，鬻妻奴，易子而咬其骨，将来之势所必然也。又遂溪十字堤辛壬癸岸，地势低洼，非有筑成高垒，不能御飓风怒潮，故每次潮水为灾，皆由斯辛壬癸岸冲陷，附岸之乡村田亩、人畜庐舍受灾匪轻。为此理合备文将受灾惨重情形，报请钧座俯恤灾黎，转请层宪施款赈济，生者沾恩，死者戴德，不胜企望之至。

海康第一次小学学艺比赛昨日举行
上午国语、社会，下午算术、自然，十九日下午二时举行颁奖礼

海康全县小学第一次学艺比赛大会，昨天在县立民众教育馆举行。此次报名与赛者一百五十一名，临时因事缺席者十七名，实得一百三十四名。是日八时开始，上午比赛国语、社会两科。下午一时三十分，继续比赛算术、自然。直至五时，方始完毕。各监考员将各组各科试卷，分别送交各评判员评阅，大约明（十七）日午前可以评阅完竣，十九日当可发榜。查筹备会系定于十九日下午二时，在县立民众教育馆举行颁奖典礼。兹将昨日各组各科试题，及奖品，探录如下：

六年级国语试题

（甲）作文题目：秋节旅行的记事。（乙）测验：（1）子路、颜渊是孔子的甚么人？（2）田横为甚么不肯投降汉高祖？（3）近世大体育家孙唐是甚么国人？（4）将下列各字分别出，何者为名词，何者为动词，照填在括弧内。乡村（　词），参观（　词），竞赛（　词）。（5）下列问题，有三个答案，其中只有一个是对的，把它认出，并在后面括弧中写上那答案的数目字。台湾割归日本时期，是在：（1）欧战以后（2）中日战争之后（3）辛亥革命之后……（　）

五年级国语试题

（甲）作文题目：给同学寒假回乡的一封信。（乙）测验：（1）济南是甚么省的地方？（2）甚么叫做倭寇？（3）孟母为甚么要把机上的布剪断？（4）将下列各字分别出，何者为名词，何者为动词，照填在括弧内，要求（　词），淞沪（　词），抵抗（　词）。（5）下列问题，有三个答案，其中只有一个是对的，把它认出，并在后面括弧中，写上那答案的数目字。苏武在北海上牧羊，共经（一）九年（二）十年（三）十九……（　）

四年级国语试题

（甲）作文题目：读书与游戏。（乙）测验：（一）下句的空白处，试在下面括弧中，选择一个适当的词，把它填入。我们要团结起来（　）强邻（制裁，压迫，抵抗）。（二）把下边数句，加上各种标点符号。1.孙中山先生说革命尚未成功同志仍须努力。2.我们现在不学将来怎能救国。3.奇怪啊妇人产出蛋来。（三）下列各句，有的是对的，有的是错的，试把对的在括弧里记个（+），错的记个（-），1.人不食饭便死（　）。2.凡物有足都能走（　）。3.我们四万万同胞能够团结起来，国家就会弱了

（　）。4. 中华民国得我们先烈把头颅去换来的（　）。（四）下句中括弧里的字有甚么字可以改换，试想出来写在那个字的旁边……

海康一次小学学艺比赛昨晚放榜
全场冠军协和陈玉明　六级优胜二小王国英
四级优胜高明颜国英　三级优胜仁山陈璧奎

　　海康县第一次小学校学艺比赛大会，于十五日举行，各情屡志本报。查当日比赛完竣后，即分别将各科试卷，弥封盖章，送交各科评□□□。截至十七日午止，各科试卷，经已评阅完竣送回大会。现县大会经将分数统计完竣，决定等第，于昨（十八）晚发榜。兹将各种优胜者姓名，探录于后：

　　全场冠军，陈玉明，三四五分（三区私立协和小学）。

　　六年级组四科优胜第一名，王国英，三三二分（海二小学）。第二名，陈廷英，三二六分（海一小学）。第三名，吴堃，三一五分（海二小学）。五年级组四科优胜第一名，陈玉明（即全场冠军）。第二名，李贻芬，三三八分（海一小学）。编者按：该女生成绩全场次多，惜会章无亚军规定。第三名，黄朝珍，三三七分（海一小学）。四年级组四科优胜第一名，颜国英，三〇〇分（七区私立高明初小）。第二名，何日勤，二九二分（三区私立大初小）。第三名，蔡鹤年，二七八分（三区私立协和小学）。三年级组四科优胜第一名，陈璧奎，三三二分（七区私立仁山初小）。第二名，罗守训，三〇七分（六区四维初小）。第三名，陈礼让，二八〇分（海师附小）。

　　六年级组国语科第一名，王国英，九五分（海二小学）。第二名，吴堃，八五分（海二小学）。第三名，吴丹阳，八四分（海八小学）。五年级组国语科第一名，李卓英，九一分（海一小学）。第二名，黄朝珍，八六分（海一小学）。第三名，符宝珠，八三分（协和小学）。四年级组国语科最优胜者孙女凤，六三分（六区私立育济初小）。次优胜者二人，俱六二分，何日勤（三区私立大家初小），陈长兴（六区私立联芳初小）。三年级组国语科最优胜者孙兆兰，七六分（育济初小）。次优胜者二人，俱七十分，陈振兴（仁山初小）陈礼让（海师附小）。

　　六年级组算术科优胜者五人，俱一〇〇分，林大成（协和小学），李盛德（海九小学），王上保、陈汉（均海一小学），谢梗楠（海三小学）。五年级组算术科优胜者十一人，俱一〇〇分，王廷瑞、何时昱（海二小学），李贻芬、张庆云、林祥（均海一小学），洪春暲（海四小学），陈位森、梁鸿（俱海七小学），卓若文、卓春官、黄天开（海三小学）。四年级组算术科最优胜者二人，俱一〇〇分，何日勤（大家初小），颜国英（高明初小）。次优胜者五人，俱九〇分，陈景礼（三区私立七宝小学），蔡鹤年（协和小学），吴碧玉（四区私立第二初小），陈家枢（十六初小），陈长兴（联芳初小）。三年级算术科优胜者九人，俱一〇〇分，蔡师保（七宝小学），何国泰（大家初小），陈玉铨（私立南头初小），王保山（私立三和初小），孙兆兰（六区育济初小），林培森、吴贤琨（高明初小），陈璧奎（仁山初小），刘述资（六区私立水□□□）。

六年级组社会科第一名，王国英，……林大成，七六分（协和小学）。第三名，黄永文，七四分（协和小学）。五年级组社会科第一名，王炳辉，九五分（海二小学）。第二名，黄天开，九四分（海三小学）。第三名，何时昱，九三分（海二小学）。四年级组社会科第一名，颜国英，七三分（高明初小）。第二名，林大森，七二分（海一小学）。第三名，何日勤，七一分（大家初小）。三年级组社会科第一名，陈璧奎，七一分（仁山初小）。第二名，刘业裘，六九分（海八小学）。第三名，杨鑫，六七分（七区私立调风初小）。

六年级组自然科优胜者三人，俱九〇分，吴堃（海二小学），宋宽（海四小学），陈颖（海五高小）。五年级自然科最优胜者陈玉明，九十分（协和小学）。次优胜者四人，俱七五分，李贻芬、黄朝珍、林祥（海一小学），卓若文（海三小学）。四年级组自然科第一名，黄如芝，九六分（海一小学）。第二名，冯维盛，八一分（海三初小）。第三名二人，俱七二分，颜国英（高明初小），林大森（海一小学）。三年级组自然科最优胜者二人，俱九八分，罗守训（四维初小），陈璧奎（仁山初小）。次优胜者，吴应深，八三分（调风初小）。

何局长莘悯恻灾黎
电拨款二千余元急赈海、遂，并派陈技士来雷查勘灾情

本月七日午夜飓风作祟，咸潮肆虐，海、遂两属重罹浩劫。海康县政府，及参党两机关，曾分电省会公安局长何莘及层宪，报告灾情，各情曾志本报。现省会公安局何局长接电后，大为悯恻，特分电海康县林县长、参议会庄议长、县党部黄委员云：海康林县长、参议会庄议长、县党部黄委员钧鉴，齐轸电惊悉海、遂重罹浩劫，五内崩痛，经派技士陈智新驰赴灾区会同诸君查勘办理，到时希赐接洽，前堤委会所存汇水二千余元，并希悉数提取统筹两县急赈，仍盼电覆，莘叩，篠印。

海六区公所调查灾情
呈报县府核转乞赈

本月八晨，风潮并作，海六区沿海各乡，田禾尽被淹没，屋舍不少倾崩，甚至人畜亦被溺死无数，遍野哀鸿，嗷嗷待哺。该区区长等，正拟调查灾情列报请赈，旋并奉海府佳日代电，饬将……等五十九乡受灾最惨，其间田禾淹没，共有二万七千二百余亩，屋舍崩塌，二千五百余间，死亡人口五人，毙牛一百二十余头，猪四百二十余只，鸡一千余只。又各乡所属堤岸，决口多处，以修复数目计算，约需四万余元。以上各项，业经该区公所填缮清楚，装钉成册，呈报县府核转，请予赈恤云。

各机关职员捐薪赈灾

海康县党部奉令饬属遵照

海康县党部昨转饬所属捐薪赈灾,令云:现□广东省执行委员会执字第六三号训令开;现□中国国民党中央执行委员会西南执行部文字第□二四二号训令开:"案准西南政务委员会函开□案,据本会秘书处签呈称,迩来各省及广东各属□灾奇重,待赈至殷。广东省政府业已规定职员捐薪助赈办法,饬令所属各机关遵照办理有案,本□应否照粤省府办法,通饬直属机关一体照办。□惠灾黎之处,理合检具粤省府所拟各机关职员捐薪助赈办法,呈请核示,等情。据此,当经报□本会第一八五次政务会议:'一律照捐'在案,除分行外,相应检同原办法,函达贵部查照,并□饬属遵照为荷等由,附各机关职员捐薪助赈办法一纸。准此,当经报告本部第一八四次常会决议□'照办'在案,除函复及分行外,合行录案令仰各党部遵照,并转饬所属一体遵照,为要。各机关职员捐薪助赈办法一件随发,此令。"等因,附各机关职员捐薪助赈办法一件。奉此,合行令仰该会遵照,并转饬所属一体遵照,为要。各机关职员捐薪助赈办法一件随发,此令,等因。附各机关职员捐薪助赈办法一件。奉此,合行令仰该会遵照,为要。各机关职员捐薪助赈办法(略)。

民教馆举办民众识字壁报

海康县立民众教育馆,为灌输民众知识,期□少文盲起见,现特举办民众识字板报,业将施□间章呈报县府核准备案。查该壁报每周出版一期,每期选用单字三个,并绘书形容该字之意义,以便民众注意认识。至该报内容,均采用日常浅□应用之文字云。

海师学校设奖学金

海康县立简易师范学校校长唐溪,为奖励学□修业起见,曾制定师范生奖学金规程,分别呈□公布在案。查该规程定奖学金为甲、乙、丙三等,学业、操行、体育各项成绩在九十分以上者,获甲等奖,每名奖学金二十元;学业、操行、体育各项成绩在八十五分以上者,获乙等奖,每名奖学金十元;学业、操行、体育各项成绩在八十分以上者,获丙等奖,每名奖学金五元。现据二十三年度成绩统□,查有学生谢廷吉、赵湘南、陈振兴、邓亚……

海县设计会议决掘筑蓄水塘以救旱灾

海康县设计委员会,于本月一日成立。是日开成立会后,继续举行第一次常例会议，讨论修正组织大纲及章程，各情经认前报。查该会章程第六条规定，常例会议，每月举行一次，于每月之最后星期六日下午一时举行。前（廿六）日为规定例会日期，该会特于是日下午一时，召集各委员……黄祖皓、钟允捷、关彦文、李春熙、庄敬、莫宅商、王元亮、陈家谟、黄汉如、王浦生，列席者县政府技士吴康发，主席林振德，行礼后，随即讨论。吴技士康发所提议之"掘筑蓄水塘，以救旱灾案"，当经提出修正通过。兹将该案，探录于下。"案题"：掘筑蓄水塘以救旱灾案。"理由"：海康县境地势多属高坡，土质皆含沙泥，高坡既少农田，而造林者更为稀罕。农田则多于坡脚及坡坑之下，故天雨之后，无处可以蓄水。任其流入河沟，每逢半月不雨，便成灾象，此乃无蓄水塘之故耳。然蓄水防旱，惟有利用农隙，在坡坑挖掘蓄水塘，可以调节水量，以利灌溉，与省政府令饬遵行之复兴农村应规定课农防灾案，亦正符合。以此救济农村，实有利赖焉。兹将办法提出，一俟议决通过后，由县府饬各区严厉执行，是否有当，仍候公决。"办法"：农民除耕种外，利用农隙时间，将所有坡坑农田在八亩以上者，即须掘筑蓄水塘一处，视其田亩之多寡而定蓄水塘之面积深度及工数，工程限期九个月完成。其详细定则如次：一、蓄水塘位于坡坑荒地（如附图），如于必要时，须收用现有生产之田地，得依照时价收用之。该蓄水塘所能灌溉及者，视各占田亩之多寡，以定应派人工及各种费用，由各该乡长督促办理。二、如有不明掘筑法，或工程较大，须特别方法掘筑时，可到县府询明，必要时可请求县府派员指导。三、蓄水塘与田亩数目比例之标准（依照图则），分为甲、乙、丙三等，分述如下：甲等蓄水塘，农田在六十亩以上，蓄水塘面积（以底面计）至少二四〇〇平方英尺，深度至少六英尺，出水口设一个至三个，其阔度由二尺半英尺至尺半英尺。乙等蓄水塘，农田在六十亩以下、三十亩以上，塘水之面积（以底面计）至少一〇〇〇平方英尺，深度至少四尺，出水口设一个或二个，其阔度尺半英尺或一英尺。丙等蓄水塘，三十亩以下、八亩以上，塘水之面积至少四五〇平方英尺，深度至少三英尺，出水口一个，阔度一英尺。四、如有特别情形，无须建筑者，或有何种阻碍情事，须由乡长呈明区长，转呈县府核准。五、蓄水塘之两侧，加掘拦水沟，以为堵水入塘之用，其深阔各一英尺（位置如平面图）。六、蓄水塘所有斜坡顶，须每隔十二英尺植树一株，树苗可到县府蕃殖场领取。七、蓄水塘每年须将积泥或淤塞物清除，以保持原有面积与深度。

禁赌麻雀，正俗型家
海府奉令转饬所属凛遵

海康县政府昨奉南区绥署转奉总司令部令，禁赌麻雀牌戏，以正俗型家，特饬所属各职员、各区乡公所一体凛遵，兹录原令如下：本年十月三十日，奉广东南区绥靖公署，本年十月二十九日秘字第四一号训令开，现奉国民革命军第一集团军总司令部秘字第四五号训令开：为训令事，照得正俗申儆诚，要知麻雀一项，就庸耳俗目论，亦不过家庭娱乐之一端。而穷其弊之所极，则妨碍教育，耗损精神，僮仆得以售欺，金钱掷诸虚牝，为家之累，未有甚于此者。昔陶侃运甓习□，而以樗蒲为牧猪奴戏，牛弘治家，史称其闺门肃穆，进退有节，以古为鉴，前事之师。内之则模范军人，外之则坊表社会，凡在袍泽，尚其共勉。如其不受善言，自甘沦弃，则彰善瘅恶，树之风声，本总司令故不能不引以为己任也。除通令外，仰即转饬所属各职员一体遵照凛之，切切此令，等因。奉此，除分令外，合行令仰该县长即便遵照，并转饬所属一体凛遵为要，此令，等因。奉此，自应遵照，除分令外，合行令仰即便遵照，并转饬所属一体凛遵，此令。

海六区成立区学务委员会

海康县政府前委员令陈岱、李启文、洪春熙、蔡立统、邓纪荣五人为第六区学务委员会，并将该区划为五分区、分负管理、饬即遵章组织成立。各委员奉委后，业于十月廿九日，组织成立。又依照修正区学务委员会暂行规程之第五条，互选李启文为常务委员，处理日常事务。闻该委会已将组织情形，及成立日期，呈报县府核转备案云。

海康各界昨晨举行联合纪念周

海康各界昨（四日）上午八时，在县政府礼堂，举行联合纪念周。到县政府全体职员、县党部、参议会、编练处、县商会、雷州民国日报社、教育会、教费会、地方法院、雷师学校、海中学校、简师学校、县一小学校、县二小学、县女小学、县三初小校、合作社、县兵队、雷城分局、一区公所、民教馆等二十余团体，由县府梁秘书词侃主席，领导行礼如仪，旋梁秘书作政治报告，黄委员志伊作党务报告，至九时始散会。

海康留省学界吁请政府赈济水灾
并派何局长莘续修堤岸

海遂两属沿海各堤修筑甫告竣工，十月七日又起飓风，海湖怒涨，各堤溃决多段，洪涛所致，酿成巨灾。各该县机关法团，当时除将灾情电报上宪外，即行着手调查详细情形，并先后派员测勘崩决堤岸，预算修复工程，吁请政府拨款赈恤及蠲免灾区地税，以拯孑遗，各情迭志前报。查海康县参议、党部两机关，除呈请赈济外，并以去年何局长公卓，督修海遂两属洋田堤岸，成绩昭著，人民歌颂。现仍请政府委派何局长为海遂两属修堤委员长，继续统修两县堤岸，以收速效而竟全功。同时该县留省学界亦用广州海康学会名义发出文电同样请求，兹将原呈录如下：

呈为呈请拨款赈济，重修堤岸，以苏灾黎，而防水患事，窃属县海康于去岁十月间，飓风大作，海潮飞涨，致沿海堤岸，均被冲溃，万顷稻田，尽成泽国，屋宇崩塌，渔船漂沉，惨状难以言喻。前经呈蒙钧部府拨款赈济，及委派广东省会公安局长莘为海遂两属修堤委员会委员长，修复堤岸各在案。讵元气未复，本年又患旱灾，修堤甫完，忽于本月七日下午十二时飓风又作，海潮再涨。虽新修堤岸基大巩固，幸未全崩，其余各堤如北堤之麻亭村、麻亭仔，及南堤之南渡草洋、宋村、步月村、西洋村暨西堤之下海龙江、黎陈村等堤，各被溃决。稻田淹没，屋宇崩圮，死伤损失，灾情比去岁尤惨。至东西两海各渔户船破人没，亦以数百计。现灾区孑遗，露宿呼号，哭声震天地。况被没稻田土质变咸，非三年后不能耕种。又冲崩之堤，若不及早修复，则每逢潮信，泛滥续来，诚恐全县沉沦，将无噍类矣。除分呈外，理合将属县被灾情形，连同风灾所有堤岸决口，及溃坏调查表及各区旱灾调查表各一份，备文呈请均□察核，悬准迅派广东省会公安局何局长莘恢复修堤工作，重修堤岸，以防水灾，及拨款赈济，以苏灾黎，实为德便。谨呈。

第一集团军总司令陈、广东省政府主席林、广州市海康学会常务董事林荣章、董事梁成璠、陈璨元、唐如俊、邓家学。

海师筹组教研会

海康县立简易师范校长唐溪，现奉教育厅转奉教育部发下□于师范中学教育应行研究之实际问题一份，饬即组织教育研究会，切实研究，并将研究所得，呈报察核，以便采择施行。该校奉令后，拟即召集各教职员组织教育研究会，以便进行工作。查该教育研究实际问题，内容为：课程问题。（甲）中学课程中科目与时间应否减少问题之研究。（一）科目与每周总时数应否酌量减少。（二）应减去何种科目。（三）每周总时数应减少若干。（四）某种科目之时数应增加或减少若干。（五）中学每周教学及自习时数第一、二表应如何重行支配。（乙）中学算学科时间及内容应否变更之研究。（1）中学算术应否分组？（2）部颁课程标准之时间分配与教学大纲应否变更？设备问题。（一）中学及师范学校自然科学之设备应如何改善？（二）对于设备标准之意见。（三）教学上之设备经费应占学校经费总额百分之几？训育问题。（一）对于厘订教育标准内容方面之意见。（二）如何使学校训育贯注到每个学生实际生活。（三）集中军训施行后学生管理方面有何困难。（四）关于军事管理实施方法之建议。

教部推行简体字，海府奉令饬各学校采用

我国文字复杂，笔划繁多，认识书写，甚为艰难，前人有见及此，于公私文书文字，往往改用简体，辄能一目了然，可知简体文字，有深固之基础，广大之用途。近教育部为普及民众教育，拟推行简体字计划，以促进文化，特颁简体字办法，令行采用。海府昨奉教育厅转令，特饬各学校遵照规定办法采用。原令云：现奉广东省教育厅第五三五九号训令内开，现奉教育部二十四年九月二十一日第一三零七一号训令开，我国文字向苦繁难，数千年来由图形文字递改篆隶草书，以迄今之正体字，率皆由繁复而简单，由诘诎而径直，由奇诡而平易，演变之迹历历可稽。惟所谓正体字者，虽较简于原

来之古文篆隶，而认识书写，仍甚艰难。前人有见及此，于公私文书文字，往往改用简体，在章表经典及通问书札中简体字亦数见不鲜。明儒黄氏宗羲对于应用简体字主张尤力，有"可省工夫一半"之语，而社会一般民众于正体字书籍虽多不能阅读，但于用简笔字刊行之小说，誊写之账单，辄能一目了然。可知简体文字，无论在文人学士，在一般民众间，均有深固之基础，广大之用途，已为明显之事实。近年以来，政府与社会，虽渴望普及义务教育及民众教育，而效果仍未大著，其中原因固多，而字体繁复，亦为重大原因之一。于是谈教育普及者，多主择最通行之简体字，应用于教育，以资补救，而利进行。在前大学院召集之第一次全国教育会议中，早经正式提议。近年学术界人士之研究文字改革者，并曾提出推行简体字计划，请予采行。本部以兹事体大，研究考虑不厌求详，经将本问题提交前国语统一筹备委员会详加审议，同时征求其他专家意见。旋据前国语统一筹备委员会呈复，谓字体改简，于文化前途，实大有裨益。其他专家，亦谓全国教育既须从速普及，则采用简体字，以谋普及之促进，实属刻不容缓。本部以需要既切，询谋复同，当经拟定推行简体字之原则三项，提议行政院会议议决，并经院转呈中央政治会议核准在案。该案奉核准后，本部复委托前国语统一筹备委员会妥慎选择，并经规定：一、依述而不作之原则。二、择社会上比较通行之简体字最先采用。三、原字笔画甚简者不再求简。等项，以为选定简体字标准。嗣据前国语统一筹备委员会依此标准，拟定简体字表呈送前来。复经本部郑重审核，将社会之最通用之第一批简体字表选编完成。为便于普遍应用起见，并将推行部颁简体字办法九项，一并制定。除公布简体字表外，合行给发该表六百册，仰即令行所属各学校、各出版机关，以及各书店遵照规定办法及日期一体采用，此令，等因。计附发简体字表六百册。奉此，又奉省政府令同前因，自应遵办。除分令外，合将奉发简体字表二册检发，令仰该县转饬所属学校一体采用，此令，等因。奉此，除分令外，合将简体字表抄发，令仰该校即便遵照采用，此令。

海师学校筹组书法研究会

海康县立简易师范训导委员会为提倡书法，发扬我国固有艺术起见，特议决筹组书法研究会，连日搜集碑帖，不下数十种，多为秘藏珍品。并敦请唐溪校长为篆书导师，林子和先生为隶楷书导师，唐哲明先生为行草书导师，学生对此极表同情，报名参加者异常踊跃云。

本城分局警察站岗改巡守制，使各横街窄巷皆能兼顾

本城公安分局长郭作求，现以原日警察站岗制度，对于本城各横街窄巷，不能兼顾，宵小辄有乘机作祟，特将该制改为巡逻守望制，业经拟具实施办法，呈县核准，并定于今（廿二）日起始实施。兹将守望岗位地点及巡逻区域探录如下：

甲，守望岗位地点。一、广朝北路本局街口；二、镇中路十字马路中心点；三、镇中西路坎头街口；四、南亭中路商会门前；五、十三行。

乙，巡逻区区域及巡逻街道。第一巡逻区界至：东至东门，南至广朝南路柳絮东巷口，西至镇中西路柳絮巷口，北至北门。巡逻街道：广朝北路、镇中东路、广朝南路。至界：镇中西路，至界：大新街、石狗巷、后城巷、夏沟巷、考棚后街、深井巷、府前街东段、文明坊、高树东西街、中正巷。第二巡逻区界至：东至镇中西路、柳絮西巷口，西至西门雷安车站，南至恺悌坊尾城基脚，北至同仁医院。巡逻街道：柳絮西巷恺悌坊、马草桥街、府前街西段、府巷仔、县府后街、坎头街、养马坡、中山公园、西门街。第三巡逻区界至：东至灵山里，西至苏楼巷西边城墙，南至南亭北路塔仔，北至广朝南路柳絮东巷口。巡逻街道：广朝南路南段、南亭北路北段。至界：柳絮东街、显应坊、灵山里、苏楼巷上中下约。第四巡逻区界至：东至夏河里，西至南亭西路城门，南至关部，北至南亭北路塔仔。巡逻街道：南亭北路南段、南亭中路、南亭西路、南亭南路夏河里、南亭西约、卖鱼街崩城路。第五巡逻区界至：东至南亭西路城门，西至南门市二区公所，南至迎秀南路康皇庙，北至迎秀北路苏楼巷闸门。

增订邓铿先生纪念日
海康党部奉令转饬遵照

邓铿先烈，简朴忠诚，明敏好学，参加革命，懋著勋劳。民国后，历任要职。及二次革命讨龙失败，亡命海外，民五返粤，驱龙护法，随师出屯福建。民九年回粤驱岑、莫，助总理重组政府，任第一师长，大为陈逆炯明所忌。民十一年三月间，被陈逆遣人刺先生于第一公园，创重而卒。现中央党部以先生对党国懋著勋劳，通令各级党部举行纪念，以示隆重。兹将令文录下：为令饬事，现奉中央执委会处字第一一九四二号训令开："查先烈邓仲元先生，前参加革命，懋著勋劳，卒以被刺殉国，前准陈委员济棠提议'规定邓先生革命纪念日通令举行以示隆重'等由，当经本会第一八一次常会议决，'通过，交宣传部委员会增纪念日简明表'在案，兹准该会拟具纪念……前来，复经本会第一八八次常会决议，通过在案，除分行外，特检发纪念办法一份，仰即遵照，分别增列革命纪念日史略及宣传要点，并转饬所属各级党部一体遵照为要"等因，附纪念邓先生办法一份。奉此，自应遵办。除呈西南执行部暨分行外，合将该纪念办法印发，仰即遵照，并转饬遵照为要，此令。

海康各界举行总理第一次起义纪念会

九月九日，为本党总理孙中山先生第一次起义纪念日。海康县党部，于是日上午十一时召集各界代表，在该党部礼堂开会纪念。计到会者县党部全体、海一小学、体委会、教联会、海一小学自治会、雷城公安分局、海师、海二小学及自治会、本社、十中学校及自治会、编练处、参议会、县政府、农林设计会、海中等机关团体学校代表二十余人。公推郑立行主席，行礼后，主席详述总理第一次起义经过始末，及纪念之意义，随即演讲及高呼口号，十二时二十分散会。

海师续招新生放榜
正取生十八名、备取生一名

海康县立乡村师范学校，本年度招收简易师范生一班，学额定五十名。查七月举行入学试时，经已录取新生三十六名。昨又举行第二次入学试验，取录新生一十八名，并限九月十五日以前缴费注册。兹探录各生姓名于下：正取生：陈达黔、苏伟、周朱佑、杨嗣统、庄莅、庄仁喜、方奕世、唐明时、林欣、何名顾、庄荣、陈德荣、王国球、李高翔、陈瑜、朱兆南、杨元杰、朱致荣，备取生曾智明。

黎郭、东岭争界案，民厅饬县勘明办理

海康县第二区黎郭乡与附近东岭乡，因此次调查田亩，互相争执地界。东岭乡不服县府判决，前月赴省诉愿，今闻民政厅仍饬令海康县长再勘明办理，以息争讼云。

海农校制验杀害虫剂

海康农林补习学校校长，昨指导□生实验石油乳剂杀虫药。据云，该药能在驱除虫剂中应用最广，而价□甚廉，制造亦易。制法：先切枧□切成薄片，和水煮溶，变成淡黄□后，再另用一器盛温石油，在摄氏□七十二度时，将二者合盛一器混□之，搅拌数分钟，使成牛乳状态□可。至用时，再量所须浓淡，和□水调和之即得。吾雷将来苟能普□利用。对于各种植物，实获益非□云。

昨晨海康各界恭祭至圣先师孔子

本月十三日，为至圣先师孔子仲秋上丁祭期，海康县政府遵令定于是日清晨五时，举行祭典。是晨四时，海康县政府一部分职员已到县圣宫，指挥布置一切，各执事者及……即恭祭后殿，继祭前殿。各项礼节与前时略异，故不免有生疏之处。然冠盖毕集，恳贽行礼，诚为近数年来之盛举。至七时许，礼成而退。

海府奉令昨祭关岳

昨十四日，为仲秋上戊日，海康县政府奉令于是日正午十二时，举行祭祀关岳。事

前购备太牢、生猪等祭品。县长为正献官，县公安局长、县兵队暨各公安分局及编练处副主任中小队长为陪祀官，同时并请唐文祺为典仪生，陈家谟为传赞生，陈守慎、唐士华为赞引生，李朴为司祝生，王熙登、符渭贤、何佐殷、萧际唐为司帛、司爵生。

海康各界昨举行九一八国耻纪念会

昨（十八）日为九一八国耻纪念日，海康县党部召集各界，于是日上午十一时，在该党部礼堂，举行纪念会。到会者，计有县党部全体，海体委会陈日贵，合作事业办事处林秩抢，本社陈家谟，十中何鸿豪，县府伍士元，海师何家铭，海师学治会赵湘南，海一小学王元亮，自治会辛德成，农校丘公侠，海二小学萧汉辉，自治会李汝梅，雷城公安分局叶嘉麦，编练处林驭群，海中冯景文，教育会谢琦，第一区、第二区分部苏钟仁，第一区公所萧毓鋼，海中学治会王用璋、李光谱，商会陈延龄，参议会卢家昌，设计委员会陈兆松，海一女校李贻芬、陈妃富等三十余人。十一时，各代表先起立默念五分钟，继即正式开会，公推黄志伊同志为主席。行礼后，主席宣布开会理由，后有王元亮同志等演说，词极愤慨，听者皆为动容。演说毕，随即高呼口号而散。

海府严令查铲烟苗
各处应具切结，永不种植

海康县政府，迭奉上令，饬查划烟苗，以除毒源。当经该府令行县属各区转令各乡遵办具报。惟事隔日久，未据呈报，殊属玩忽，昨特再申前令，同时并制结稿一纸，分发各区遵照，如各处尚无栽种烟苗情事，应具切结永不种植。如查获确有违犯，定即拘案罚办云。

海七区大、小东堀两乡斗殴
双方皆有损伤，抬来法院鸣冤

海七区东里地，大东堀与小东堀两乡，在本月十八日早，因在海边相争捕鱼，发生殴打，结果两方各有损伤，小东堀被伤四人，大东堀亦伤二人。至十九日，两方皆将伤人抬来海康法院鸣冤云。

林大群上、下村争界，经调劝和解

海七区林大群上、下两村，土壤接近，近因调查田亩，两村争执地界，几至动武。后经该区公所派员勘明划清界限，仍保存该两村种种固有之习惯。上村已有遵劝，但下村仍不服。再后经过各乡绅耆着力劝理，始告和解云。

警局拿获窃匪两名

海康县公安局雷城公安分局,昨据警长梁森报告,顷在南亭北路仙城会馆附近,见一窃匪手持一物,用衫遮掩,行动闪烁,即上前搜查,当堂搜出算盘一架。询其来源,支吾以对,知系窃匪,在圩日乘人不觉,偷来无疑。又据警长麦志谦在烟馆拘获惯为窃匪一名,均经讯据供称陈妃三,遂溪第五区沈塘市人,直认偷算盘不讳;史良盛一名,本城灵山里人,原系惯窃匪犯,俱应惩治。昨该局即备文呈解县府核办云。

海康各界昨日纪念朱执信

昨(二十一)日,为本党先烈朱执信先生殉国十四周年纪念日,海康县党部召集各界代表,于是日上午十一时,在该党部礼堂开会纪念。计到会者:县党部全体,海一女校唐少兰、唐秀芳,海中自治会符运新、王用章,十中何鸿豪,二区公所郑立后,一区公所萧毓鋼,县政府吴源兴,本社陈家谟,海二小学曾学泗、萧汉辉,海一小学符广文,海师何家铭。具报,以海一小学自治会辛德成、编练处施仲溥、海中冯景文、参议会卢家昌等二十余人,当时公推黄志伊同志为主席。行礼毕,主席宣布开会理由,后有代表多人相继演说,随即高呼口号而散。

前夜飓风灾情奇惨,海潮澎涨平洋水深数尺,沉船塌屋伤人无数

前(一)日下午一时,天空吹西北风,随即下雨,后风势渐紧,并转吹东北风,入夜九时,风雨更烈。至昨(二)日上午十时,风势始息。然十二时后,大雨复作,至三时,始止。经此飓风之后,本城城厢内外,崩屋甚多,港头及南渡、夏岚等村船只,为风浪击沉者,现尚未知确数,人民因船沉塌屋溺毙者殊夥。闻前月卅夜十一时,东海海啸历五六时之久。沿海居民俱闻,盖凡有海啸,必有风灾。前夜风雨之猛烈,实为近年所罕见,兹将调查所得灾情,分志于下。

沉船

记者于昨日十一时,拟往港头、南渡等处,调查船只损失情形。及至迎秀路城外市场处,但见满街大水,路不通行,据云前夜大雨时,水深数尺。后折由南亭路行至车站处,亦见大水汪洋,港头、南渡之行,因之作罢。后路遇一修理船只之木匠,据云夏岚乡一带船只,俱泊……系重新修筑,颇为坚固,夏岚、大埔两村,幸免水祸云云。又闻港头、南渡一带,沉船甚多。

塌屋

前夜风势甚猛,且挟以大雨,城厢内外,屋宇为所吹淋崩塌者极多,计海康中学校崩塌宿舍十五间,课室一间,屋瓦吹坏一幅;省立十中学校,饭厅草棚崩塌,厨房亦有略损伤;海二小学大天井中之草棚崩塌,仅大礼前一幅,因系新搭得以独存,校后围墙,亦崩去一幅;海康乡村师范学校,课室宿舍瓦面,为风吹坏数处,损失略少;女子小学校门前围墙,崩去一幅。至民家屋宇之崩塌者更多,现调查所得,计有广朝南路五九、六一号二座、镇中西路五一号,原雷州酒家楼尾崩坏一角,城外关部下宫一带屋宇,几全数崩塌,麻亭仔村除一座系属新筑,得无恙外,余俱崩完,南渡北边村及墨城村亦崩屋多间。

伤人

夏河某处屋宇崩坏,压死小童二人。南渡北边某村,夫妻幼子,三人被屋压死。港头、南渡、夏岚等处沿海一带,因船沉溺毙者无数。闻港头有一运谷船,中有八人,风雨起后,一人起岸上泊锭,船即沉没,七人俱溺毙,泊锭一人幸免。现东洋水深数尺,均系咸潮,稻田为所淹没,秋收无望。南渡南边数处岸堤亦为海潮冲陷,漫浸各乡,塌屋伤人为灾甚巨,本年禾稻收成亦全失望,惟因交通断绝,未能查确,余容续报。

又讯,昨(一日)天气阴沉,至下午八时许忽作飓风,加以……暴雨,其势甚猛,被风鼓海潮澎涨出平地数尺。在港头、下江、麻亭、下苧仔等村落,尽成泽国。今晨本城南市路、迎秀南路各处水深三尺余,下午渐退,民舍塌倒,禾苗淹没,损失甚巨。当夜该各处居民拖泥带水、扶老携幼逃难往南调会、南亭路等处,蓬头垢面,号啕痛哭,为状甚惨。

海府令区出具无什赌切结

海康县政府昨奉广东民政厅训令,附发裁撤各种税捐、赌饷名称地点征额表一份,饬转所属知照,嗣后无论何时何人,不得抽取开设,并饬所属公安分局所及各区公所,按月出具并无私开什赌,如有虚伪,甘愿严处之切结,缴由县政府转呈备案等因。该府奉令后,以此案前曾奉广东财政厅令发禁开什赌布告到县,当经转发各区张贴。兹该府转饬各公安分局所及各区公所遵照,同时并制就切结式样令发,按月出具无什赌切结,缴县转呈备案云。

公私建筑须用国产杉木
海府奉令饬属加意劝导

海康县政府,昨奉广东民政厅转奉广东省政府训令开,现准国民政府西南政务委员会秘书处第六二三号公函开，案准贵府函，以准内政部咨，以据上海市商会呈请转饬所属，凡有公私建筑，务须选用国产杉木一案，请饬属随时加意劝导等语，应否照办，嘱转陈核复等由，当经陈奉常务委员谕"照行"等因，相应函复查照办理为荷，等由。准此，查此案前接内政部礼字第一四九号来文，当经函请国民政府西南政务委员会秘书处转陈核示在案。兹准前由，除复部及分行外，合将来文抄发，令仰即便遵照，此令，等因。计抄发内政部礼字第一四九号来文一件。奉此，除分行外，合将原附来文抄发令仰遵照，并转饬所属一体遵照。该府奉令后，昨即分令所属一体遵照，随时加意劝导，凡公私建筑，须用国产杉木云。

关部劫案嫌疑妇人获释

前有北和市两妇人来城寄宿于本城外关部天竺庵附近某小贩家，被匪劫去银四百余元，嗣该妇人以该宅主人某妇，有通匪嫌疑，乃呈控海一分局拘拿送县究办，各情曾志本报。海府以该案案情颇大，曾经提审数次，惟该妇坚不认有通匪情事。况失主所控，亦无实据证明通匪……

武帝庙改为关岳庙

本省当局近为尊崇古圣，景仰丰功，通令恢复孔子及关岳祭典，并修理庙宇，而资隆重。查雷城之武帝庙，亦祀岳帅，县府现以该庙命名不妥，昨经雇工将庙前匾额与及首门三字俱涂改为关岳庙，俾相符合云。

海康各界热烈庆祝双十节

前（十）日为双十国庆纪念日，海康县各界于是日上午十一时，在海康运动场举行庆祝大会。是日同乐场上张花结彩，布置一新。城厢内外，各机关商店住户，亦悬旗志庆。上午十时许，各界即陆续列队前往会场，计到会者：县党部、海二小学、农林补习学校、体委会、海一小学、本社、县府、十中、海三初小、海中、雷城公安分局、乡师、参议会、农林设计会、县兵队、海一女小、警卫队、遂二小学、编练处等机关全体，及省党部服务员吉俊基、刘显绩、孙永兆、叶宗华，教育会谢琦，教联会李谱传，地方法院莫冠英、崔炳祥、陈自修，商会陈廷龄，一区公所陈介操、萧毓鋤，图书馆王光汉，海二区公所王待钦，第一区党部陈修忠，海康地方监狱代表，合作办事处林秩抡等代表及各界民众千余人。十一时开会，公推陈兆鳌同志为主席，行礼如仪，主席宣布开会理由后，继有县府吴源兴、党部郑立行、省党部服务员吉俊基等演说，后并列队巡行城厢一周始散。

海府令大桥村修复堤岸

海康县政府,以第六区洋田南堤分段列字由各村管□,以时修葺,所以保护堤岸维持田产,历安无异,□甚善也。惟查本月一日晚飓风为虐,该堤各段每□□崩,各村管理人员,亦皆同时设法修理。但该区大□□所管列字岸部份均经崩坏,该村绅耆竟置而不理,实□有违向来惯例,且亦有失互助精神,殊属非是,况□□堤防坏于一寸,苟该堤修理完全,独因该村所管□列字岸依然崩坏,咸潮即从此入,全堤田土受害□□有攸归。该绅耆等断不能辞其咎,惟与其究罪于□何如责成于先,昨该府特令饬该村绅耆陈国华、□□永、吴轩魁、陈有训等遵照,立即修复该列字堤□□,勿稍迟延,俾防止咸潮流入,保护农民禾稼云。

海康参党两机关派员测勘县属崩溃堤岸
具报省府拨款修复并请赈灾黎

本月一日飓风,海潮暴涨,雷属沿海各处村落,受祸奇惨,各情迭志报端,海康县参议会、县党部两机关,以此次风灾,县属东西两洋堤岸被海潮冲溃多段,倘不从速设法修复,沿海居民生命财产时虞危险。本月十五日,县参议会常务参议员庄敬及县党部常务委员陈培元两员,特亲往测勘各处堤岸崩溃情形,并估计修筑工程需费若干汇成表册,备文呈请省府拨款修复,以防水患,同时并将调查所得各区乡灾情,汇报省府民厅暨南区署,吁请拨款赈恤灾黎,俾免流散四方,尽成饿殍。

雷海关解担夫十四名过海府拘押

北海关沈塘分卡,前在沈塘附近之定沟岭处,截获货物一帮,并当场拘有商人担夫等共计十四名,一并转解雷州分关办理。现该主任以该商担夫当截拿之际,竟敢开抢[①]抗拒,殊属藐视法纪,自应将其扣留,严究抗拒首要。昨将该担夫转解海府寄押,候查办理。查该担夫等均系塘边村人云。

樵子死于虎

海八区足荣村陈某,年少失怙,家贫无以度活,日惟采薪以事老母。本月廿三日曦晨,与同乡数人负薪往北和市售卖,甫至中途之孔头出处,因行落后数十步,致被猛虎含去,及天明同行者方始发觉……

---

① 编者按:疑为"枪"字之讹。

初级中学应以童子军为必修科，海府令行遵照

海康县政府，昨奉广东教育厅转奉教育部训令开，案查中国童子军之组织，崇奉三民主义以智德体美四育培植儿童服务能力，训练儿童良好习惯，以期善成智仁勇兼备之青年。实施以来，成效渐著，尤宜普遍施行，固我国基。兹规定自廿三年度起，公私立初级中学，应以童子军为必修科，修习时间定为三年。每年度每星期实施三小时，课内一小时，课外二小时。所有童子军设备费，应由各校列入预算内作为经常费。童子军在初中实施后，童子军制服即为各该学校制服，不必另制制服。至于小学儿童年龄较幼，小学办理童子军，仍应列为课外作业，无庸在课内一律实施。除由部积极训练师资，厘定教材，以利进行，合亟令仰转饬所属公私立初级中学遵照，此令，等因。奉此，并奉广东省政府教字第六四五号训令，着通饬所属遵照等因。除分令外，合行令仰该县政府即便转饬所属中等学校遵照。该府奉令后，昨即训令县属中学及乡师学校遵照云。

海中学生秋季旅行

海康县立中学校学生，于本月廿九日，组织旅行队分为甲、乙两队。甲队由体育主任赖永英领队往陆公泉，乙队由训育主任王先尧领队往雷祖庙，两队俱于昨（三十）早九时出发，即晚返校云。

海六区会议散发各乡棉衣

海康县属前月发生风灾，省会公安局长何公卓，前特捐赠棉衣三千件散给灾民。该棉衣经在县府会议，按灾情轻重，分配各区转发各乡，并每区派员指导，定于十一月五日召各乡长开会散赈，各情已志本报。查第六区得一千五百件，前月卅日适逢召集各乡乡长筹办警卫后备队会议，该区散赈指导员庄敬特趁该会议之便，提早前往分配完妥。兹将各乡所领之衣服数列下：草洋乡一百五十件、谢宅村乡七十件、当村乡一百三十件、深田乡六十件、宋村乡一百二十五件、麻廉乡六十件、东仓乡七十件、麻参乡五十件、步月乡七十件、港东乡五十件、关新村乡四十件、南渡乡五十件、东林乡三十件、港西乡七十件、东岳乡三十件、官田乡二十五件、港尾乡一十一件、岭高乡一十五件、东山乡一十一件、宋排乡三十件、南兴镇二十件、溪头乡八十件、西洋刘宅乡五十件、梅田乡四十件、西洋王宅乡六十件、山尾乡一十五件、西洋下田乡四十件、陈排乡一十五件、塘尾乡二十件、平澜乡九件。

海四区企水港选举巡船管驾

海康县政府，以第四区企水港巡船管驾，选举期间已届，前经令饬该区公所，定期

召集港民开会选举。该公所奉令后，即定期于十月廿九日开港民选举大会。是日县府派第二分驻所巡官石成耀，莅场监选。到会公民、渔户共有一百四十九人。选举结果，陈炳文、李希典、刘志仕三人得票最多，该区公所已将选举情形呈报县府，以候圈委一人云。

商号被窃

本城外南市路丙寅号，十月三十一日夜店东因事外出，约十二打钟时被窃匪入内窃去大洋七元、毫银六元、溪纸三把、洋面二百筒。至二时余，该店东由外归来，见一赤足男子，行走于该店门首，形迹可疑，因以手电灯视之，彼乃遽行逃去。该店东返店检查，始知被窃以上各物，然已无法追捕该匪，翌日只得投区查缉云。

省府准拨款修复东洋堤岸喜讯
何局长已捐得万余元散赈海、遂难民

雷州东洋堤岸，月前被海潮冲溃，淹没田禾，崩塌屋舍，为灾奇惨。海、遂两县当局，查勘灾情，分别呈报后，并经派员晋省吁请政府拨款救济，及修筑堤岸，以防后患。昨据省方来电云，省会公安局长何荦氏，已向政府请准拨借全部修堤款项，并另捐获万余元，散赈海、遂难民云。

匪徒拦劫击伤一人

海二区港西仔村陈某，素以猪媒为业，昨（三日）逢南市集期，来市营其生意，约在下午六时许，带返大洋二十余元返家。讵行至东洋九龙芋村处，遇有匪徒二名，身藏短枪一枝，前来阻止。陈知是贼，因起抵抗，至被匪开枪击伤头部，眩倒于地，身上所有尽被掠去。陈因伤重，生命尚虞危险云云。

海康各界筹备庆祝总理诞辰

本月十二日，为本党总理孙中山先生诞辰纪念日，海康县党部于昨（六）日上午十一时，召集各界代表，在该县党部礼堂，开筹备会，讨论纪念办法。计到会者：县党部全体，护沙第一营叶欺雪，参议会莫宅商，农林设计委员会陈兆松，编练处黎秀祥，警卫一中队李仕林，海二小学刘可宗，合作事业办事处蒙周日，海中王用章、符运新，县府伍士元，雷城公安分局何灿锋，女小杨淑珍、梁慕贞，农校丘公侠，海一小学符广文，海二小学自治会吴珍、杨炳祈，十中自治会林业勤，海师何杰，商会陈延龄，本社王元亮、陈培元主席。讨论事项：（一）定名：海康各界举行总理诞辰纪念大会。（二）

组织：总务股，县党部担任，宣传股，分为文字、口头二组，海中负责拟定大会担任敬……（三）大会地点：海康运动场。（四）大会日期：十一月十二日上午十时。（五）大会经费，定一十五元，函请县政府在地方公款项下拨支。（六）通函各机关团体商店，于是日悬旗结彩志庆。讨论至此，遂行散会。

海二区会议分发各乡棉衣

月前发生风灾，省会公安局长何荦，特购棉衣三千件，分惠难民。该项棉衣前经县府会议，按各区灾情轻重分配，各情已志前报。查第二区得棉衣二百五十件，该区散赈指导员郑立行，经会同该区区长，在本月五日召集各乡乡长会议分发完妥。兹将各乡所领之棉衣数列下：麻蛇村二十五件，大埔村二十五件，下岚村二十五件，麻演村一十九件，麻含山尾村一十八件，麻扶村一十八件，东仔步三村共一十二件，登甲步村一十二件，石头村四姓共一十八件，桥东村一十八件，港西仔村一十二件，洪宅港村一十二件，溪头村六件，井园村六件，西边乡一十八件，白沙乡六件。

海康各界今日会议，成立风灾散赈会

海康县参议会、县府、党部各机关，以县属月前风灾，损伤惨重，除将灾情列报吁请层宪拨款赈济外，并拟成立散赈委员会，专责办理其事。昨特函邀县城各机关法团派出代表，今日上午十一时在县参议会开会讨论，函云：迳启者，此次飓风海潮肆虐，我邑沿海各区损失奇重，经县府及党部两机关调查灾情分别呈报层宪，吁请拨款赈济灾黎，及修复各处崩溃堤岸，以防后患各在案，现民政厅已准拨款二千元，先行急赈。省会公安局何局长荦除由个人捐赠棉衣三千件蠲赈外，并向陈总司令济棠等捐得巨款付返。省政府方面，现亦派员到雷调查灾况，拟拨巨款赈济。但关于办理散赈各事，颇为繁冗，亟待共商妥善办法，以利进行。现拟成立散赈委员会，专责办理其事。兹定于本月十三日上午十一时，在县参议会开会讨论，届时希贵□派代表一人出席，共策进行为荷。

海康县政府、海康参议会、海康县党部、海康县商会、海康县教育会同启

海三区长被殴案，县府饬该区巡官查报核办

海康县第三届各级自治人员业经筹备选举，海三区□□乡乡长经奉令选出此次出席里代表，缮列姓名表，呈缴区公所汇报。该乡公民李春炯，本月十一日亲诣区公所与蔡位南区长面商，请将该乡出席里代表更调一人。该区长以该乡代表系据该乡长报告，非能擅自更调，若有该乡长函件证明，或可办到。后李乃返请乡长书函一件，与彼带来，请为更调。时该区长又以奉令催促，已将代表姓名表呈报县府，又须呈县方能更改，李

既不克如愿,谓该区长,有意为难,欺人太甚,当场双方争论非常激烈,后竟在办公厅内演成武剧,结果两人均有微伤。该区长随即请该市分驻所巡官,将李春炯扣留,并亲到县府向覃县长报告,请将李提县讯办。县府据情,经已令饬第二分驻所巡官将此次肇事原因详为查报,以凭核办云云。

海康商、教两会定期选举县参议员

海康县政府以县商会及教育会,为本县团体之一,根据自治法规定,各会应选县参议员一员,经饬造缴会员名册,核定县商会本月十九日、教育会本月二十日为选举本县第三届县参议员期间云。

海府调查中小校职教员资格

海康县政府,昨奉广东教育厅训令,以中小学校职教员资格,原有规定,各校未合格之职教员,应行改聘。经迭饬遵照办理有案,本厅现为明了全省现任中小学职教员履历,以资整理起见,制就中小学职教员履历调查表样二种令发,仰该县即便遵照,分别转饬所属公私立中学校,分发各员依式妥填,限于文到二十日内,汇齐具报。该府奉令后,昨即遵令照奉发调查表式样印发县属各中小学校遵照,限文到一星期内填缴,以凭汇转云。

海七区白岭村大火

海康县第七区白岭东村,于本月廿一日九时,发生火警,查起火原因,系该村民杨某之妻,炊爨不慎,火延于屋,其始火势未甚极烈,尚易扑灭,但因该村农民概出田间收刈,无人灌救,卒波及全村。事后调查,计烧去茅屋二十余座,共一百二十余□,损失甚巨云。

海康风灾善后会成立,并开第一次会议分发赈款

海康各界,以本年十月一日风水为灾,沿海各处损伤惨重,前特筹设风灾善后委员会,专责办理散赈及修复各处崩陷堤岸等工作。该会委员系由县政府、县参议会、党部、教育会、商会及第一、二、六、七区区公所,各派一人共同组织。各情迭志本报。本月廿四日为该会成立日期,是日在县参议会开会,到会者:陈延龄、庄敬、梁荣墀、谢琦、黄志伊、蔡惠民、梁荣业、王待钦、黄志伸,主席庄敬,纪录周景华。行礼毕。继由主席报告该会筹备经过(略)。讨论事项:(一)关于本会各股任务应如何推定案,议决:总务股庄敬,宣传股黄志伊,调查股梁荣墀、蔡惠民、梁荣业,理财股陈延龄、

募捐股谢琦、黄志伸、王待钦。（二）关于何局长公卓在省捐得赈款毫银四千五百元应如何散发案，议决：（1）特别乡：草洋乡二百七十元、宋村乡二百元、当村乡二百元、步月乡一百三十元，以上四乡共赈银八百元。（2）甲等乡：墨亭、大浦、东山麻城、溪头、谢宅、港东、麻廉、关新村、东林、南渡、港西、沟坑，以上十八乡各赈银八十元，共赈银一千四百十四元。（3）乙等乡：深田、西洋下田、西洋王宅、西洋刘宅、港尾两乡、善排、梅田、东岳、金鸡、下湖、烟楼、山后、山前、田头、白岭、赤坎仔、港尾（七区）、北沟、土头、公和，以上十九乡每乡各赈银五十五元，共赈银一千零四十五元。（4）丙等乡：东门、关部、鱼南、白沙、公平、塘尾、官田、南头、淡水、英哥树、东塘、北昌、扶柳、下尾、英佳池、伟家、麻舍、井园、西边，以上十九乡每乡各赈银三十五元，共赈银六百六十五元。（5）各区公所体察情形散赈款：第一区四十元、第二区七十元、第三区八十元、第四区八十元、第五区六十元、第六区七十元、第七区七十元、第八区八十元，以上八区共赈款五百五十元。（三）关于各乡应如何散赈案，议决：即通知应急赈之乡，由该乡乡长召集该乡里长耆老商议急赈办法，报告来会，如认为妥当，即照案给款，由该乡乡长耆老共同具领返乡发赈具报。至区公所应领之赈款，由区长具领，赈毕，仍将单据汇缴。（四）关于赈款短少汇水应如何支派案，议决：在于各乡应领赈款内扣回，每一元扣银一先九厘。（五）散会。

海康各界昨举行肇和兵舰起义纪念会

昨（五）日为肇和兵舰起义纪念日，海康县党部于是日上午十一时，召集各界代表，在该党部礼堂，举行纪念。

海康风灾善后会第二次临时会议纪

海康县风灾善后委员会，昨四月召开第二次临时会议，出席者梁荣墀、谢琦、黄志伊、陈延龄、庄敬、黄志伊，主席庄敬，纪录周景华。行礼如仪。

（一）报告事项。一、县府令知广东仁爱善堂先拨棉衣四千件，付裕安轮船运返，饬即派员前往点收会商散赈办理法具报由。二、县府令转南区绥署指令，据报办理本县风灾调查筹赈情形，及本会章程准备案，并由周委员捐银四百元，公署各职员捐银一百元，以为筑堤之用，饬即派员具领存贮筑堤由。三、据第六区草洋、谢宅村两乡及第二区麻城乡里长函报散赈办法请核拨赈款由。四、据第七区雷高乡乡长函报该乡附……长函报该乡附近堤岸崩陷情形请核拨款修筑由。

（二）讨论事项。一、关于仁爱善后捐拨棉衣四千件，现已付返，应派何人点收设法散赈案，议决：派陈委员延龄前往点收。散赈办法：第六区，大棉衣一千六百五十件，中棉衣三百五十件。第七区，大，九百三十五件，中，一百九十七件。第二区，大，二百七十五件，中，五十七件。第八区，大，一百六十五件，中，三十五件。第一区，大，一百一十件，中，二十四件。第四区，大，六十五件，中，一十四件。第五区，大，五十五件，中，十二件。第三区，大，四十四件，中，九件。该项棉衣分别派发各区公所，召集所属各被灾乡乡长，妥为分派，否由本会派员指导案。议决：由本会派员指导，如非本会委员，加用函请。第六区指导员庄委员敬、第七区莫巡官赛云、第二区黄委员志伊、第八区陈校长兆鳌、第一区陈委员延龄、第四区石巡官成耀、第五区邓指导员耿聪、第三区马巡官焕荣。三、关于各区棉衣运费应如何拨支案。议决：暂由理财股设法预支，将来决算呈请县府在地方公款项下拨还。四、关于南区署周委员及各职员捐银五百元修筑本县堤岸，应派何人赴支领案。议决：由主席同理财股出具领条设法支领。五、关于第六区草洋、谢宅村两乡，及第二区麻城乡函报散赈办法请领赈款，应如何办理案。议决：草洋、谢宅村两乡赈款准予照拨。至麻城乡，应再函知会同该乡乡长具报，然后照拨。

（三）散会。

海五区那亭村火灾

海康第五区那亭村，在本月五日上午十时发生火警，全村被焚，损伤甚巨。查起因，闻系一老年妇人，以天气寒冷，拾堆木枝杂草于门前，生火取暖，忽大风吹来，火烬飞升屋顶，遂至焚如。当时该村村民，概出□□收刈，无人灌救，转瞬已波全村。事后调查，该村共有六十余户，被焚者五十户，屋宇二百四十八间。

和家乡命案，警队捕凶击毙一命，事主鸣冤请求伸雪

海康县第三区和家乡，自命案发生后，县府经将该乡凶徒悬赏通缉，并派警卫一小队，常驻该乡镇压，以免再肇事端。讵该凶徒等潜逃之后，竟泯不畏法，每伺隙潜回，寻仇报复。各情经志本报。本月十一日，有该乡乡民数人潜回官村村，该乡民乃报于警队，派出士兵十余名，径往该村围捕，当场击毙一名，获短械一枝，并将其枭首呈解海府，请求领赏。闻该民名维玉，当时乃系胁从逃出，原不在通缉之列，嗣该民之母，以子遭误杀，特来县府鸣冤，请求伸雪云云。

二全运会昨日举行闭幕礼情形，同时颁发奖品

海康县第二次运动大会，已于十七日举行完竣，定于十八日上午十时，举行闭幕典礼。经志昨报。是日上午九时许，各学校各团体代表及大会职员，即陆续前往海康运动场，计到会者，除大会全体职员外，有来宾中山图书馆王光汉，省立十中罗应祥，参议会王凤岐，教育会谢琦，海三高小何名超，南强体育会，海康体育委员会，本社王元亮，县立苗圃刘作权，商会代表李其璜，党部代表郑立行，海一民众学校罗镜，海二民

众学校李敬宾，警卫编练处曾伟夫，海一公安分局郭作求，南区署曾昭声、王仁辅、陈建猷、黄海震，县政府吴源兴等，及十中学校、海十三初小学校、职业学校、海一初小、协和学校、海三初小、海中、海二高小、海师、海十二初小、警卫第三中队、七宝小学、海一高小、遂二高小等全体。当时因事延误，至十一时，始行开会，由唐如俭赞礼。覃正会长主席，行礼如仪。由覃正会长致闭幕词，继有南区署政务处曾处长训话，后有参议会王凤岐、县党部郑立行等演说，随即颁给奖品，由李副会长春熙一一颁发，各得奖团体代表领受，一时万头攒动，争看奖品，五彩旗帜，飘扬运动场中，煞是好看。颁奖完毕，即摄影而散。各得奖团体，整列队伍，携带奖品，从容出场，情形颇为热闹。

赌输自缢

昨有本城南门外某小贩，家甚贫，其性好赌，前日竟将售得之钱，赴四方市场输尽，遂至生意停顿，生活艰难，迫得多方罗掘，希图孤注一掷，不知愈累愈深，以致债台高筑。迨至近日，不特债主临门追逼，且生活无着，回顾前途，忧愤交集，因此顿萌轻生之念，前□竟行闭门自缢，以了残生云。

后排村几被匪劫

迩来匪势益形猖獗，海六区后排村于昨（十二）夜十二时许，遂有匪徒数名，来该村拖篱。讵将塞路口之篱，早已拖开，为该村乡民巡哨发觉，忙为召集乡民开枪十余响，向该处射击。该匪知计不逞，始形遁去。嗣该匪逃后，该村居民赴塞路口处看验其篱已经拖开通路，幸被发觉，始不致被劫云。

田头、南和两校争收校款案已解决

海七区私立田头、南和两初小校董会，因争各村所协校款，致起纠纷。双方呈请县府办理，当经县府令派县督学黄志伊，前往查得附近田头初小校之后村仔、龙湖村、梧桐村、北寮村协款，应归田头校抽收，附近南和初小之坑口村、蛟蜡堀村、西村仔、北村协款，应归南和初小抽收，呈复县府。闻县府经已令饬田头、南和两校董会主席照办，毋得再起纠纷云。

海府饬拨女校加办高级班经费

海康县立第一女子小学校，开办至今，仅设初级班四班，所以该校女生，自初级毕业以后，即无相当之高级女校可就，不免多有向隅之叹。缪县长鉴于县属教育落后，欲广栽培，亟应扩充学校，所以筹设乡师，及县属公私立高级小学，□设法筹办加班，以期广容学子，已既先后实现。现缪县长又为推进女子教育起见，特饬第一女子小学校长何湘，筹设高级班。何校长奉令后，遵将开办高级班经常开办临时各费，编具预算表，呈缴县府。现县府经将其预算各表，抄发县教育经费管委会，并令饬如表照拨开办费一百七十元，及每年匀拨经常费一千二百元，以资开办。闻该高级班，明年春季即可招生授课云。

海府令催筹办海康市巡船

海八区之海康市，西南滨海，时虞海盗窜扰，缪县长以该市恢复以来，商业进展，日新月异，兹为巩固该市治安计，特令行第八区公所筹设海康市海面巡船一艘。该公所奉令后，经已召集区属各团团董会议，议决造船经费，由各团摊派，各情已志本报。惟迄今数月，县府仍未据报办成。现届冬防，筹办该市巡船，势难再缓。闻海府昨又令催第八区公所，从速进行，务使该巡船早日办成，以保治安。并分令……缴交，并予协助云。

租界汽车驶入内地应缴费领照

海康县政府布告：凡租界汽车驶入内地，必须照章缴费，领取各项车牌执照方得行驶。其布告云：为布告事，现奉广东建设厅第五四七一号训令开，案查租界汽车驶入内地取缔章程，经本厅拟订呈由省政府转呈西南政务委员会，议决照办，令饬公布。并经厅令第五零零七号，将章程通发各在案，此项行车牌照，现经本厅依照章程第十条之规定，分别制就，编列号数，加盖厅印，颁发填给。该县局奉到后，应于七月一日照章实行，从前如由县局发有车牌，应即停止。并遵照章程第十一条之规定，每届六个月，即由该县局，将发过牌照若干，收入照费若干，开列清册，连同执照存根，一并解缴本厅核收查考。除分令外，合将章程十份、临时行车牌一百个、临时行车执照一百张、普通行车牌五十个、普通行车执照五十张令发，仰该县局即便查收，遵章妥办，并将章程分饬属内各行车公司遵照，仍将收到牌照日期，及奉文遵办情形，呈复查考，此令，等因。计发章程十份、临时行车牌一百个、临时行车执照一百张、普通行车牌五十个、普通行车执照五十张。奉此，自应遵办。除将收到牌照日期，及遵办情形呈报，并将章程转发属内汽车公司遵照外，合将章程开列于后，布告周知。嗣后凡租界汽车，驶入内地者，必须照章缴费，领取各项车牌执照，方得行驶。否则不得驶入内地，各宜凛遵。切切，此布。计开租界汽车驶入内地取缔章程一份于后。

第一条，凡租界汽车驶入内地者，须依照本章程之规定办理。第二条，租界汽车如欲驶入内地，须先往附近地方官署，领取建设厅颁发之车牌及行车执照，然后到路公司缴验，方得行驶。如未领有建设厅牌照者，不得驶入内地。第三条，各路公司，如遇租界汽车驶入时，除照该路向章办理外，须查验其有无领到建设厅车牌及行车执照。如未领者，即告知往领，不得私擅放行。第四条，牌照分为二种：（一）临时牌照。各国人民乘租界汽车入内地游览，或雇租界汽车载运私家行李物品时领用之。（二）普通牌照。各国人民乘私家汽车由租界往来内地各路行驶者领用之。第五条，租界汽车驶入内地，每汽车一辆，须领行车执照一张，附车牌一个。临时执照，每张缴纳国币一元。普通执照，每张缴纳国币一百元。第六条，临时牌照，无论往返，限用一次。普通牌照限用六个月，满期再行换领，如不换领，作为无效。第七条，普通牌照，定每年一月及七月，为换领期，其领用未满六个月者，如到换领之期，亦作六个月计算，须依期前往换领。第八条，凡领有牌照，由租界驶入内地之汽车，须受中国军警及税关人员之检查。第九条，凡领有牌照，由租界驶入内地之汽车，如有走私漏税，以及发生危险等情事，均依照中国法律及公路规程办理。第十条，临时牌照及普通牌照，均由本省建设厅制就，编列号数，加盖印信颁发。附近租界各地方官署填发，以便就近领取。各地方官署如现时制发车牌时，于本章程实行后停止之。第十一条，各地方官署，填发此项牌照，每届六个月，即将发过两种牌照各若干，收入照费若干，开列清册，连同牌照存根，一并解缴建设厅查收考核。第十二条，本章程自颁布之日施行。

海康教育会选定出席教育会议代表
黄志伊得十八票当选

海康教育会前准广东教育会秘书处函开，迳启者：查教育会法第二十四条规定，教育会干事理事及监事，均为名誉职，任期二年，自应依照办理。贵会职员，各将届满，而未依章定期改选者，请于本年九月三十日以前开会改选，及选定出席省教育会代表一人，并将改选及选举结果函报备查，以便敝会定期开各县市教育会代表大会时，召集赴会为盼等语。惟该会干事，经于三月改选完竣。祗定于九月卅日上午十一时，开会选举出席省教育会代表。查是日到会者，有会员冯景文、邓炳熙、谢琦、唐溪、苏荣、陈兆鳌、莫炳麟（翁继璜代）、黄志伸、陈汝霖、何名超、符瑞、黄槐浓、黄钟杰、唐文祯、陈抡元、何名达、陈培元、何仕黄、雷复、陈兆□、欧国梁、陈兰瑞、李维森、苏钟仁、莫纯熙、唐士华、唐文祺、洪钟莹、蔡森、刘乃辉、李谱传、蔡世昌、郑立行、陈进唐、王元亮、罗镜、黄志伊、陈修忠、莫继汤、唐如俭、温应盛、陈元鼎等四十余人。推唐溪为主席，何名达为纪录。讨论事项：（一）出席省教育会代表旅费规定六十元。（二）出席省教育会代表旋雷后二星期须交出书面报告，并将旅费先交一半，其一半俟回雷将书面报告交会后清领，以示限制。（三）不论新旧会员（民国十六年以后入会者为新会员），如未缴基本金者，均须补缴，并推苏钟仁、黄志伊、郑立行、陈元鼎四同志负责检查。后即选举出席代表，用双记名投票。结果：黄志伊得十八票，当选为出席省教育会代表，洪钟莹得十三票，为候补云。

海康三、四两区未能行使时间车

因路面损坏，桥梁崩塌

海康县政府为利便交通起见，前曾召集县属各区公路委员，讨论各路统一批商行车。其办法俱已议决妥当。现二、三、四等区公路，已为南和汽车公司以二千□百余元路租批得。该公司当即顶得原日行走第二区公路之旧车，及添购新车多辆，已在第二区属开行时间车。惟因三、四两区公路，日久失修，且近日大雨淋漓，路面泥泞，路中桥梁亦有多处崩塌。该公司汽车于前月廿九日，由第四区唐家市驶往第三区公益市，即因路面损坏，行车非常困难，又经桥梁三段，不能过车，乃临时雇工数十，用杉树等物架筑，始得冒险驶过。现该汽车停在公益市，俟路面桥梁修整完好，始能开行时间车云。

恢复田头市筹委招集流氓

海康第五区田头市，十余年来，被匪蹂躏，人民流离失所。自缪县长派人筹备恢复后，现有商民四百余人归来安居，但仍有商民逃散四方，该市恢复筹委会，昨又布告招集四散商民，重归故土。兹将布告原文录下：为布告事，照得我区僻处南隅，徐山接壤，十余年来，土匪蹂躏，满目荒凉，失所流离，尤以本市为甚，维时应时属在年轻，时艰蒿目，请缨无路，有怀莫伸，徒为击目伤心，仰天太息，此情此志，久为区中人士所共谅焉。兹者忝承诸父老昆弟，推选主於斯席，劳来建设，责任非轻，然应时一介寒微，未尝学问，汲长绠短，陨越时虞，所以迟迟不敢应命者，实吾斯之未能信也。然而桑梓攸关，责难旁贷，安能不勉尽驽劣，而为桑梓驰驱，藉副上宪恢复之苦心，以酬乡里推选之至意，是则应时志之所存也。虽然如古之登楼作赋，离黍兴歌者，是皆遭乱离之时，见物而兴感者也，况我诸父老昆弟，十载风惊，几经凄楚，四方星散，备历苦辛，溯昔鸡鸣犬吠相闻，顿为沧海桑田之变，抚今追昔，能无怅然于怀耶，然而见治思归，人情所共。现本市恢复多时，已得其所，凡诸父老昆弟，当怀故土，勿作流氓，早赋来兮，效归林之倦鸟，□歌适彼，等出岫之浮云，从此鸡犬桑麻，乐归故土，扶持守望，谊笃比邻，况夫家园聚首，天伦之乐事殊多，田土勤耕，地利之收成不少，曷各接踵而归，襁贫而至也，是即应时之所企望焉，此布。

海康各界举行黄花节纪念情形

海康县城各界于昨（廿九）日上午十时半，齐集海康城运动场举行黄花节纪念会，出席者：南绥署全体职员、教导师第二团蒲志生、海康县党部、县政府、县参议会□各机关、团体、学校人员均全体参加，计有二千余人，情形非常热闹，当即推举南绥署政务处丁科长主席，□读总理遗嘱，行礼如仪后，各到会人员齐向黄花诸先烈行三鞠躬礼，献花圈，向诸先烈默哀三分钟等等仪式。继由主席宣布开会理由毕，随有蒲主任志生、吴科长源兴、郑委员立行等相继演说。直至十二时许，□列队出发巡行，巡行路线由广朝路出南门，经南□南路转迎秀路，至中山公园门口散队云。

海康各界欢送教导团第一营北上抗日之盛况

自榆关热河相继失陷后，西南当局除电中央政府出师讨伐外，并抽调精锐士兵北上抗日，以期收回失地。查驻徐剿匪部队之独立第三师教导团奉令挑选一营，由王德全营长统率北上。昨日该营途经海康县城搭轮往省，各情已志本报。海康县党部、县政府、县参议会等闻悉，以教导团部队在徐剿匪，颇著成绩，此次又奉令北上抗日，为国家争生存，为民族求解放，亟应列队欢送，以表热忱，特召集本城各机关学校于昨（三十）日上午十一时列队前往南渡欢送，当时各机关团体学校人员到南渡欢送者有二千余人。行礼如仪后，由陈委员兆鳌、张秘书毅生、吴科长源兴、郑委员立行、王社长元亮、商会主席陈延龄、海中教务主任李逊等相继向北上抗日官兵致欢送词。后由第二营李政训员向各界民众致答词，随即高呼口号并摄影，直至下午一时许始散队。当时炮竹声与欢呼声……

海府饬查贡院东街区域内户口

海康县县城城厢内外户口，概经海府于去冬调查清楚，只因当时北门内贡院东街之东北一隅，仍属遂溪县管理，至付阙如。现该处经海府奉令，划归海康管辖，亟应办理调查户口，以昭划一。昨县府已将各种户口调查表式，令发第一区公所，限文到三日内，将北门内贡院东街之东北区域户口，切实严密调查清楚，呈缴核办云。

东仓北村全村茅屋惨遭回禄

海六区东仓北村，昨（廿七）日下午四时，不知何故，忽数□起火，全村屋宇，惨召焚如。是时邻村闻警，群赴灌救，奈值狂风急吹，火势熊熊，不可向尔，兼之池塘旱涸，杯水车薪，无法扑灭，惟任祝融为虐而已。事后调查，茅屋被烧去八十余间，租谷三百余石，衣物不及迁出者，尚未详数，损失约达三四万元。现该村被灾难民，皆露宿风餐，状殊凄惨，尚幸附邻吴新村、东林宋村等村之慈善家，前赴施粥，该……

雷城各界昨日开会庆祝双十节

十月十日为辛亥武昌革命二十二周年纪念日，海康县党部特于前旬发起筹备，开会庆祝，当经议决于是日（十日）上午九时，在海康运动场开会纪念。是日上午九时开会，各界依时列队参加，计有海康县党部全体委员、南亭镇独立小队全体、省立十中学校全体、海康县教育会、海康县教费管委会、海康县参议会、海康县政府、海康县立苗圃、海康警卫编练处全体、海康警卫三中队全体、海一公安分局全体、中山图书馆王光汉、海康第一区分部、海一区公所、海一区党部、海二区公所代表何仕黄、海康职业校、海康地方法院、海康警卫二中队全体、海四公安分局、海康县兵队全体、南区绥靖署代表曾观广、海康体育会、本社代表陈家谟并各学校员生全体，暨参加民众近二千人，由陈修忠同志赞礼，公推郑立行为主席。行礼如仪后，由主席郑同志宣布开会理由，继有海府张秘书、海康地方法院梁院长、南区署李视察员等相继演说，俱极痛快热烈。至十时许，乃列队巡行。是日除各校自治会宣传队、县党部宣传员到城厢内外宣传外，海康县党部、省立十中学治会等并印有敬告民众书沿途散发云。

清洁会赠种洋痘

海康县城各界清洁运动委员会自组织成立以来，对于各种清洁工作积极进行，现该会前经面请南绥署转向第一集团军总部请领痘苗，以便施种。顷查该会昨已领到有大帮痘苗，特请教导师第二团卫生队长医生何保罗、惠民医社女医师，于本月十三、四日前到各学校及机关分别增种云。

安企公路通行车辆

海康第四区安榄渡至企水港之安企公路，经该路委会督促工人建筑，现已告竣。但经日久，未有汽车行驶，对于交通，殊多梗塞。闻缪县长以徐山土匪四出抢掠，又值冬防吃紧时期，迭经令催该路委会，从速招商承批行驶，而利交通，各情已志本报。查该会已请赤坎车商洪永远驶来汽车一架，于昨四日已通行车辆云。

海府布告：举报潜匿匪徒

徐闻山漏网匪徒，多半逃匿乡村。海康属内，迭经县府严令拏解及查报，各情层志本报。现县府又申前令，布告县属人民周知，如遇有匪徒藏匿，务必立时举报。兹将其布告原文，探志如下：为布告事，照得去年一月间，本县长出巡区时，召集各乡团董绅耆开会。关于治安问题，曾经颁发结式，饬由各乡团董绅耆，出具举报匪徒切结存案。本年一月间，国民革命军教导师第二团梁团长公福，率队来县剿匪。本府奉南区绥靖委员公署命令，复经分别布告，通令各区乡武装团体及民众，一致协力兜截，以防匪徒逃窜又在案。此次国军剿匪，全以实心实力从事，期必澈底肃清，故剿办未及两月，已将二十年来根深蒂固之徐闻山匪巢，犁庭扫穴，扑灭无遗。匪徒失所凭依，漏网逃窜者潜匿各乡。各该乡民，耳目切近，不能诿为不知。即如本月十四日、五日，山匪陈妃三、陈惨仔、陈妃女、郭泰、唐陈氏逃匿第四区揽霜村，幸梁团长探悉，围捕诛歼。而该揽霜村人，竟敢故违功令，知情容隐不报，殊属可恶之极。除俟查明该村负责人严行究办外，极应重申告诫，为此布告，仰县属人民，一体遵照。须知军探耳目无微不周，匪徒绝无可以藏匿幸免。倘有匪徒藏匿，务必立时举报。如敢故违，一经发觉，定惟各该乡团董、绅耆、乡长副、里长副等是问，决不姑宽。切切，此布。

虎患，肩挑蒲苞赶早墟，出村边被虎噬毙

海四区草地村民吴家德，于本月三日黎明之时，肩挑蒲苞往杨家市发沽，恰出村外数百步，忽被猛虎攫去。时该村有数人在村边椿蒲草，闻呼叫两声，知为虎噬，急招众往追，该虎见有人来，乃弃之而逸。后被各人赶上，视之，颈部被伤过重，经已气绝，只得将之抬返埋葬。查吴某年有四旬，家颇穷，平日操作甚勤，有一妻、二男、一女，年均幼稚云。

组建东洋奎、胄、娄三字直堤委员

海康修筑东洋七字横堤委员邓蔚奇等，前为直堤崩坏，呈请县府转饬重修，以免波累。经由县府转饬该堤所属墨亭等乡绅耆符伯玉等，筹备修复。兹查符伯玉等奉令后，遵于本月十三日，召集该奎、胄、娄三字岸内绅耆会议进行，当场公推符良薰、符伯玉、符时静、符相臣、符时亮、符兆三、符耀卿、符时雨、陈顺德等，为修堤委员，并呈请县府，恳予照委。闻县府已令委符良薰等九员，为修理东洋直堤奎、胄、娄三字堤岸委员，并着其克即就职，组织委员会，努力办理，毋负委任云。

海三区定公坑村被劫

海三区定公坑村，于本月十夜更深之际，突有土匪七人，各持驳壳曲尺枪一枝，入村劫去耕牛二头及什物等多件，并焚毁屋宇一座，枪伤一人腿部，后该村民驰赴该区公益市，乞警卫队兵前往援救，但队兵到达该村时，匪徒已远飏无踪云。

因缉私烟酿成纠纷

本月九日午刻，有雷州三属禁烟分局缉私队兵四名，携带驳壳枪四枝，并同遂九公安分局警兵一名，前往遂九区属韶山村黄某之家，缉拿私烟。当抵步之时，即行搜查屋宇三座，获得熟烟膏一二两。该队兵拟将黄某拘带返局办理，但时因搜查，迹颇滋扰，致黄家人纷纷逃避，秩序颇为紊乱。当时该乡乡民，围拥而观者，有数十人，见各队兵

无有缉私手证，且所搜之熟烟膏，又系买自沈塘市烟膏分卡者，似此无犯私买之嫌。各乡民尔一言，我一语，继将队兵绑起。其中二名，见势不佳，恐有危险，立即逃避。各乡民见有逃走，益生疑惑，当场将所拿之烟膏夺回，并将黄某解放。而将该兵三名，缚送遂九分局处理，该分局长据报，以该乡民胆敢缚送缉私人员，并且殴伤，即将该乡民三人扣留查办云。

雷城各界举行总理诞辰纪念大会

昨十二日为本党总理孙中山先生诞辰纪念日，海康县党部于前七日，召集各界代表开会筹备，定于本日上午九时，在海康运动场开大会纪念，并列队巡行。是日上午九时，雷城各界即陆续列队到会，计有南区属代表李锡朋、省党部党务指导员云逢城、海康地方法院、海……练处、县立苗圃刘作权、教育会谢琦、教费管委会何□达、中山图书馆王光汉、海康体育委员会、海康救国分会、海康商会陈延龄暨附城海遂各学校、海康各区党分部代表、警卫队、海一公安分局、县兵队等三十余机关团体学校，公推陈兆鳌为主席。行礼如仪，主席宣布开会理由后，继有南区绥靖公署代表李锡朋、省党务指导员云逢城、海康地方法院代表等演说。奏乐高呼口号后，即列队巡行。查是日并由大会制布画三副，由十中、海中、海师三校负责绘就，于昨日张挂会场云。

禁烟局搜索私烟堀，拘返二名送押海一分局

雷州三属禁烟分局，据探报有人在某处煮售私烟，乃于六日午刻令饬该局稽查员，会同海一分局警兵一名，前往本城内东井馆搜获私煮烟膏一两，并烟灯器具二付，连同售私烟者二人，一并带局讯究。闻一名系本城外关部人，号妃瘦，一名在城外卖鱼街人，名妃瑞。该禁烟分局长于六日晚，经将该二人函送海一分局拘押处罚，以儆效尤云。

同仁医院筹委会请拨调查户口费盈余之款，前日备文呈请海府照拨

前海康县县长缪任仁，曾于本年九月一日，召集各界代表会议，筹措调查户口不敷经费，当经议决，照旧抽收神庙捐半数，约得四千四百余元，除拨支调查户口费用外，余款备拨海康地方法院建筑费一千元，海康农场开办费五百元，其余悉数拨充同仁医院为建筑费云云。按调查人口经费预算需款一万零五百余元，前收得神庙捐八千九百余元，相差一千六百余元，该次再行征收神庙捐半数，可得四千四百余元，除拨支调查费不敷及法院建筑费一千元、农场开办费五百元外，尚余一千三百余元为同仁医院建筑费。惟调查人口经费内预算五百元为缪县长下乡督察调查工作之旅费，缪县长后以事不

果巡视，又地方法院建筑院址海康县应负担之款，原定一千元，后以投价减低，海康县亦少负的款。上二项余款，依当日议案原意，当应全数拨为同仁……

海康各界欢送缪县长情形

海康县长缪任仁奉令调任茂名，于前（十八）日上午九时许，离海前往接任。海康各界以该县长到任以来，对于县政一切，悉心整理，凡百事业，皆有相当发展，尤以各种建设，成绩灿然，特于是日在运动场，开会欢送，以表悃诚。是日会场布置一新，晨六时许，各机关团体学校陆续列队到场。七时，即行开会。计是日到会欢送者，有县参议会，县商会，县警卫第二、三中队，海师，县编练处，县党部，海一高小，海二高小，海十三初小，海一区公所，海一初小，海中，职业学校，海十二初小，海二初小，南亭镇独立小队，海一公安分局，海一女子小学，县兵队，海三初小，省立十中等全体，及中山图书馆代表王光汉、二区公所李登云、苗圃刘作权、统税局徐秉文、南市初小莫炳麟、警卫队一中队一小队长谢武义、花捐局蔡彰明等。由郑立行赞礼，公推王凤岐为主席，行礼如仪。主席宣布开会理由毕，郑立行宣读送词，各界对缪县长行一鞠躬礼，继请缪县长演说。有陈兆鳌、王元亮、吴源兴、李耀钧等相继演说。全体拍照后，乃列队欢送。送行路线，出运动场，经广朝路、南亭路，折由南亭西路，经迎秀至惠济桥，沿途爆竹之声，不绝于耳，浓烟蔽天，几使行人窒息。时缪县长专车已在西门外迎候，送行队伍至惠济桥，遂站列一边，对缪县长行鞠躬礼，缪县长随答礼登车而去。查缪县长此去，除县长眷属、县府职员随行外，并有同仁医院筹办委员陈培元、庄敬二人同行。此因缪县长前次往省开全省行政会议时，曾为同仁医院募款。蒙陈总司令题捐五百元，并得霍芝庭先生题捐一千元。陈总司令之五百元，经缪县长带返交该院筹备会外，而霍某之一千元，则尚未带返。此次陈、庄两筹备员，乃偕同缪县长往茂，转往廉江，领取该项捐款云。

省行政会议议决，雷州设立农业学校

广东省政府为实行三年施政计划起见，经定期十月廿日召集各区绥靖委员、各县市长及公安局长等，开全省行政会议，建设三民主义的政治，各情迭志本报。查该会现已闭幕，所有议决各案，亦经宣布。闻海康县长缪任仁在该大会曾提议海康县筹设省立农业专科学校，又徐闻县长陈翰华提议拟于徐闻筹设省立甲种农业学校两项提案。查该两案，先由审查委员会附具审查意见，提出并案讨论，其审查意见云：查海康县有设立农业学校之必要，惟农业专科不易举办，拟于该处增设省立第六农业学校，其余办法提会讨论，旋经大会议决，照审查意见通过在雷州设立第六农业学校，惟设立期间，在于何时，容查明续报。

海二区大埔村修堤岸

　　海康县政府据第二区大埔村绅耆杨善卿等呈：以该……附近之海堤崩溃不堪，拟按田抽捐，以资修葺……颁发布告等情，尚经令由第二区公所查复属实……准布告该堤属内业户遵照纳捐，并令杨善卿等□□工竣工各日期，及收支数目分别呈报备查。兹探志其布告原文如下：为布告事，现据大埔村绅耆杨善卿等呈称，窃民村附近潮田，及阴阳木桥，自前清光绪二十三年，为狂潮冲崩后，迄今三十余载，尚未修葺，遇飓遇潮，田无收成之望，坠人坠畜，桥有行走之危，民等生斯食斯，情有可悲。兹乃召集全村四姓族老，开会公议，由栏内四段潮田，按年抽捐大洋八毫，以为现在大修之费。并提议出该栏每年鸭埠租息，以供每年续修之费。但恐无知业主，破坏公益，致碍进行，理合备文呈请钧座察核，俯准发给布告。俾各业主一体遵照缴纳，以便早日鸠工修葺，实为公便等情。据此，查属可行，应予照准。除令复外，合行布告，仰该堤内各业主等一体遵照缴纳，毋得故违，致干查究，切切。此布。

三、香港工商日报

（一）政治与军事

雷州军队攻破匪巢

雷州人民受徐闻山匪之害，逾十余年，□经数次大军进剿皆未收效。盖徐闻山纵横二三百里，皆属密林，山中大小道路，悉为芦苇淹没，故土匪易于□匿逃窜，官军欲进剿追击甚难。十一军三十四师黄师长，自奉陈军长命令剿灭□山土匪后，即令七十团为主力军，团长区□为指挥，于九月一日开始进攻，分三路，西山一带，搜索前进。至四日上午九时，西山后坑涧匪巢，即被第一路军庞营长，及第二路军董营长，先后率队攻破。该处有匪二百余人，匪巢四遭，皆属水田，外有竹栏，内有壕沟，工程坚固形势险扼，进攻□□困难，土匪恃据险要，与官军抵抗□三时之久。经□军官奋勇冲锋，土匪始向西山逃窜，官军即乘□□□，土匪受创甚大，此役救出被掳小孩及妇女甚多，□□□□如受，□如菜色，且内有一妇女，其右腿膝盖，□□□砍伤，匪类残忍凶暴，于此可见。西山竹林□□□，□六日上午，□第一路军□营及三路军李营□□□□□□□土匪约有四百人，地势亦□险要。□□□□□□□□日上午九时，□□指挥第二路董□击破。该处匪巢，为徐闻山匪之大本营，近数年来土匪苦心经营之大巢穴也，有土匪千余人，地势之险，为各匪巢冠。□高田村及徐闻之小道，两侧尽为丛林茂密，不见天日，小□中设有数次坚固竹门，小道外沿林挖有五六里长之壕沟，内均有匪守望，壕外又有大水田两道。由高田或徐闻方面来此进攻者，欲渡过此两道水田极不易易，匪巢背□北方，则沿途栽有竹钉，不能行走，东山小道五六里远，则设有障碍物，且有两层行栏，栏内均有五尺深壕。当官兵进攻时，贼匪正在水田方□警戒，巢内之匪，正在宰牛为食，不知军队□东山小道来攻也。匪闻官军至，即来应战，官军前峰与匪接触时，□总指挥三团附上□□指挥，激战三小时，匪势不支，即由深山溃散，官军即毁灭匪巢，一面□队追击溃匪，此后伤毙土匪极多，获枪不少，焚毁匪房一百余所，内有赌摊八处，官军则阵亡兵士三名，伤五名，官一名。现在该处集合，候令再行第二步进剿计划，搜索山林，肃清溃匪，并与民团联合办理。

（1928年9月19日 中华民国十七年九月十九号 戊辰年八月初六日 礼拜三 第九四○号 第7页）

南区驻军经营雷州善后（专稿）

雷州、徐闻、海康、遂溪各属，僻处海隅，内中又山岭重叠，海陆交通，均感不便，因此而地方贫瘠，人民生计甚苦，□以民情凶悍好杀，为生计所迫，乃铤而走险，杀人越货，以谋生活。良懦者既被贼匪劫夺于前，转眼变成穷困，又崛起而为盗贼，相习成风，是以遍地皆匪，动辄啸聚千人，洗村劫社，既取财物，更夺生命。历年国事蜩螗，军队用于争权攘利，民间一切匪患疾苦，无暇解决，匪风更弥漫雷州半岛，各处村乡均十室九空，良民死于盗匪锋镝之下者，月以千计，白骨累累，随□暴□，盖生者□避不遑，虽父子兄弟夫妇之亲，亦不暇相保，且□死于匪刃之遗骸，□任从鸟兽虫蚁啄食者。雷属各处荒凉凄楚情形，阅此可知梗概矣。本年自十一军陈铭枢所部第七十团区寿年出驻高雷各属，先将高州各县盗匪剿办，继而□剿雷州股匪，计半年以来，股匪之大部势雄□，如朱长兴、刘朱华□，均先后剿灭溃散，一时匪氛敛戢。然而地方经多年之祸劫，良民逃奔处者，尚未有复返故土，良以庐舍已墟，田土荒芜，虽回本□，□□□宫禾黍，无法谋生□□□□□□□之日，□□仍不免□徒流□，□尚未□□□。现在该□防军□□，□悉情形，为解数目□切要□□□计。一方设法安□流氓，使良民得以安居乐业；一面更澈底洗绝匪巢，使匪徒不致再有啸聚机会，故现在□拟轰炸各处大山，既可利便内地交通，□可免匪凭山作险，据为巢穴。惟是开炸大山，须用精良机器，□费□属不赀，刻已开列预算，请□区善后公署，转□省政府拨款请用。此外又谋利便海道交通，盖雷州半□与琼州海口，中距一狭小海腰，各种渔船、盐船，如遇顺风，数小时可达彼岸，惟居恒无固定之转船往来，以发雷州与海南之消息，几乎隔绝不通，如谋解决雷州之善后事宜，应与琼州交通迅速，然后可以间接与香港、广州往来便利。故现定兵□一艘，专供由徐闻往来淄口，每逢星期一、六开行，专任传达军政讯息命令报告，兴输运饷银、军用物品等事，现先用诸于军政需用，俟将来□□有效，与雷州属内商务、农业等略有生机时，然后计办商轮渡海云。(□)

(1928年11月29日 中华民国十七年十一月廿九号 戊辰年十月十八日 礼拜四 第九九七号 第3页)

雷徐公路近讯

雷州、徐闻两属，对于交通尚称未便，与欲兴筑公路，而□□□着，终□子□，日前有华商何世耀□，对于社会公益，甚为热心，经□港□得巨款□万二千余元，交与粤方兴筑雷徐公路办事处。该属收领后，即当黄县长、该县开山事务所吴主任拟具计划曾向各□捐助外，昨已兴□建筑云。

(1929年4月17日 中华民国十八年四月十七号 己巳年三月初八日 礼拜三 第一一〇一号 第7页)

雷州戒溺女会进行

高雷八属溺女之风甚盛，已成一种恶习惯。广州湾戒溺女会成立数年，向高雷八属

□□，颇著成效，溺女之风稍敛。兹南区善后委员会参谋长黄强，致函该会，嘱对于溺女之人，会警查确，告发于法庭，处以杀人之罪。该会已召集会员开会议决，即日通函各处会员，遵照切实执行，遇有溺女之人，向法庭告发，惩一警百，以除恶习云。

(1929年4月29日 中华民国十八年四月廿九号 己巳年三月廿日 礼拜一 第一一一一号 第7页)

雷州城围已解

张发奎部队南窜时，曾在廉江县设立第四军部，随即派队前赴雷州，拟将该处防军缴械，截收雷属税饷。驻防雷州之部队，前系第二独立团王坚民营，王营长得张军来攻之讯，便将所部调集雷州城内，死守待援。张部在外围城，攻十余日不下，顷张军因讨逆军进握北流，将直捣贵县，未便南窜，雷州城围昨经解去，王营正在肃清余孽云。

(1930年2月24日 中华民国十九年二月廿四号 庚辰年一月廿六日 礼拜一 第一三六四号 第3页)

雷州攻破斜阳匪巢续详

雷州属斜阳岛匪巢，已由张文韬团及海军攻破。经志前报，续据海军消息，驻防北海之海虎舰，迭次发来捷报。兹照录如下：独立第三团之王营长敬贤所部，于五日黎明乘坐海虎号军舰，不动声色，径驶至斜阳岛，施行攻剿，无□该岛出入路径，异常险要，陆路固属窘难，而海面尤觉不易，盖岛前海道，水度浅而辽阔，平时仅可过往小舟，凡大船与军舰，均有搁浅之虞，危险情形，颇为可怖。但是□海虎舰乘潮水高涨，冒险进岸边，匪首符镇山等辈，竟敢纠率党羽，一面抵死顽抗，一面领队反向官军攻击，幸官军奋勇，猛烈冲锋，由第一次冲击至第六次，均不获成功，直至第七次，不顾军舰浅搁□危险，海陆军队同时争相登陆肉搏，与匪激战，战舰见匪势仍凶，频频发炮向匪剧轰，匪党亦以步枪密还击，然卒不敌官军，当堂伤□者二十余名，投水希图逃遁而溺毙者又十余名，□残余匪徒，则狼狈溃匿。官军追搜索匪巢，拘捕男女匪数十人，起回被掳人廿名，仍派队严密前缉，四处搜缉，以清余孽。惟最不幸者，则官匪两方剧战时，海虎舰之电报官谭正，在舰上发报军情之际，忽有流弹飞至正中其头部太阳穴，伤及要害，当堂毙命。舰长丁建三，立刻电报回省，向司令张之英报告，并请示办理，旋奉复电，以谭电报官□因公殉难，殊为惋惜，嘱令先行棺殓，暂厝北海，俟该舰返省运柩回省，葬于海军坟场，并公开追祭，以昭公烈。查殉难之电报官谭氏，年仅二十四岁，聪敏勤□，素为海军长官器重，今因公殒命，同深悼惜□，而谭电军官之父为谭□□，现尚供职于舰队司令部，充利深舰长。

(1932年11月14日 中华民国廿一年十一月十四号 壬申年十月十七日 星期一 第二〇八一号 第7页)

一集团拟在雷州设飞机炸弹厂，俟赴德考察员返国即成立

（广州专讯）第一集团军总司令陈济棠，为贯澈孙总理航空救国主张，积极扩充发展本省空军，以固国防之后。数月前曾派出空军司令黄光锐及丁纪、徐梅、龙安等，分赴欧美各国考察航空军事，及订购大批战机，取法于人，而将空军扩充整理，预料本月内扩充战机至一百五十架，可以巩固西南国防而有余，更查陈总司令现以本省空军业有相当之进展。惟炸弹一项，向由兵器厂制造，其重量与炸力则较之外商相差悬殊，亟应改良制造，以为巩固国防之需要，因此前特派出总部技士邓演存、关若珍等赴德考察，专研究炸弹炮弹之制造方法，并准备在雷州筹设一伟大炸药炮弹制造厂。刻已派人赴该处规划中。闻一俟邓关两人返国后，即行筹设该厂，专制造一千磅以上炸弹，及各种炮弹云。

（1934 年 7 月 10 日 中华民国廿三年七月十号 甲戌年五月廿九日 星期二 第二六〇二号 第 6 页）

雷州海口招募处，载运新兵一批来省，已交新兵训练处训练

第一集团军总司令部，为统一招募以便试征兵制起见，前经通令各部队如有缺额，由新兵训练处拨补，毋得擅自顶名，另由总部设处训练新兵，并在雷州、海口等处分设招募处，遴选健儿入伍训练。日前高雷招募处，招得新兵数百名，雇海安小轮拖带河头船四艘，载连来训练处以便施行训练云。

（1935 年 8 月 12 日 中华民国廿四年八月二十号 乙亥年七月十四日 星期二 第九三五六号 第 7 页）

增加战时生产救济难民，加紧开辟雷州半岛
黄公安谈开垦计划，注重机械及人力，招请海外侨胞踊跃投资开垦

（广州专讯）自全面抗战展开，战区辽阔，难民遍地，亟待救济，迩来逃避来粤难民数达十万人，复以粤省各地迭被日机轰炸，难民日益增加，救济难民移往开垦以增加生产，实为粤省当前急务。日昨省政府主席吴铁城已召集省地政局长高信、难民救济会副主任陈耀祖筹商一切，业经决定加紧增开垦殖区，以收容难民，从事开垦，增加生产，关于开辟雷州半岛尤为积极进行。记者昨（十四）日访晤省地政局副局长黄公安，据谈，开辟垦区进行甚详：一、开发雷州半岛，本局经拟就计划呈由省府核示，吴主席对于开发雷州半岛，异常关切，金以移送难民前往开垦，实为急不容缓，已由地政局在雷州设立垦殖处移难民前往垦殖，首先移难民前往垦殖，次为将现在各县，如人口多而生产少之县份，移民前往，俾从事生产，其开垦办法，其兄弟个人意见以为应采取机器，以助协人工垦殖，经费定每亩十元。现在雷州本岛可垦殖之面积，约有二三百万

亩，经费浩大。关于经费来源，决定招请华侨投资，或可商请由银行借款，于收获时，即可连本带利清还。现在俟省府之批覆后，即可决定进行，至外传开发雷州半岛由官商联合组织公司开发，并非事实。二、华侨抗日总会开发连山、阳山垦殖区，已由本局派出测量队协助进行。查该地矿产甚丰，现海外华侨已踊跃投资，将来粤省垦殖之发展，当获得不少协助。三、省地政局为加紧完成全省土地登记，特决定在台山、南海、顺德等县增设土地登记处，以利进行云。

（1938年8月15日 中华民国廿七年八月十五号 戊寅年七月二十日 星期一 第四三三一号 第7页）

雷州各属组牒查队，大举肃清汉奸，日机四架袭海康

（南路快讯）海南岛展开抗战后，南路此时亦告紧张，尤以雷州半岛形势严重，目前地方军民已加紧动员备战。各该县政府鉴于日人每利用汉奸为其响导，或刺探军情，因此进行严密清奸运动，现徐（闻）、海（康）、遂（溪）三县政府已联合商决办法，齐一步骤，务使汉奸无所遁形。除严密清查户口，注意来往各式人民动态外，并组织牒查队，广购眼线，稍有可疑人物，即追踪查究，但绝对不得挟嫌构陷，倘有此种情弊，一经发觉，即从严反坐。自此法实行后，雷州各属汉奸，已无能活动，地方治安亦佳。惟日机时到各属骚扰，作盲目轰炸，无辜平民，死伤甚多。上月廿七日，又有日机四架，飞袭海康县城，共投八弹，同仁医院中六弹，后座被毁，幸无伤人。另二弹，中医院南边之白马庙，兵士二人受伤，并炸毙猪母一只。现县城居民多自动疏散，商店休业者亦不少。中央社电称，日机炸徐闻同仁医院，实系海康之误。

（1939年3月6日 中华民国廿八年三月六号 己卯年正月十六日 星期一 第四五二三号 第7页）

雷州半岛防固，黄固师负责沿海作战

（广州湾快讯）日集舰艇雷州半岛海面，施用恐吓伎俩，掩饰其兵力疲弱，我当局对此早有准备，可保无虞。雷州半岛近况如下：

黄固将军沿海设防

雷州半岛，系与海南岛对峙，包括徐闻、海康、遂溪三县，据广州湾之背，为一海防重地。我军事当局年来早已在此设防，于沿海岸线上，建有机关枪阵地，利用海岸辽阔之沙滩，足予日汽艇以重大之打击。西南行营主任白崇禧，与四战区司令张发奎，对此线极为注视，特派黄固等担任防守，并以黄固将军为前线指挥官，肩负沿海作战之重要任务。

日机日舰故示威胁

至现琼州海峡迫近海安港岸海面，泊有日航空母舰二艘、驱逐舰五艘、巡洋舰二

艘,往来窥伺,作强迫登陆之企图,每日并派日机轰炸及侦察徐闻、海康、遂溪各地,故雷州形势,在日机日舰威胁下,颇为紧张。惟半岛上人口稀疏,蔗田广袤,除县城外,轰炸并不能发生若何效果,因此人心安定如恒。假如日果登陆,则必陷入不利地势,我守军即可化成小股,发挥游击战之效力,将日逐一歼灭。

（1939年3月8日 中华民国廿八年三月八号 己卯年正月十八日 星期三 第四五二五号 第7页）

暴风雨之前夕，当局决定粤南采新游击战略
日机不断轰炸，海康城人心浮动
蔡廷锴近到雷州半岛视察防务

（本报南区特派员专讯）粤南之抗战准备,现已具体充实,军民在坚强信念之下,非常的沉着与镇定。惟因日机加紧骚扰之故,沿海岸乡村及市镇妇孺多数疏散,而以雷州半岛各县及钦廉各地方为紧张。查日机近日集中于骚扰雷州城（即海康县城）,本月四日至七日一连四天投弹轰炸,医院及文化机关全被摧毁,所有同仁医院、中山图书馆、省立雷州师范学校等均遭全部炸毁或部分炸毁,其余商店民房被摧毁者不胜其数,先后死伤逾百,人民无家可归者盈千。刻下海康城几为废墟,人民多已迁避,当局一面救济,一面从事防奸,杜绝奸宄混迹,对于沿海之抗战军事加倍警戒,以防日人此时乘机登陆。由于日机之连续轰炸,民心异常浮动,谣言亦炽盛,而谬传乌石港日人登陆消息已数次,一种风声鹤唳之象,大有粤南战事行将开幕之势。徐闻虽较前周为镇静,但因海康之影响,近日人心又趋浮动。遂溪则较为恬静。至北海方面,尚不如雷州之紧张状态,虽有日机威胁,经已成司空见惯,且地方抗战实力始终雄厚,军民早存随时迎接战争心理,故并不为异。高属各县,则保持沉寂状态,地方武力则在积极强化中,正规军及自卫团壮丁队等防务均已配定,除抗战军事紧张外,亦无风雨满城之状态。据军息,我军事当局对于粤南战略,注重发动强有力之游击战,已令各地方守军,依照策略妥定,联络办法,至于沿海日舰,并无异动,只往巡弋,驻泊于各港口外者亦日少,徐闻之海安及海康之乌石、遂溪之江洪以及北海口外之日舰,仅时有一二艘或三四艘驻泊,但移动甚频,足见其非系担任驻守之任务。又据军息,最近蔡廷锴氏返粤,即匆匆到粤南一行,视察一切,到处检阅地方自卫团实力,并援示今后抗战机宜。现蔡氏仍在雷州半岛某地,日间再赴茂名与新任七区行政专员张炎会晤,对抗战戎机,当有所讨论。又蔡氏俟视察粤南后,即取道赴桂谒晤白主任崇禧,倘粤南发生战事时,彼即负此一方面之游击最高责任云。

（1939年3月12日 中华民国廿八年三月十二号 己卯年正月廿二日 星期日 第四五二九号 第6页）

雷州北海形势更紧张，海外日舰满载日兵企图异动
我各地守军已加紧警戒　日来则击
南海各岸我警戒森严　日未敢启犯

（本报南区特派员专讯）粤南局势，仍属密云不雨状态，沿海日舰时聚时散，忽东忽西，极尽其诡秘行动，查近日雷州半岛海外日舰仍然颇为活动。据官方得接情报，此方面日舰共载兵有六七千之多，除为补充侵琼之兵源外，对雷州、北海显有不少野心，我当局已严为防范，徐闻、海康、遂溪各县，更加紧戒严，人民亦继续疏散中。查北海方面，日舰数量如前，尚无异动，日惟受日机之骚扰而已。南海沿岸各县，日舰曾一度麇集，有在电白之大小放鸡岛及水东之沙沱登陆企图，因我戒备森严，卒未敢进犯。现南海沿岸仍有日舰三十艘之多，据某军事员称，日舰麇聚南海，料属于临时集中性质，最多亦不过恐吓而已，不久便当陆续他驶。现时地方形势已因此紧张万分，盖因我防日军事影响之故，传日在吴川企图登陆，未接正式情报，以情势审判。日目前实无力犯南路北岸各地，即冒险尝试，其目的当在雷州及北海，南海沿岸各县仅为日人之牵制目的而已云云，并查日机近日仍继续在南路各地肆虐，徐闻、海康均遭无停止之惨炸。雷州城十一日被日机六架侵入投弹十余枚，廉江城于十二日又遭狂炸，投十五弹，死伤男女十多人，共炸毁民房达五十余间，阳江县亦于十一日遭轰炸，弹多落城外屠场云。

（1939年3月18日 中华民国廿八年三月十八号 己卯年正月廿八日 星期六 第四五三五号 第6页）

沿海日舰环伺下，雷州加紧备战
沿海工事完成，军民枕戈待旦

（本报南区特派员专讯）空雷不雨之粤南局面，至今日舰仍环海窥伺中，而以雷州半岛之徐（闻）、海（康）、遂（溪）三县为最紧张，日本兵舰常艇驶近此三县海港，周来愈频，但尚未见异动，惟此种试探威胁亦不可轻视，故地方军民已加紧备战。经相当时期之动员，除正规军早固守防务外，所有自卫团、壮丁队等武装团队，及政治工作队、抗先队、抗敌后援会等战时工作队，均已作紧急动员。一方面从事完成各战线工事，一方面努力于清奸、组织民众、训育民众、宣传动员人力物力、贡献政府参加实际抗战等。除妇孺疏散外，限制地方壮丁离境，凡地方适龄壮丁均已负有担当责任。查沿海岸各乡村壮丁，大部队担任警戒，日夜轮流守望监视海外日舰动态，其次为传达任务，现通讯网已严密组成，可迅速传达命令与警讯。此外，则为接受军事组训，准备随时执戈卫国，除常备自卫团、壮丁队均日夜武装警戒外，余则各仍致力本素生产建设，每日抽出时间参加训练，故目前雷州半岛沿岸各乡壮丁，均已一致准备杀日，较深入之乡市镇民众，努力于清奸工作，协助军警之不远，除认贼作父之汉奸外，无人不有一种

任务。又查沿海岸之工事，早已完成，近自西南行营派员视察后，分别再加改进，现在亦已一律完成。其第二线之工事，亦由地方民众踊跃服役之下，分别各依形势筑就战壕堡垒，现徐闻县、海康县、遂溪县沿海岸，均于重要地点装置重兵器，为打击日本登陆之准备，军民情绪旺盛，皆在枕戈待旦中。并查沿海安日舰尚未减少，所载之日兵多在海口登陆，惟据报仍有一部在舰上，达二三千人，时聚于琼州海峡海面及海岸港外，有时又驶至南海沿岸窥探，行动极其诡秘，我已处处严防，日决难得逞，查南海如吴川、梅菉、水东、电白、阳江等，均甚宁谧。日前日舰一度集电白海外即散，传日兵十余曾在水东登陆不确，近日屡有谣言，绝不可靠，北海钦州湾等亦均宁谧云。

（1939年3月25日 中华民国廿八年三月廿五号 己卯年二月初五日 星期六 第四五四二号 第6页）

日机舰疯狂肆虐，钦廉及雷州半岛均紧张

海外日舰活动有伺机登陆企图
各地戒严，廉江成立军警督察处

（本报南区特派员专讯）粤南形势，近又似紧张，其重心乃在于北海及钦州湾一带，查廿九、三十两日，日舰艇在防城之企河企图登陆后，三十一日同样有此企图，亦被我守军击退。刻钦廉各属已加紧戒严，廉江县本月成立军警团联合督察处，以利地方抗战军事之措施，并以督促团队之责任，严密防奸警戒。沿海各乡民均动员准备抗战，妇孺陆续疏散，大有战端即启之象，查日机仍不断骚扰肆虐，人心愈加惶惑。去月卅一日日机大批飞向广西进犯，航次竟在钦县投弹达九枚之多，死伤多人，房屋被毁二三十间，地方上连续遭此变故，景象凄凉。惟据此间某军事要员视察，日在北海雷州登陆，尚非其时，原因目前粤日正努力应付容桂战事，江门战争成拉锯状态，粤南之日早已大部增援而去，琼岛虽仍有若干日兵，但料彼必不敢再展开多面之战争。盖日军亦知我粤南防务巩固，不易进犯，故目前之动作，似仍为骚扰，但在我方以守土有责，决无放纵之理，故现时确已施行戒严，整饬粤南军事在严密警戒中，随时准备抗战，防范十分严密，日希图乘虚而入，决不得逞云云。又查除北海方面外，雷州半岛海外日舰又略告活动，遂溪三区属之江洪港外，泊有日舰四艘，常往来于乐民港窥伺，海康之乌石港及徐闻之三墩港、海珠港等，均发现日舰往来活动。而以海珠港时泊有日舰多艘，往来于琼州海峡之间，该县近海乡民颇为惶惑，妇孺辈多疏散入内地之乡村暂避。徐闻县城依然萧条万分，商店多未复业，日来日机又每日均到侦察，尚无肆虐，则人心仍未十分安定也。至南海岸各地均平安，传阳江近被炸非事实，但地方抗战军事，则在积极动员中，人心非常镇静云。

（1939年4月7日 中华民国廿八年四月七号 己卯年二月十八日 星期五 第四五五五号 第7页）

南路各县沿海安定如恒
雷州半岛形势已转和缓
日机仍每日飞各地骚扰

（本报南区特派员专访）粤南海外日舰复增后，兼以日机继续在高雷各县肆虐，形势遂转紧张，我为防范起见，沿海岸亦一律严为警戒，且以日舰多聚琼州海峡，故以雷州半岛尤觉严重。兹据报沿海日舰已复减少，徐闻之海安港外仅有一艘停泊，博赊港、海珠港、三塘港，均无舰踪，海康之乌石、流河等均无舰踪，海康之乌石港外则有日舰二艘寄泊，惟无异动。此外如流河、海康等港均安静，至遂溪之乐民统报平安，仅江洪港外仍有日舰二艘，或有时增至四艘，钦廉沿海且甚少发现日舰，据报每日仅见一二艘往来一次，查涠洲海面曾复有日舰多艘寄泊，查十六日凌晨相率向海口方面驶去。兹证实日人自鼓浪屿招事以后，以各国兵舰集中监视，为应付计，乃再檄调粤南海外之舰队驶往闽海，仅留少数担任封锁工作。粤南海外日舰既增复减原因如此，可见日寇力量之有限，紧张之雷州半岛业已转趋和缓矣。又查吴川、电白、梅菉、阳江等海外，日舰亦少发现，惟日机则仍每日飞经各地低飞窥伺，以遂其恐吓骚扰之欲，周来虽未闻投弹狂炸，但频频扫射机枪屠杀我无辜民众，如此残酷，其肉真不足食矣。又十八日正午十二时有日机三架由海口飞出，在雷州半岛盘旋甚久，当在徐闻境内时，隐闻炸弹声数响，似由西南角而发，但当局则未接地方被炸报告，未知是否日又盲目妄向我森林丛或旷野间投弹云。

（1939年5月22日 中华民国廿八年五月廿二号 己卯年四月初四日 星期一 第四六〇〇号 第6页）

日机舰狂扰粤南，雷州海面武装渔船满布
日舰奉调增援　补以渔船助虐
日机续炸廉遂　日舰炮轰电阳

（本报南区特派员专讯）粤日欲仿围魏救赵之策，正开始继续狂扰粤南各地，图转移我视线，和缓我东、西、北三江之反攻力量，但我已洞触阴谋，沉着应付，且日人势穷力蹙，无能为力，观粤南海外近日日舰之既增复减，已可概见。虽其海空骚扰之不绝，要亦确定其暴戾仅止于此而已，查钦雷海外日舰曾一度复增至三十艘之多，现据报减少至约十艘左右，涠洲海面亦不见舰踪。惟查日军虽以力量不足，仍不肯放弃其骚扰与恐吓之行动，故雷州海面近日乃发现大批武装渔船联群出现，每批约十余二十艘，频频往来于徐（闻）、海（康）、遂（溪）三县沿海岸及钦廉海面，遇民船、渔船则追逐截劫，焚杀掳掠，其暴行较之日舰为尤甚。查日军既补以武装渔船在雷州海面肆虐，海面交通及渔民渔作，均较前困难，且日渔船亦间中驶近海岸，向我扫射机枪，藉遂其骚

扰之意，故沿海治安已不如日前之宁静。查十七日电白海面突来日舰四艘，于下午四时许，发数炮向县城轰击，同时日机两架由日舰飞出，至县城上空投弹，结果南门外及县中学被毁小部，死伤各一人。当时大小放鸡岛有日兵驾艇登陆，情势顿呈紧张，后我守军沿着警戒，日知我有备，废然而去。又十八日阳江再被日机二架袭炸，投二弹于河扒港，同时日舰一艘向青洲发炮一响轰击，并无损失。十九日遂溪再被日机十二架狂炸之后，二十日续有日机十二架飞至作第三次之狂炸，投十八弹，损失颇重。查十九日被我击落之日机，机师一死二逃，至今尚未弋获，有传已为我民众截获后，就地杀戮泄愤，但未知是否也。又二十日日机于三炸遂城后，折飞海康城迤南王村投数弹，无大损失。同日合浦亦被日机侵入狂炸，在北海投十余弹，在高德投数弹，日舰一艘同时向海口发炮数响示威，人心颇呈震动，幸当即维持得力，旋复常态。据特别守备区某高级长官语记者称，日人在现阶段已感筋疲力尽，决不敢于此时进犯粤南，但吾人则始终严密戒备，以防万一，以实情论，日机舰之连续在粤南肆虐，不外骚扰而已云云。

（1939年5月25日 中华民国廿八年五月廿五号 己卯年四月初七日 星期四 第四六〇三号 第7页）

桂学生军开到雷州

陆（川）、郁（林）、廉江以及雷州半岛同时紧张后，桂学生军某部即奉命急开雷州一带展开工作，一面动员民众参加抗战，一面协同防军布置阵地。查桂学生军每到一地，必与地方民众取得联络，因此种种进行均极顺利，雷州半岛之战时工作亦因而急速开展，对抗战军事进行有极好之影响。

（1939年12月15日 中华民国廿八年十二月十五号 己卯年十一月初五日 星期五 第四八〇四号 第7页）

雷州军事由张负责

查雷州三县平归第八区管辖，军事归特别守备区负责。兹悉八区专员兼特守区司邓世增，自钦防战事发生后，即呈准上级转高雷军事交由副司令张炎完全负责指挥。张氏鉴于雷州与廉江安铺毗连，且据报日来日机又飞徐闻、海康投散荒谬传单，虽日军之恫吓骚扰为不足畏，但为强化准备起见，已依照战时组织撤销原日廉（江）、遂（溪）区及徐（闻）、海（康）区两指挥部，除责令各该县长刻日强化国民兵团组织，动员地方团队备战外，并辖调守备大队某某部开至沿海岸协助防守云。

（1939年12月16日 中华民国廿八年十二月十六号 己卯年十一月初六日 星期六 第四八〇五号 第7页）

日军犯徐闻、白沙各港，雷州城英利墟被空袭

传日军预定加紧骚扰粤南
沿海各县已强迫疏散物资

（本报南区特派员专讯）日军自进犯海康乌石港不逞后，连日复向徐闻各港窥伺。据报本月五日下午五时许，日舰两艘又突驶进海安港内，旋放下汽艇载兵犯我岸上。我守军立起迎击，与日军激战甚烈。惟当时前线电报不通，情势颇觉混乱，我军事当局诚恐战事扩大，乃急搬调精兵开往助战，由□军事动员之紧张，一时情形颇为严重。旋据报日军当夜即为我击退，下舰而去，□□□□□□□□□，余无甚损失。惟日军被击退后，旋又改犯白沙港，当时该港我军以日舰密炮掩护，乃沉伏以待，及日军登陆□□□□□，乃奋起围攻，日始狼狈遁去，□□□□□□□□□□□□□。当日军开始犯徐闻之海安港时，日机八架飞炸英利墟及雷州城，投廿余弹，炸毁民房数十户，死伤平民数人。又自海安、白沙两港击退日军之后，据报海珠、乌石、江洪各港，均发现日舰一艘或二艘，各满载日兵，似有再度扰犯之势，我军事当局鉴于情势突紧，日军时有向我各港进犯可能，已令沿海守军加紧警戒。徐闻及海康两县，更以地位突出，唇齿相依，已实行密切联防。陈县长桐，及丘县长桂馨，鉴于徐海两县，迭为日军骚扰试探，一度在英利墟召开联防会议，参加者有各游击大队长及两县各区乡长等，对于今后抗战御侮大计，及守望相助种种联络，俱有具体之决定，同时以日军迭向沿海试探滋扰，□□□□，□□□□，已令濒海各乡村民众从速疏散，并将物资刻日移入内地，□□□□□□，现遂溪及吴川、梅菉、水东、电白等地，均强制疏散沿海物资，并劝谕妇孺从速迁入内地，免遭无谓牺牲。又据政府所获之情报，华南日军将于十月内开始向粤南沿海加紧骚扰，以配合各战场之所谓十月攻势，日前徐海各港之一再被扰，可见端倪。我军事当局对此，已有全盘计划决定，日军如来犯，结果必得不偿失。惟乌石港以初遭意外之袭击，故损失较大，据该港逃难民众对记者谈称，日军登陆之后，□□□□□□□，□□□□□。□□□□□□□□□，由登陆至被击退，无一刻停止其□□，因此乌石港周围数十里内，已无一完屋，人民财产及盐产损失以百十万计，实雷州半岛有史以来之空前浩劫。该港最有名之黄参村、永候村、西告村等，均已付诸一炬，仅余一片瓦砾场。又查粤西盐局转下之乌石盐场及盐场公署，竟为日军蹂躏无遗，损失六七十万，现该场署员司已于七日重返该港办理善后，继续办公，惟各盐田被破坏甚大，非经若干时日不能继续生产，日军有意破坏我之民食，□□□□。

（1940年10月13日 中华民国二十九年十月十三日 庚辰年九月十三日 星期日 第五一〇四号 第10页）

敌舰突集雷州海外，犯江洪港窜登沙堤
我认定敌行动系企图搜索
安铺、梅菉各地迭遭敌轰炸

（本报南区专讯）廿二日上午六时许，雷州半岛之西海忽然敌舰□集，凡二三十艘，旋有两艘驶至遂溪属之江洪港海面，继放下汽艇派兵六十余名，向该港进犯。我守军立即应战，敌舰发炮协助，我迫得暂退，七时卅分我援军赶到，敌兵乃退窜港外之沙堤。惟乃盘据来去，迄晚五时许，海外集结敌舰凡十二艘，探灯频照岸上。惟日兵不敢逼近港埠，仅在沙堤（离岸约百余尺）徘徊，成对峙状态。现我军已加倍警备。附近民众扶老携幼，多向租界逃避，我当局认定，敌兵实欲乘机抢掠粮食，无大作为。但另一情报称，敌或拟即将冒险南进，则向我雷州半岛企图占据，以作给养据点。我某地大军现已准备随时动员，敌如来犯，必遭痛击。又连日来敌机频飞各地空袭，廿一日敌机一架在安铺投弹二枚，暨金瓜行街茅屋二家，余无损失。下午二时又有三架在阳、电沿海一带侦察，后经梅菉、吴川、遂溪、寸金桥横过租界领空南飞出海。十九日上午十一时许，敌机一架在梅菉投弹，幸落郊外，亦无损失。又阳江来讯，闸坡曾于十四被炸，落弹二枚，长堤荣新、留益两商店被毁。另东兴市有七家民房炸塌，幸尚无伤人情事。海外敌舰则频肆虐，十八日午吴川沙角旋海面发现敌舰一艘，往来捕掳船只，有一渔船惨被洗劫一空，同日海康乌石海面有□成兴之渔船一艘，竟为敌艘掳去，至今并无下落云。

（1941年7月26日 中华民国三十年七月廿六日 辛巳年闰六月初三日 星期六 第五三八三号 第10页）

雷州土匪猖獗，扬言犯湛江
行辕电饬林英严防

（广州讯）雷州半岛匪情猖獗，麕集粤桂边境之陆川，石角附近及徐闻吴川边区地方土匪达千余人。据息：多属流窜之散集匪，分为巫德春、符春茂、郑德尧、叶车扬、龙德尧诸股，盘踞山岳地带，每股约数百人。最近股匪有集结企图蠢动，并扬言窜犯湛江市，雷州半岛现呈人心不安状态。广州行辕应付目前环境，一面急电粤桂南区绥靖指挥部指挥官林英，严令所部防范，并饬令有权署理一切军事行动；另一面饬令桂省军事当局，派员到边境监视股匪行动。截至昨日止，雷州半岛安谧，琼崖亦如常态无变化。（达）

（1947年3月28日 中华民国三十六年三月二十八日 星期五 第五八九九号 第2页）

封锁线扩延至雷州

午间,该行走澳门斗山被扣留十天之海军轮卒被释放归来,全部船员无恙,但货物则仅取回一部分。据船上职员表示,负责封锁华南珠江口岸之国民党海陆部队,范围业已扩展,不仅限于黄埔港外广州出入口处,而拖延甚长。计由雷州半岛而至伶仃洋海道,均入国舰封锁范围,故行走湛江与港澳间船只,随时有遭受此等封锁部队所□查及扣留之可能。该海军轮乃于十余日前,由澳开出,将达广海海口时,始遇国民党军武装巡艇一艘,被其截回,着令驶返伶仃洋附近之东澳岛上扣留。现国军封锁基地,分为两处,伶仃洋附近一孤岛,为海军舰队基地,因距离陆路较远,海面辽阔,海军乃以巨舰巡弋。余一处即在东澳岛,其地近大屿山,离岸较远,东澳岛乃为前虎门要塞部队,及由中山撤退至该处之国军,约有二百人。

(1949年12月13日 中华民国三十八年十二月十三日 星期二 第六九七七号 第3页)

(二) 经济

商办雷州香港间航业之考虑

海康县县商会会长洪毓英,以雷州毗连广州湾,因之商业受其交通便利之影响,日趋衰落。现为补救计,□□轮船专航行雷州、香港间,一则以丰裕税收,一则以发展商务,故特呈请建设厅发给牌照,以利进行。现□□□已将案发交航政局办理。现据该局呈称海关监督转来税务司函称,该案整理极为困难,且减少国税收入,同时商业方面亦不因此而有发展,拟不准所请,建□据呈后,以该会长所请□轮专航行雷州、香港间一节,有类于前经政府特准汕尾专轮航行汕尾、香港间一案,关于法律方面有例可援,可无问题。至事实上政府批准后,整理是否困难、国税是否短收、广州商务是否妨碍,尚有问题,一俟切实查明,即予批示云。

(1928年8月25日 中华民国十七年八月廿五号 戊辰年七月十一日 礼拜六 第九一九号 第6页)

雷城粟价跌落

雷州近日以来，因各处蕃薯收获丰富，并且日来甘雨连绵，田间水量充足，已能耕种，因此影响粟价跌落，因此雷城日前赤粘粟每石可沽大洋九元，黄粘粟每石值八元六角。目下赤粘粟已跌价至每石大洋八元三角，黄粘粟每石已跌价至七元九角，该处贫民莫不欣然喜色云。

（1931年5月28日 中华民国二十年五月廿八号 辛未年四月十二日 星期四 第一七二五号 第7页）

雷州发生铜元惨跌大恐慌

雷州各属近发生铜元惨跌恐慌，每双毫可换七十五枚。昨遂溪县商会拟具救济办法，呈准县府发出布告，云：为布告事，现据县属附城区商会主席陈星耀呈称，窃查近日市面铜元充斥，毫银缺乏，皆因外来渔利之奸商以大批铜元运入内地，逼易毫银输出外境所致。若不请速禁止，则市面银乏，仙盛营商前途大生障碍。况铜仙入口久□厉禁，非请申禁令，实不足以维金融而顾商业。用是具文呈请钧府察核，俯准布告，禁运铜仙入口，并令第一公安分局迅派警兵在市面巡查，如有在市摆摊，以铜仙收买银元者，严刑禁止。倘敢故违，即拘究罚。如此则金融固而商场利，实感公德两便等情。据此，查铜元私运久悬厉禁，乃近来有少数奸商贪图小利，不惜紊乱金融，秘密私运，妨害商场，莫此为甚。所请重申禁令，自应准予照办。除指复外，合行布告，仰县属商民一体知照，嗣后不准私运铜元入口，以维金融。倘敢阳奉阴违，一经发觉，除将私运铜元充公外，仍予拘究，以儆贪邪。其各凛遵毋违。此布。

（1934年7月19日 中华民国廿三年七月十九号 甲戌年六月初八日 星期四 第二六一一号 第8页）

雷州蒲包免结外汇，财厅批准

（南路快讯）雷州僻处南边，工业落后，贫民生活，端赖手织蒲包，以资维持，故蒲包一物为三雷民众之命脉。自我政府施行货物出口结售外汇后，贸易委员会随即规定蒲包出口亦须结外汇，海康县各界闻讯，以蒲包具有种种原因，不能并施外汇，特联函呈请财政部，体恤民艰，准予免结外汇。顷查财政部据呈后，以所称各节系属实情，昨经电复准予所请，并电令雷州海关遵照办理。兹采录财部电令如下：海康县政府览，财字四□□□呈悉，雷州出产蒲包，既系贫民手工织造，姑准免结外汇，仰即转饬知照云。

（1939年11月24日 中华民国廿八年十一月廿四号 己卯年十月十四日 星期五 第四七八三号 第7页）

（三）社会

惨无天日之雷州现状（专稿）
不肖党员藉党营私　纠察农会保镖批饷
黄景星无辜被害　绅学界逃避一空

　　自第四军初到雷州时，秩序颇见宁谧。迨国民党海康县党部及除盗安良会诸机关成立后，少数无赖少年挂着党员招牌，从中把持，寻仇报复，受贿营私，无时蔑有。如曾充著匪石合三、军需长陈炳森在雷杀人放火，雷人久欲食其肉而寝其皮，乃混入党籍为筹备员，与曾充土匪七统参谋大名鼎鼎之王杰如，此次得第四军后方留守处主任邓定远包庇，混充第四军留守处副官。加以除盗安良会委员黄斌，其父为地方著名土豪，而黄助父为虐，久为社会人切齿，今竟谬充斯职，蛇蝎同穴，表里为奸，长恶锄良，无所不用其极。复异想天开，于四城门设立密告箱，凡异己者，则阴使人以诡名投状于箱内，立即拘捕，枪毙勒索，任从其便。而十一师长陈济棠、县长苏民为皆被若辈包围，惟命是听。雷民何辜，遭此荼毒，昔之不死于土匪者，今竟不免于若辈之手。噫，惨矣！

　　又纠察队以人数不敷分配也，乃与农会联合，将雷州区为东、西、南、北、中五路，每路定价若干，由农会代表承批。以南路而论，至每月批价三千八百余元之巨，他可想见。所有纠察员均系一般农友，不着号衣，到处皆是。如遇行旅，只说一声我是纠察，便将货物抢夺，掳人勒赎，行同土匪。如事前持有该队保镖执照，亦可通行无阻。惟乡民无知，何从取得？往往以升斗之微，又以为通过洋华境界，谅可无碍。不知亦蒙光顾，以致荡产倾家，不得了事，不知凡几。雷民真有一路哭之叹矣。

　　又雷州商团副团长黄景星，向来安分守己，专□商务，不问地方政事。夫人皆知此次无辜□杀，闻者咸相顾失色，人人自危。至此事发生之始，皆由党员黄斌、陈炳森等，以其不与之合伙分赃已久，视如眼中之钉。适逢拆城议起，经党部及师政治部通过，雷民以切身利害，群集请愿，从缓执行。原无出轨行动，而黄斌等竟谓系黄景星等指使，图谋不轨，复勾结曾吞骗团械三百余杆、团款一万余元，于民十经地方绅士控告于元帅府，通缉有案。现充第四军后方留守处主任之邓定远，以及副官王杰如等，群向第十一师长陈济棠处假造是非。陈不察，至坠其计，将黄景星捕获，未经讯问一词，即时枪决，并抄封其家产。此等杀人办法，即土匪野蛮尚不至是，乃出于革命军十一师之手，吾真无以名之矣。自黄景星被杀后，黄斌等犹不甘心，必欲一网打尽而后快。复大捕□绅多人，幸各见机，事前逃避，均未被逮。现各绅逃避广州湾、港、澳等处者，不下二百余人，一种颠沛流离惨状，实目不忍睹。假长此以往，雷人正不知死所也。

（1926年5月21日 中华民国十五年五月廿一号 丙寅年四月初十日 礼拜五 第二五八号 第3页）

雷州飞机已定地址

航空署长张惠长，以雷州距省遥遥，为雷交通利便、消息灵通起见，拟在雷州开辟一飞机场，经指定雷城西外上坡寺一带为场址。查该处现已竖起白布旗二幅，书明雷州飞机场，并拟本月内兴工建筑。

（1930年1月14日 中华民国十九年一月十四日 己巳年十二月十五日 礼拜二 第一三二六号 第7页）

雷州雷电击毙巨蛇

雷州遂溪县边城外，该处居民俱是茅屋泥墙，地甚低陷，时有水患。日前狂风暴雨，尽成泽国，故居民俱搬迁入城内，以避危险。不料月之廿四日，时将夜半，雷电交作，大雨滂沱。俄而霹雳一声，响震遐迩。及至天明，雨声渐止，但郊外之茅屋多为倒塌。幸乡民早居别处，不致有伤人之惨。惟发现有一大蛇，身长丈余，身粗盈尺，满身斑白，横亘水中。斯时土人大为惊惧，未知该蛇从何而来，咸皆却步。迨见僵而不动，始知为昨晚被雷电所击毙者，后将其扛往山脚掩埋。

（1930年8月29日 中华民国十九年八月廿九号 庚午年七月初六日 礼拜五 第一五二三号 第11页）

雷州海康发生疠疫

雷州海康五区，民穷人稀，生活枯燥，于月前发生瘟疫，其始传染无多，乡民不甚注意。奈因近日天气不正，疫菌传染愈速，一日而毙命者十有余人，未几因五区疫病之人逃往八区，十数日疫蔓滋菌，死鼠伤畜，日凡数宗，村人尤不介意，及至乡人染症，犹不尝药石，现愈演愈烈，滋蔓全村，于本月十七、八两天连死去男女十余人云。

（1931年4月23日 中华民国二十年四月廿三日 辛未年三月初六日 星期四 第一七〇〇号 第7页）

雷州举行清洁运动

（雷州讯）雷城各界于前日集合，在公共运动场举行清洁运动，到会机关、团体、民众约三千余人，推举张营长鼎光为主席，行礼如仪后，即宣布开会理由。继有各界代表先后演讲清洁运动与人生之关系，淋漓尽致，全场高呼口号，撮映散□后，即列队巡行，由新马路直出南门市，经南亭大街，落十三行、二桥南门市，转出西门马路入西门街，经大新街到北门马路，折深井巷，返清洁委员会门口散队。当巡行时，太阳微照，狂风扑面，虽汗流夹背，毫无倦容。清洁会各委员为引用起民众注意清洁起见，各人均手持帚扫一柄，沿途扫除尘芥，身先带队巡行，观者特别注目。宣传队各员队均手携浆糊及图书标语，随街张贴，集众宣传，尤足惕目惊心。查该会自是日清洁运动大会后，仍继续雇工，及请由营部县署轮流派出徒手军警，会同大扫除，一连五天，而各宣传队亦连续工作，务使家喻户晓清洁卫生为要道。经此一番工作，雷民必大惊醒也。

兹并录其标语于下：（一）清洁运动，就是保命运动；（二）清洁运动，就是扫除"人类生活"的仇敌；（三）清洁运动，是铲除瘟疫的胜利奋斗；（四）大家能够清洁，瘟疫必定根本肃清；（五）注意清洁，可以强健身体，延年益寿；（六）注意清洁，可以享受人生幸福；（七）清洁运动，就是谋社会安宁的工作；（八）清洁运动，要民众化和科学化；（九）吃腐败或含毒质的食物，都可发生疾病；（十）蝇是厕所内的蛆虫变成的，清洁厕所，就铲除蝇的繁殖地；（十一）蝇身上的细毛，常带有数万个病菌；（十二）蝇是传染疫病、伤寒、霍乱、赤痢等病的媒介；（十三）蚊是传染疟疾的媒介；（十四）污水内的蛆蝇变蚊，要绝蚊患，必须排除污水；（十五）狗身的蚤，是传布鼠疫的媒介，要绝蚤必先绝狗；（十六）胡椒樟脑，是灭蚤的良药；（十七）鼠蚤是传染鼠疫的媒介，要绝疫必先绝鼠；（十八）人不杀鼠蝇蚤蚊，鼠蝇蚤蚊杀人；（十九）凉水是微生物的大本营，惟煮沸就可杀绝它；（二十）新石灰水，能杀一切菌毒，各家要行遍撒；（二十一）空气是我们养生的第一粮食；（二十二）室内开加窗，就得到最滋补最新鲜的空气；（二十三）日光具有杀菌最大力量，室要透光，物要多晒。

（1931年4月27日 中华民国二十年四月廿七号 辛未年三月初十日 星期一 第一七〇三号 第7页）

骇人听闻之雷州各地放毒团

南路机关设广州湾　团员男女共百余人
慢性毒药专放井中　犹幸在赤坎捕获一名和盘托出

南区绥靖公署以日来查得广州湾及雷州各地发现匪徒散布毒药之事日有数起，各地居民纷纷将水井加盖，日夕派人看守，并一面购服解毒药剂，仓仓皇皇，闹成满地风雨。该署昨又据驻广州湾交涉员黎鸿章报告称，昨日中午，有匪徒一人在赤坎水井施放毒药，被土人发觉，该匪立即逃遁，各民众愤甚，群起追逐，及至麻章，该匪足部重伤，不能行走，跌倒地上，向追逐者要求放任勿究，并称彼曾在上海某部军队当兵，近受金钱驱使，投入放毒机关。南路机关设于广州湾，会员男女共百余人，以广州湾附近土人居多，每人每日生活费最低限度者一元二毫。该机关每夕开会一次，指导者为雷州人，年约二十余岁，留学□□多年，各会员放毒工作夜晚尤多。现在已出发之会员，计雷州三十名，西营、赤坎各十名，麻章二十名，其余则分派南路各属。现在放入井中者乃慢性毒剂，将来再有一种毒药散撒于各家门首，为害尤烈等语。该署以该匪徒等组织秘密机关，分派人员到各地水井投放毒药，希图祸害地方，灭绝人类，实属憝不畏法，自应注意防范，以保公共安宁，特照令广州湾公使饬警查拿究办，并一面通饬所属加意防范，严密查拿，以杜祸源。

（1932年6月11日 中华民国廿一年六月十一日 壬申年五月初八日 星期六 第一九五六号 第3页）

农林局拟在雷州植蔗制糖，请省府拨款

农林局长冯锐，顷以本省用糖，多靠舶来，年年漏卮，奚可胜数，非谋救济，自必影响国计民生。兹拟在雷州之□□地方，一律种植甘蔗，以便设厂制糖，其办法系请□厅代请省政府拨款进行，同时尽量收量南路之失业人民云。

（1932年11月8日 中华民国廿一年十一月八日 壬申年十月十一日 星期二 第二〇七六号 第3页）

海康县属发生瘴疫之惨象

雷州海康县城，僻处南路，交通不便，近日发生一种瘴痧疫症，俗称毛蛇、瘴蛇。初起发热甚剧，一经患染，鲜能医救，症重者三四天便尔毙命。死后周身瘀黑，现在蔓延全属，甚至乡村中之老少男女亦皆传染，死亡载道。该症平时在炎夏间偶感暑热，常有发生，惟不致命，故该县人民初时不以为意，迨医治时已无及矣。现该县人民为避免传染起见，纷纷迁避，入夜行人绝迹。该县既僻处山陬，良医难觅，人民复智识薄弱，迷信根深，不思预防杜患于前，临病手足无措，惟有求神问觋，土庙降童，澈宵钟鼓齐鸣，螺角呜呜，胥为叩乞木偶治病而作。连日更迎神出游，驱除疫鬼，各界社团睹兹惨象，拟日间派人晋省采购中西药品，返康疗治，冀或减轻死亡云。

（1934年7月3日 中华民国廿三年七月三号 甲戌年五月廿二日 星期二 第二五九五号 第8页）

雷州风灾后发生海啸恐慌，来往省雷松江商轮停开

雷城函云：自本月一日发生飓风，海潮澎涨，灾情重大，为廿年来所未有。查雷属地处半岛，三面环海，辄有发生水灾。如逊清同治二年旧历八月十五日一次咸潮，溺出平地七尺有奇，沿海居民死亡，几无噍类。又如光绪二十三年八月廿二夜之咸潮，平地亦水深四尺，禾田、民屋被淹没崩溃不可胜计。此次潮患虽不如前两次死亡之众，然损失几与光绪廿三年相匹。尚幸去年东洋堤岸修理坚固，少有溃决，得以保存一片干净之

土，人民粮食不致尽绝。但经此次灾后，连日天气阴霾，东洋沿海各乡，连晚皆闻海啸，人民大起恐慌，往省城雷州之松江商轮于本月六日早开行往省，至中途亦折返雷城。连日沿海居民惊惶走告，咸谓大海啸将不幸发生，纷纷挟老携幼入山奔避，有如大难将至云。

又讯：雷属自飓风发生后，所有沿海各处盐田、盐灶悉被海潮毁为平地，各户旧存有限，各地盐灶修理尚待时日，食盐为日用所必需，万不可缺，故日来市价突涨惊人。查昨市市期，每斤沽至二毛左右，较之前日涨价两倍有余。前日发生风灾后，被咸潮淹没禾稻之区，计查海、遂两属已有过半，若无潮水淹没之处，亦遭风雨之摧折，秋收大有损伤。昨日市期，顶白粘米每斗估价二元一毛之谱，黄粘每斗亦沽一元九毛左右，默视市情，仍有继起之势，两属贫民多有绝粒之痛云。

（1934年10月16日 中华民国廿三年十月十六号 甲戌年九月初九日 星期二 第二六九九号 第6页）

日机轰炸下，雷州半岛血账

（遂溪特讯）日图大举侵犯粤南，施行恐怖政策，分向各县狂炸，尤以去月份雷州半岛徐闻、海康、遂溪三县受灾较重，爰详查汇志如下：

徐闻县城于二月十日上午九时四十分，日机二架抵县上空，投弹二枚，一落于大街徐琼昌店，连毁铺二间。一落于塔脚横街吴受兴店，连毁铺四间，死伤居民各一。日机旋飞水井港投弹二枚，落水井村中，伤男女各一人。十一时三十五分，又有日机三架，由南方飞抵县城，投弹六枚，一中县政府中座、一中县民教馆、一中县立公医院、一中徐中学校，左右民房，连焚民屋百余间。十一日上午十时五十分，日机三架，在县城上空投爆炸弹四枚、烧夷弹三枚，中弹被毁者，有县商会商店裕生祥、人和堂、东安号、恒安号等十余间，炸死居民数十人，伤十余人，又机枪射死老翁一名。同日下午二时许，又来日机三架，投弹八枚，落于槟榔街、龙尾街、文古街、南门塘等处，均中弹起火，越日未息，死伤人民百余人，全城已成焦土，死者血肉横飞，身首异处。未被炸死者，无家可归，情状极惨。该县已入战时状态，各机关均已迁地办公，并严密布防。

（1939年3月10日 中华民国廿八年三月十号 己卯年正月二十日 星期五 第四五二七号 第7页）

一面备战一面生产，决集巨款开垦雷州半岛
分四百个垦区收容难民贫农耕作
军政当局发动军民扩大春耕运动

（本报南区特派员专讯）粤省粮食向不足自给，当青黄不接时期，必闹荒闹□。目

前即属此种情形，当局者已积极从治标救济矣。关于治本问题，亦曾通令全省地方政府协助春耕，并组织春耕督导宣传队赴各县督导宣传。兹查粤南各县地方政府，鉴于本属粮产之缺乏，当此抗战建国时期，更应从事增加粮食生产，故自奉省府□令后，即已分头筹划扩大地方春耕运动，第七行政区并决定由本月廿五日起严禁粮米出口，以维区属民食。此项禁令限于区属界外而言，区属各县仍准过□调剂。现决定派出自卫团分驻于阳江、电白、吴川及廉江、安铺等地，严密防范粮食出境，并令地方长官负责，倘办理不力，依法惩处，使区属民食不致再生影响。此为治标工作之一，治本仍应增加生产。

查雷属徐（闻）、海（康）、遂（溪）三县当局，复以雷属荒地甚多，政府年来努力垦殖，乃因战事影响，未能积极完成计划。今当抗战建国之时，雷州地位重要，尤应一面备战，一面从事生产，粉碎日人之威胁恐吓阴谋，因此对于发动春耕问题更异常注意。当经分头与雷州垦殖办事处当局商议，得农业专家黎鸿章氏之协助。现决本年利用雷州荒地扩大春耕运动，除督促指导农民从事耕作外，并详定办法，招致贫农垦殖荒地，计划举办春耕贷款。除□请层宪拟请省银行投资协助外，并由黎氏商得香港琼崖华侨联合会名誉会长陈策，资助三万元，用为收容琼崖逃出之难民，致力于粮食生产，努力开垦雷属荒地。

查港琼侨会近派出代表符俊、梁寄凡、周载伯、范鼎新等四人到广州湾慰问难侨，经黎氏将全部计划先交范、梁二人带港商洽，拟并请港华侨银行团及各界热心人士投资，以充实发展。查计划将雷州六百万亩荒地分为四百区，每区收容难民一千五百名，均准备粮食六个月及设备、宿舍等，俾安心农作，其余农具、耕牛、种籽、肥料、应用家具等均购备贷予，将来收获时准陆续归还。此外并派员切实指导农作，各区除收容难民外，并收容各乡贫农，以贯澈利用人力发展战时生产之本旨，现决赶于最短期内实现。闻省银行对此举亦表赞成，故将拨出一部款项参加，将来难民及各乡农民仅献力便可耕作，其有资本者亦得种种之奖励，故本年春耕开始自呈一番新气象，虽当时局紧张，决不能影响我之生产。

并又查雷属守军长官，以军队前方作战有赖后方民众支持接济，故决定促进军民密切合作，特决定发动地方部队协助民众耕作，实行发动集团力量协助农民春耕，并注意担任协助垦辟荒地，展拓耕作地盘。经将此意与地方政府商洽，决日间先行开始宣传，使民众明了，然后实行发动各部士兵协助农民工作，促进军民合作与增加战时出产云。

（1939年3月25日 中华民国廿八年三月廿五号 己卯年二月初五日 星期六 第四五四二号 第6页）

粤计划开发钦廉雷州荒地，经费预算二百万元

（韶关航讯）粤省府主席李汉魂对于增加战时各项生产极为注意，除举办农业放款、灵活农村经费及最近拨款十万元扶植各地小工业外，对于筹设难民垦殖区、难民工厂进行，亦已订定整个方案，按步实施。顷据消息，李主席以南路钦、廉、雷州各属荒

地至多，土地肥沃，实有急速开垦之必要，以期尽量安置各地难民及失业群众。昨已饬由建设厅、财政厅、地政局、农林处、振济会等机关会同拟具开垦方策，呈候核行。闻开垦经费预算二百万元，一部由省府筹拨，一部请华侨投资云。

（1939年8月14日 中华民国廿八年八月十四号 己卯年六月廿九日 星期一 第四六八四号 第7页）

雷州教堂被炸，美向日抗议

中央社重庆廿二日电平讯：美国大使馆顷对日机四度轰炸雷州教堂事，向日本大使馆提出抗议。教堂所受损失重大，幸未伤人，日机飞行极低，教堂悬有美旗，且美方曾徇日当局之要求，事先将教堂位置告知日方云。

（1939年9月24日 中华民国廿八年九月廿四号 己卯年八月十二日 星期日 第四七二五号 第2页）

学潮解决后雷师迁校

（本报南区专讯）省立雷州师范发生学潮，经李主席电饬八区专署及海康、遂溪两县保护邓校长回校主持，及严惩滋事份子后，附和者亦经销声匿迹，任从当局依法处理，记者得晤协助解决此次学潮之遂溪副兵团长陈烈武氏。据谈称，本人奉命率领团队会同邓校长返校主持，于十二日抵古芦山村，先将为首教员李昭伟扣留，继依次将滋事学生黄日宣、梁锡元等九名扣留。至校务主任黄有琚，则交保负责。邓校长回校后，以是日为总理诞辰，立即召集全校员生开纪念会，至是校内秩序乃告恢复。惟当围搜滋事份子时，发现伪造校印及各证件，显系奸徒意图作弊，该校以毗连租界，地方恶势力又不易克服，故亟须迁校为宜。闻邓校长已呈奉教厅核准，一俟择妥校址，即可正式迁校矣云云。

（1941年11月26日 中华民国三十年十一月二十六日 辛巳年十月初八日 星期三 第五五〇四号 第10页）

敌机群频经粤南，雷州城镇日发出警报

（粤南快讯）敌机、敌舰连日仍频扰粤南各地。十七日上午五时卅分敌机一架，七时廿分敌机二架，九时卅分敌机廿四架，九时五十五分敌机十八架，十时敌机十五架，十时十五分敌机十七架，共计七十七架，均由西南飞来雷州上空，向西北飞去。至下午，该机先后飞返。是日，雷州警报连发，下午五时始解警报。十四日晨，第三区墟城角海外有货船两艘，遇敌舰一舰及汽艇追至，将两船货物洗劫一空，后并将船焚毁，至半夜始熄。查该两货船，一系安铺九受昌村兴之盐船，一系乌石港昌泰号之蛋家船，幸

人无伤。又本月九日，徐闻县属山狗吼海发现帆船一段，漂泊该港，后为船户捞归。查该帆船原为文昌县属沙仔村船，因运载逃难义民，在海中被敌开炮击为二段之故。尾段不知飘流何处，查是段船头，有尸体三具，其一身上藏良民证一张，证上写着文昌县沙仔村韩荣光字样，余二具不知姓氏。闻该船尚沾染血迹甚多，据一般人推测，想不止三命云。

（1941年11月26日 中华民国三十年十一月二十六日 辛巳年十月初八日 星期三 第五五〇四号 第10页）

义民三千，移垦雷州

（广州讯）行总署广州分署，前拟移送义民三千往雷州半岛徐闻、遂溪、海康等县垦荒，俾澈底解决难民生活，特草拟详细计划，送请联总署广州办事处审查。现该处移民计划业经联总署广州办事处核决，并催促迅速切实进行。查该移民计划预算开办费一万万五千一百九十五万元，经常费二千三百零九万余元，六个月后即可成立自给自足之新农村一千户，垦殖甘蔗面积达一万亩至一万五千亩，养成猪种一千头，及繁殖耕牛二百二十头。

（1946年5月12日 中华民国三十五年五月十二日 星期日 第五五九一号 第2页）

 香港华字日报

（一）军事、政治

雷州匪乱

雷州土匪蠢动，每聚至数百人肆行劫掠，经派拨营勇前往剿捕。兹有友自雷州来者言该处匪首名袁洪芳，至今尚未就获。惟前月由潮普营勇拿获匪党马亚泗等十名，并获袁洪芳之母陈氏，一并解赴遂溪县审办。经华明府提讯，马亚泗等皆已供认不讳，自愿充作线人，获犯赎罪。华明府准如所请，因亲督兵勇及该线人等，下乡围捕，旋获匪犯六名，即带回署审究，内有李亚兴、杨为瀛二名已供认不讳，随将各匪就地正法，将首级解回该地方示众，以昭炯戒，大憝就擒，地方安堵如常矣。

（1902年5月29日 光绪廿八年岁次 壬寅四月廿二日 礼拜四 第一万零八百十九号 第4页）

电报军情

马介堂军门督带介字营赴雷州剿办土匪，曾登前报。兹闻军门由遂溪将剿匪情形电禀大宪云：据华令禀奉谕亲督各勇下乡，再为搜捕，自东而西。初六至东路麻章获办要匪杨雨遮等二名，会同法员获著匪邓炳南一名。初九至南路城，获办刘子祥等三名。十一至西路乐民墟，获办卢广志等二名。十四至涕头，获办李亚寿等四名。十五据线报有匪二十余名，困围捕严密，藏匿乐民港船上，卑职即督勇前往，不料该匪系余孽纠结意在背水一战，先开枪向岸轰击，经介勇哨弁李春发、潮勇管带方亿县、勇哨弁罗槎材四面扑攻。自卯至申，枪声不绝，至下午四点钟将贼船击沉，击毙要匪罗高佬、金标等十一名，戮尸枭示，生擒符志昌、邹日兴二名，卫队管带马德生生擒黎文桂一名，均当场正法，余仅凫水逃脱数名。是役，各军极为奋勇，因争先上船擒匪，致潮勇阵亡二名，弁勇阵亡一名，受伤弁勇五名。十八至北坡，获办黄富仔等四名，仍会督认真搜缉余党，妥办善后等情。查该令暨各营，此番搜缉余匪，实属异常出力，合先电闻录省报。

（1902年7月10日 光绪廿八年岁次 壬寅六月初六日 礼拜四 第一万零八百五十一号 第4页）

法人测绘雷州地势

【中外新闻】探得岑督于日前得广东雷州电称：初六日，据广州湾法国□员发来照会，内称本国现派兵船"哥墨"号往雷州测绘，以为通行广州湾—越南航路之计等因。初七日，该船到埠声称，拟在某处竖立旗杆为测绘记号，并须在蠹凤山顶绘图，请为保护等语。岑督阅审之下，立即电达外部，并严饬该道府及洋务处照约驳阻。

（1904年9月5日 光绪三十年岁次 甲辰七月廿六日 礼拜一 第一万一千四百八六号 第4页）

法人索雷州

【中外新闻】法人于广州湾之外，拟于雷州附近另索新地，雷州民心大为震动。

（1904年11月3日 光绪三十年岁次 甲辰九月廿六日 礼拜四 第一万一千五百卅五号 第4页）

电饬查禁洋船来往雷州

【中外新闻】外部电致粤督□，闻近有洋船，不时来往雷州。请饬令地方官，照约查禁，并希照会驻粤各领事转阻各船驶入该处，以符条约。

（1909年4月28日 宣统元年三月初九日 礼拜三 第一万三千八百五七号 第4页）

雷人电请维持雷州战事

【广东新闻一】前山来电，朱省长、萨巡阅使、报界钧鉴：现雷州军队民团交战，杀伤乡民，糜烂难免，乞先电饬双方停战，并乞派委维持。□切。旅澳雷州绅学商界林荣藻等叩。又雷州来电，朱省长、陆督军、萨巡阅使报界钧鉴：杨学绅派匪党谭惠泉、蔡文炳、方彪、郑兆麟、黄保忠等，鱼日率队分赴遂溪、城月等团，勒缴枪械，毙乡民数命，刺伤绅士陈孔辉。灰日拔队往海康、官懋各团，轰毙各团十余人，支解团董陈秉骏、梁鸿藻、李国兴三人，焚毁茅荳坡上下全村。复分派匪兵往土角村焚抢民屋十余家，又劫毁雷城外，颜迈炳、黄杰臣、陈家礼等家，公认三泰、隆泰、福泰各商店。现车旅长到雷查办，讵杨学绅等抗不遵命，竟于灰电诬团为匪，捏报击毙团长陈炳焱及夺获枪械等谎。漾日复亲率大队团击水门、官懋、洪富各团，抢掳焚杀，冤惨弥天。吁恳迅予派兵剿办，以解倒悬，俾纾雷艰，无任泣□。陈穗田、罗峰、黄子瑶、陈文浩全体叩宥。

（1916年9月30日 中华民国五年九月三十号 丙辰年九月初四日 礼拜六 第一万六千零廿八号 第4页）

龙氏添兵赴雷州

【粤闻一】龙军各统将自阳江及高州相继失守后，其总机关现设于雷州府城，顷闻龙裕光已由琼州复载新编军队数营赴雷云。

（1918年4月26日 中华民国七年四月廿六号 戊午年三月十六日 礼拜五 第一万六千四百九十号 第4页）

将有飞机助攻雷州

【粤闻一】莫代督因讨龙军团攻雷州，现经水陆并进，更欲以飞机队为之助力，曾令委飞机队副李一谔为督队官，着即领队赴敌。

（1918年6月17日 中华民国七年六月十七号 戊午年五月初九日 礼拜一 第一万六千五百卅二号 第4页）

刘志陆又调兵往雷州

【粤闻一】刘志陆所统讨龙第三军当出发时，原留杨副官所部在省留守，分扎东关一带。顷刘志陆司令因急于攻雷，特电调留守各营概赴前敌，日间即乘永亨商轮出发云。

（1918年6月18日 中华民国七年六月十八号 戊午年五月初十日 礼拜二 第一万六千五百卅三号 第4页）

莫荣新对于雷州军事之焦急

【粤闻一】讨龙各军团攻海康，日久未下，莫荣新颇为焦躁。昨讨龙总司令刘志陆电请饷械时，特亲拟稿，复电中有再限两星期内将雷城收复，以免老师糜饷等语云云。

（1918年6月24日 中华民国七年六月廿四号 戊午年五月十六日 礼拜一 第一万六千五百卅八号 第4页）

雷州伤兵运载回省

【粤闻一】讨龙军进攻雷城时，士兵受伤者不少，顷因战务结束，昨午遂由寮铺军医院将前项伤兵用广兴利商轮拖载回省，以便调理云。

（1918年8月3日 中华民国七年八月三号 戊午年六月廿七日 礼拜六 第一万六千五百七三号 第3页）

饬查龙军□收雷州厘金数目

【粤闻一】财政厅训令雷州□日厘卡委员李鸿泰云：案查雷州厘卡事务，前于上年十一月□委任沈之□前往办理。嗣据报于十二月十一日抵卡接事，适因雷州军事发生，至廿四日龙军大至，将厘卡占踞，委员司事匆匆出走，仅以身免。除厘卡钤记一颗系属要件，且轻巧易携，极力保存随身带出外，其余征存厘款二百四十三元六角六仙四文，及已用票根、未用联票文卷、公物及私人衣物、箱槓、行李等件，概未携出等由前来。现在该卡事务业经另派该员前往接办，应于到卡后查明该卡现在有无已用照票存及未用照票，其原日官有财产、物品各文卷、表册、簿记有无遗失，分别列册具报。至龙军踞收期内各月收数有无可考，亦即查明具复，用备稽核。为此令仰该员即便遵照办理云。

(1918年8月22日 中华民国七年八月廿二号 戊午年七月十六日 礼拜四 第一万六千五百八十九号 第3页)

雷州绅商留兵之来电

【粤闻一】雷属水陆匪氛异常猖獗，虽刘督办日夜剿捕，尚掳劫不休，万一调移军队，恐股匪乘虚蹂躏，噍类无存。顷闻刘督办调驻海安，人心惶惑，乞准留驻雷垣，居中策应，以靖地方。盼切。海康县保卫局长王志炳、商会长王锡厘、劝学所长林兆桐暨阖邑绅学商界同叩。

(1918年10月23日 中华民国七年十月廿三号 戊午年九月十九日 礼拜三 第一万六千六百卅九号 第3页)

请拨雷威巡舰回防雷州

【粤闻一】电督军、省长、林总司令、高州陈镇守使、张道尹钧鉴：窃雷属滨海，匪徒出没海面，非有巡舰水陆夹攻，难期扑灭。查雷威巡舰，前因损坏，蒙林总司令调回修理。近闻已经修好，所有修缮费用，雷属绅商金愿负担，经已筹足。可否仰恳钧宪，俯念海疆重要，准予拨回？如蒙允许，当即派员赍款呈缴，驾驶回雷，以资应用。伏候示遵。海康县知事张希骞呈。寒印。

(1918年11月19日 中华民国七年十一月十九号 戊午年十月十六日 礼拜二 第一万六千六百六一号 第3页)

股匪由琼窜扰雷州之警报

【粤闻一】雷州海康县知事张希骞电呈督军、省长、林虎司令、高州陈镇守使、张道尹云：近日股匪由琼窜扰县境，枪械精利，势正猖獗。防军抽调过半，协助无人，民心惊惶，朝不保夕，将成燎原之势。知事率队堵剿，已竭全力，然众寡悬殊，实难有济，虽捐驱糜饷，终无裨于地方。务恳钧宪俯念雷属为初定之区，不堪再遭糜烂，迅赐派兵填防，俾得协力痛剿，以拯民命而靖海疆。临电迫切，伏候示遵云。

(1918年12月6日 中华民国七年十二月六号 戊午年十一月初四日 礼拜五 第一万六千六百七六号 第3页)

雷州各界之请兵电

【粤闻一】督军省□沈□□□□鉴：雷属乌石、江洪两港一带，滨临大海，匪风猖獗。前奉派何帮统带兵三营，抵雷剿办。因海、遂、徐三县地方辽阔，分布各处要隘，兵力实形单薄，不敷调拨。近日外匪窜入，声势益张，阖闾受害日亟。合恳恩准，饬由琼州就近再调两营，刻日来雷，归何都统调遣。并乞酌调兵轮于海面扼要堵截，以期水陆进剿，悉数歼除，地方幸甚。海康保卫局长王志炳、商会长陈锡厘暨绅学商界全体叩。

(1918年12月27日 中华民国七年十二月廿七号 戊午年十一月廿五日 礼拜五 第一万六千六百九二号 第3、4页)

雷州海贼之披猖

【粤闻一】雷州各属海贼披猖，迭经驻防统领胡汉卿电请由督军、飞电陈镇守使就近拨兵助剿在案。昨复据该统领电称：股匪复窜流沙、登楼角等处，众而且悍，势难抵御。顷奉陈使电，无兵可拨，焦急莫名。刻徐闻□电告急，海康西区蹂躏已极，且海盗飘忽，兵船乏煤，团习乏械，职部兵单，万难肩任等语。莫督，据此，昨已一面电镇，仍即拨兵助防，并发七九枪一百杆，子弹二万，交与廿一营□周桂林速解赴雷接济矣。

(1919年4月21日 中华民国八年四月廿一号 己未年三月廿一日 礼拜一 第一万六千七百八十号 第3页)

省河各舰开赴雷州

【粤闻三】北海兵舰，前因肇事调回，分守青旅峡下。暨新兴、江口一带，兹以各地秘书处肇军号改编就绪，陆敬军队次第调回。端江原有段舰足资震慑，同安、江固、广亨、光复等舰，经当道先后调查返省河。近据最近电耗，以龙党余波潜入雷境，并有勾煽土匪、接济军械等事，刻已飞饬省河现泊各舰，□夜开赴雷州，分往徐闻白砂海面相机堵截矣。

(1919年7月9日 中华民国八年七月九号 己未年六月十二日 礼拜三 第一万六千八百四七号 第5页)

雷州匪首情愿投诚

【粤闻三】政界消息云，雷州股匪日来势极猖獗，经该处士绅迭电军署，请从速抚剿，以免地方蒙害。闻督军以雷州为沈军一部驻在，应抚应剿□□与沈军长商酌办理，方无贻误。惟沈军长回籍未返，一时不能决定，闻已电促沈军长速行返粤，以便□决。昨特派舰赴桂，以便沈使返粤时乘坐云。又闻雷属人云，该股匪首李福隆曾向县绅言□投诚，惟统领则必须地方人为之始允，彼则求一营长，于愿已足。近该匪首已遁往某国租界开张客寓，任其所部匪类□出滋扰，以示非彼不能抚戢。并声言如不招抚，则将各项枪枝转售与人，遆时益难收拾。闻徐闻知事已将该匪近状分呈官道，请示办法云。

（1920年2月4日 中华民国九年二月四号 己未年十二月十五日 礼拜三 第一万七千零十九号 第8页）

雷州匪患近志

雷州郡城自被匪首李福隆勾联陈自先率党焚劫后，商市萧条，原气大损。兹闻本月四日，附城人民复起惊惶佥请李匪率众重来攻打城池等语，一日数惊。至六日晚，城外东洋地方果被该党焚劫掳□少妇四十余人。因之商店搬迁较前愈众，各未搬者皆停止营业，闭门自守，谣言四起。当地官绅因匪□蔓延愈烈，迭请增兵协剿。闻总部已电滇军司令赵德裕分兵认真剿办矣。

（1921年2月15日 中华民国十年二月十五号 辛酉年正月初八日 礼拜二 第一万八千零廿一号 第7页）

雷州余匪尚为患

雷州股匪向分十数帮，其声名最著、党羽最多之李福隆业经悔过率众投诚，地方官可稍靖，惟余匪如袁学维、陈学稼、马文祺、陈□转等仍分十数帮股，到处骚扰，兵来则散，兵□则聚，军队剿办殊觉困难。驻雷司令潘乃德连日□□部队分巡各属游击所至迄未发见匪踪迹，闻该司令以雷地一片不阳，绝少山岭，倘无土豪痞相包庇，匪类不易窝藏，何至演成如今景象？昨特召集各县官绅赴郡会议，克日举办□属联团稽核□日实行联保之法，如有匪徒出没，当地绅□□为告发，及有窝庇行为，查确即行严办并□□□□。

（1921年6月10日 中华民国十年六月十号 辛酉年五月□日 礼拜五 第一万八千□百十七号 第7页）

雷州军事杂述

雷州匪首李福隆所部就抚情形业纪前报，现共编成六营，改定为粤军新编队，取销游击□字，以李任第□统领，余定中充第一统领，拨归陈觉民节制调遣。□驻雷颜作彪所部，原属林俊廷旧部，去年由桂调粤名为六营，当道以其名额参差，曾饬按照警备游击编制法另行改编。兹闻已编足三营，原有司令名目应即取销，改任统领，暂归第三司令陈觉民节制□。

（1921年6月10日 中华民国十年六月十号 辛酉年五月□日 礼拜五 第一万八千□百十七号 第7页）

雷州善后办法

广东第十区善后处长陈觉民督队恢复雷州□属后，滇军早已退去，惟散股土匪尚□□律肃清，而雷属绅士向来党见极深，陈处长遂于七月□十五、廿八等日召集各乡绅董大开会议，妥议治标方法，揭橥□问题：（一）肃清盗匪；（二）恢复商场；（三）修理道路。其第一问题，以雷州三属连年股匪披猖焚杀、劫掠庐舍，为墟民无宁所，治盗之法首重清源。查上年群盗如毛，为害地方，各匪固藉洋界为逋薮，要皆各属绅董坐视不□有以致之，特议定治盗办法如下：（甲）善后处派遣得力军队以各属乡团为向导，协助官军游击，期以一月肃清；（乙）责成各乡董对于本乡子弟果有作奸犯科者，应按名捆送善后处惩办。倘敢庇纵，一经揭发，论罪与匪同科；（丙）令各属办团自卫，各团互相联络，守望相助，例如甲团有警，乙团即须出队援助，分途截击，不使窜逸；（丁）雷属各绅党见极深，互相倾轧，甚至暗嗾匪徒残杀劫掠，实堪痛恨，陈处长拟再敦切劝谕，如再不悛，定行严办；（戊）洋界久为匪徒逋薮，由陈处长照会洋官驱逐匪类，并指名请其引渡，若再有大帮股匪窜入洋界，由华洋政府各行派兵剿办。第二问题，□以雷州商场最繁盛之区为雷城南门街，去年□焚劫后已成一片焦土，次为徐闻县城，亦□前日被匪洗劫一空，一般商民震于匪祸，富者则尽□迁避，托庇于外人；贫者食力不给无赢余以市利，致商场零落，日甚一日，现拟定办法恢复商场□例：（甲）由各绅士传谕商民告以匪患逐渐肃清，劝其归里，各安生业；（乙）善后处区分要地，派兵驻扎，并令切实逡巡，保护交通；（丙）将雷城南门街从新区划街道，改建新式房屋，并由地方□民公推开达绅士主持其事，庶成立一完全商场；（丁）由陈处长招集资本家组织公司，先设规模商号，以为一般商民表率。以上办法闻已次第见诸实行。第三问题则以雷属交通不便更甚于□属，各县虽设公路局，但因土匪猖獗，人民遁避□空，无从着手，现拟划分区段实行征工制度，先筑干路，第一期接法属太平墟来雷城之线直达□徐闻海安。第二期由雷城经城月达于安铺之线。第三期由赤坎经遂溪达于安铺之线。第四期由雷城通遂溪之线。以上诸问题将来或再见诸□。

（1921年8月13日 中华民国十年八月十三号 辛酉年七月□十日 礼拜六 第一万八千一百七□号 第7页）

撤销雷州善后处

裁撤第十区善后处，略见昨报。兹据行营消息，陈总司令前以南宁未下，钦、廉、桂寇未清，曾于八月二日电饬第三路司令陈觉民率队取道钦、廉入桂，曾攻南宁。该司令兼任之雷州善后处长一职，着邓本殷暂行兼代。时陈适以地方军事致滞，师行日久，仍未启拔，亦未将不能开动情形报告。现陈总司令以南宁、龙州刻已次第平定，特电令该部毋庸赴桂，并即销去善后处长兼职。该善后处机关亦即日裁撤，经费截至八月底止，仍以第三路司令名义统率所部军队驻扎原防，专办缉捕。至于地方民政，应由海康、遂溪、徐闻各该县知事完全负责，以清权限云。

（1921 年 8 月 30 日 中华民国十年八月三十号 辛酉年七月廿七日 礼拜二 第一万八千一百八十五号 第 7 页）

雷州有李福隆第二

雷州大军开拔赴廉后，匪首杨妃、程大集数邑土匪分投焚□，凶残之性十倍于凶匪李福隆。现复藉李荫轩招抚为名，行威肆恶。李荫轩亦藉杨妃陈之力，掳掠分肥。八月廿号，将党羽大部援主海、遂交界河头市水鬼塘、丰桥塘一带，连营十数里，扬言先攻遂溪，后攻雷城。现在人心恐慌，商店歇业，雷郡团绅陈廷佐华美等目击，心甚惨然，以人民不死于贼，亦死于饥，昨已飞电吁请火速拨大军痛剿，以救残生。

（1921 年 9 月 7 日 中华民国十年九月七号 辛酉年八月初六日 礼拜三 第一万八千一百九十二号 第 7 页）

雷州善后之去火抽薪法

雷州善后处业经奉令撤销，由邓本殷、陈觉民等各饬所部驻扎原防，维持治安。兹当着手办理善后，惟地方糜烂已极，补偏救弊，煞费踌躇。现闻邓本殷查报，以雷属匪祸滔天，先后伤毙良民数万命，掳掠妇女万余口，焚烧屋宇数千座，屠破村落数百乡，西北一带纵横百数十里，绝少人烟，触目不禁心酸，遍地崔苻，已可概见。现查匪类□庇匪、窝匪、线匪及习惯为匪、胁从为匪数种，若概以法绳，罪在不赦，法网太密，诛不胜诛。拟用去火抽薪之法，定一惩治之方，作为暂时办法。现拟着手之初，以严办庇匪之巨绅土霸为入手，余则以示宽大。昨已将拟办大致情形，陈明当道察核云。

（1921 年 9 月 15 日 中华民国十年九月十五号 辛酉年八月十四日 礼拜四 第一万八千一百九十九号 第 7 页）

黄强奉令剿雷州土匪

雷州土匪近甚猖獗，陈总司令迭接该属绅商函电，请予派兵痛剿。前因桂寇负隅龙州，未暇兼顾，昨以桂局大定，特电令第七路司令黄强，会同苏世安、林捷之各部军队，克日前赴雷州荡平土匪，即委黄强为剿匪指挥官，闻黄已决定日间启程赴雷云。

(1921年10月20日 中华民国十年十月二十号 辛酉年九月□十日 礼拜四 第一万八千二百廿六号 第12页)

雷民请缓裁雷州善后处

（本报专访）海康商会暨各团体电：省议会与雷州善后处设立时，迟于各区数月，迨处长到任未久，又先各区奉裁，迭经三县各团体联具文电，分达省、邕，叠请规复，久无明文。自八月琼、雷两军交斗，全城大掠以来，残局无人收拾，第三路十数营编遣不定，饷弹两空，股匪杨陈仔等啸聚数千股匪乘机逼城，经城内避难商民节食供粮，激励军士，仅解此围，匪散四乡，秋成不获。以本城现状言之，司令官在省未归，县知事及署中办事人与保卫团队全部暨保卫局绅、劝学所长等，皆入琼军旋涡，卷去地方，数月无主，剩此孤城，朝不保夕。环顾四境，西北百余里久无人烟，陈仔等十余帮连日蚕食西南，焚去谢家、羊噬、扶禄、那商、鸟树、慈禄、草地潭、浓田等卅余村，毙千余命，现掳妇女、耕牛各千数百，将由河头市驰归赤坎，售赃购弹。刻经驻雷司令部探悉，即挑□统精壮，概归第一统领陈定邦指挥，并带驳壳队，令具自备子弹。铣日拨向客路市一带兜剿，兵力颇厚。但恐饷弹不继，终属徒劳。当此晚造，及时稍缓，则冻馁交并，孑遗糜有。昨读庚日省报，见总座电致省都，以各属烟、赌、盗祸未清，缓裁各区善后处等语，谨特联电□恳省议会提议，力求总部俯念雷州善后处设迟裁速，难民无告，不应独自向隅，仍委司令官陈党民兼任善后处长，给领饷弹，刻日回雷，藉支尼局。存亡在即，幸勿稍延。海康商会长梁禹畴、雷州中学校长廖学于、县教育会长梁连岐、国民党筹备员王天一、学生联合会长□□懋、前□省议会议员罗迺勤、遂溪团局代表李树□、徐闻团局代表张德相，三县公民全体同叩篠。

(1921年11月29日 中华民国十年十一月廿九号 辛酉年十一月□一日 礼拜二 第一万八千二百六十号 第3页)

裁汰雷州军队竣事

粤军总司令部近派绥靖课长云瀛桥前往雷州，将驻于是处之第三路各营实行分别裁汰改编。昨日云已事竣，返省覆命，据称经将第三路名目取销，除将第一统领陈定邦所部三营改编为警备游击队外，其余各营均已实行遣散云。

(1922年1月14日 中华民国十一年正月十四号 辛酉年十二月十七日 礼拜六 第一万八千二百九八号 第7页)

请设雷州绥靖处原电

急广州粤军总司令、省长鉴：雷州匪陷经年，叠经各界文电吁呈，当蒙衿谅。客冬黄司令官奉命抵境，□督所部驰莅灾区，冒饥寒，历险阻，兼程兜袭，席不暇暖，且亲拾暴骨残骸，劳恻兼周，没存感激，复暗约□官协兵密围租界之赤坎埠，搜擒首要二百余，痛惩济械奸商，并赴租界之西营、硇洲破巢多处，获匪多名，顿使疲敝余黎获登衽席。惟陷溺已深，伏莽遍地，哀鸿满目，残局难收，必须稍假时期，始可渐集流亡，徐苏残喘。现正清乡，着手清余孽、维团务，非可克日程功，若只以司令职权驻防于此，万一不时奉调，难免实惠未沾。轸念前途，人人焦虑，用特沥诉下情，拟请查照原议，以善后处既裁，续设雷州绥靖处或定如何名称，务使黄司令官得久驻雷，俾竟全功而慰民望，无任翘切。海康县商会会长梁禹畴暨全体商界同叩文。（按：此事经总部批覆不准，已见前报）。

（1922年2月24日 中华民国十一年二月廿四号 壬戌年正月廿八日 礼拜五 第一万八千三百廿三号 第3页）

雷州悍匪竟敢围攻清乡行营

粤军第三路营长林木生、蔡乃权原属雷州悍匪，自就抚后贼性不改，仍率队时出劫掳，蹂躏商民。近为雷州清乡督办值悉，迭已通令所部严密兜剿，讵林、蔡非常狡猾，竟先行率队袭攻清乡□督办，行营黄领队迎战，奋勇追击，拿获匪兵□百六十余名，悉□就地枪决，主林、蔡则仍率领匪众□余各遁入海康。□□□督办□剿办匪兵清□□□省□报告□。

（1922年3月24日 中华民国十一年三月廿四号 壬戌年二月廿六日 礼拜五 第一万八千三百四六号 第7页）

黄强电告李荫轩部军窜扰雷州情形

分送广州国会吴洪煊先生、省会陈炳焱先生并转雷属各议员诸公、遂溪留穗学会同鉴：李荫轩所部数百囚受奸人运动在钦叛变，纠合各处股匪共约千人，由钦窜下雷州。先经派□统领□□第三、四两营分途截击，讵第四营行至遂属桔子树村遇匪埋伏，几为所困，嗣□□营赶至，始将匪击退，窜至海属东山墟，复□第□营赶□堵截一面由第三、四营□□□□在河头市与匪□□□辰至□约六小时始将匪击溃，仍□西路下窜至徐闻下桥地方，先由驻防第一营迎击，复由二、三、四营包抄，匪遂大败，死伤无数，余党逃向徐闻，□□负隅抵抗。现在匪势虽杀，惟据险死守，不得不以全力痛剿除，督饬所部各营严密围困毋使窜逃外，并□广庚舰□赴□海截缉，以期水陆协攻歼灭，期当在不远。□注特闻黄强叩号印。

（1922年6月27日 中华民国十一年六月廿七号 壬戌年闰五月初三日 礼拜二 第一万八千四百三十号 第7页）

雷州下后之港闻

　　本港北海庄某字号昨接到私家电报称，党军确于（廿六号）入驻雷州，邓本殷之军官先事逃走一清，并无交战，所以雷州虽归党军手中，但商务并无丝毫窒碍，交通亦如常。

（1925年12月31日 中华民国十四年十二月三十一日 乙丑年十一月十六日 星期四 第一万九千五百十五号 第7页）

雷州建兵房机厂

　　警卫旅陈汉光部，自开抵雷州以来，积极□防，以为赴琼崖之准备。陈旅长以雷州为南路要冲，地接大海，与琼崖毗连，国防上占一重要地位，现特拟筑兵房一所，可驻兵一团，飞机场及飞机厂一座，可容飞机二十余架，经将计划及预算具呈第一集团军总司令部，请予察核。经陈总司令照准发给款项，着就近督促建筑，月之十五日已开始兴工，大约七月底可完成，闻经费约需五万元云。

（1932年6月18日 中华民国二十一年六月十八号 壬申年五月十五日 星期六 第二万一千三百零五号 第5页）

日机日舰频扰各地

　　雷州半岛与琼崖海峡，遥遥相对，日舰往来频繁，而日机之滋扰，更无日无之。查海安港前现泊有日大小巡舰、炮舰七艘，巨型汽艇十余艘，北海亦常有日舰三五成群，在海面出没。本月四日，有日舰二艘，在海外发炮十余响，向我渔船七艇追逐，一艘被轰沉没，其余幸□脱险，军民虽聆炮声，仍极镇定，只严加戒备，以防不测耳。此外，徐闻对开之海安港、那港周来均常被日舰炮轰，但仅属试探骚扰性质，故我军甚少还击。至徐闻、海康、北海各地老弱民众，已开始疏散，秩序甚佳，预料本月廿日以前，可照原定预算疏散完竣。至日机轰炸，则以海康为最惨，徐闻、遂溪亦时遭空袭。计海康于去月廿五、廿六两日，被日机连续轰炸，投弹达三十余枚，城内繁盛区域，多有落弹，塌屋毙人甚众，距本月二、四两日，又再遭轰炸，尤以四日为最惨，所有雷州师范学校、图书馆、县立中学校、各文化机关，多已被摧毁，损失书籍、仪器约达四万余元。此外，东门、北门一带，亦被炸塌铺户十余间，现全城民众，纷纷逃避，商店十之八九，均已停业，景象异常萧条。

（1939年3月11日 中华民国廿八年三月十一日 己卯年正月廿一日 星期五 第□□□□□□□□□号 第5页）

日舰艇不断向粤南试攻，犯海安、乌石各港，日均被击退

雷州半岛沿海日舰艇均有增加

各县疏散人民，广州湾人口突增

（本报广州湾专讯）雷州半岛及高、钦各属，迩来迭被日机、日舰到扰，情势极度严重。现各县当局已加紧疏散妇孺，对于壮丁民众参加守土抗战，亦已一律准备就绪。刻下徐闻、海康、遂溪及北海、电白、阳江沿海各县，已入于半战时状态，尤以徐闻、海康情势较为严重。因该两县为雷州半岛之突出区域，三面环海，而海安港、乌石港、江洪港、乐民港海面，日来均有日舰巡弋，出没无常，聚散飘忽，随时均有登陆可能，故情势倍为严重也。据此间某机关办事处，本日（八日）接据情报，六日海安港前突增加日舰三艘，连原有驻泊于是处者已达五艘，并有大小汽艇、武装渔船十余艘，载日兵五六百人，往来窥伺。此外白沙港、乌石港亦有日舰、日艇增加。计乌石港于六日晨驶到巨型巡舰一艘，渔船汽□二十余艘，白沙港则增两艘。六日下午一时二十分，乌石港之日巨型舰发炮七八响，先向我岸上轰击，旋即有日艇两艘，载有日陆战队数十人，向沿岸冲进，经我守军及自卫团队密集机枪扫射，互战移时，日艇即转舵逃窜。同日上午九时，海安港亦发现日舰发炮轰击，派汽艇掩护日兵登陆，亦被我军击退，并沉其汽艇一艘，溺死日兵二十余人。江洪港亦于七日一度被日舰炮轰，但未派兵登陆，弹落荒野，我无损失。

查日舰连日来在粤南行动，显系刺探性质，企图寻觅防务较疏地点，实行登陆，一举攫夺雷州，贯澈直捣桂省诡计。但我沿海均配备相当兵力，随处设防，扼险据守，日谋决未易实现也。刻下海康、徐闻、遂溪各县民众，大部多向广州湾逃避，一时法属赤坎、西营各处人口突增。据当局统计，由本月一日至七日，广州湾约增加逃难民众一万二千余人。现法当局对于卫生、治安及贫乏难民，已会同华商商会及各团体，加紧设法整理救济，并派出卫生处人员，分组出动施种洋痘，极为忙碌，治安仍极宁谧。法当局并为加强广州湾海防，特由越南增加巡舰一艘，于五日驶抵本湾巩卫。

（1939年3月13日 中华民国廿八年三月十三号 己卯年正月廿三日 星期一 第□□□□□□□□号 第5、6页）

雷州各县组破坏队，实现坚壁清野

（本报广州湾专讯）日窥粤南野心，日趋积极，连日雷州半岛，日舰、日艇集结沿海一带，漫海烽烟，已届大战前夕，我分布徐闻、海康、遂溪大军政及各地团队，亦严阵以待，如日来犯，决以铁血誓守斯土，迎头痛□。顷查最近奉派抵雷指挥军事之第四战区某高级长官，现以雷州情势严重，战事随时可爆发，为实现坚壁清野，切实阻日南犯，特令徐、海、遂三县自卫队每县抽调队员，组织水陆破坏队三大队，并拟定分期破

坏堵塞水陆交通计划，通令依照实行。查其内容，对于各县公路及较深河道，均规定破坏堵塞。而日人进犯区域之粮食燃料，以及一切足资日用之器材物品，于必要时亦由该队尽量设法迁运或毁灭，务使日到处遭遇困难，而利我方歼剿云。

(1939年4月13日 中华民国廿八年四月十三号 己卯年二月廿四日 星期四 第□□□□□□□□号 第6页)

日机滥杀我平民
昨又轰炸雷州各县
毁屋卅余间死伤廿余人

(南路快讯)南路沿海，日舰时散时聚，以故形势亦时紧时弛，最近数日间，沿海平静，日舰殊无异动，惟雷州半岛各县惨被轰炸，窥日用意，殆拟利用空袭向我作精神威胁而已，兹将情形志下：

日机分批轰炸雷州

查日军对南路虽无大举企图，然不绝派飞机威胁，轰炸我后方民众，务使颠沛流离，不惶寝处。去月廿八日上午八时，日又派飞机十二架，由琼州海口机场起航，飞袭雷州，至徐闻上空，分为两队，每队六架，一队直飞海康县城，投弹七枚，计城外南亭街中路落弹一枚，炸毙一人，伤四人。南亭街宏泰银号落弹一枚，毁屋三间。夏和里道荣馆、林荣藻谷仓落一弹，毁屋四间。南城外一桥街全兴号落一弹，毁屋二间，死二人，伤数人。桥头南利兴号落弹二枚，死一人，另震塌木屋十余间，死三人，伤二人，计共毁屋卅余间，死七人，伤廿二人。其余一队，则窜往遂溪之江洪港投弹六枚，均落荒野，我无损失。□两队日机重复会合，再飞往遂溪县属之海山地方投弹六枚，毁贫民住宅五间，炸毙农妇二人。

(1939年6月5日 中华民国廿八年六月五号 己卯年四月十八日 星期一 第二万三千六百八十九号 第6页)

日机日舰分途威胁，钦廉各属又告紧张
日机三架首次施行夜袭
日舰复频开探海灯照射

(本报南路专讯)日自侵占汕头封锁福州后，我国沿海通商口岸，未为日扰者，尚有北海一地，我在该处一切战时布置，均已赶紧完成。惟该处形势虽严重，但据各方情报，钦、廉一带海面均极安谧，即日舰亦少有发现，并不若徐闻、阳江之紧张。自日军犯汕以后，日航空母舰更驶离涠洲岛，钦、廉各地未遭空袭者，已达一月有奇。乃自本月十四日起，日舰突又纷驶钦、廉沿海，夜间频开探海灯向合浦县城及北海一带扫射，

并派机夜袭，形势忽呈紧张。我当局为防范未然计，已密令沿海防军加紧戒备，钦、廉特别守备区司令莫树杰，赶返某地，策划一切，兹将所得各情分志如下：

雷州半岛仍甚紧张

雷州半岛形势仍甚紧张，日机、日舰不断肆扰。查十三日下午八时至翌日上午六时止，日舰多艘乘夜驶经琼州海峡。是晚徐闻竹山港口有两日舰由东驶至停泊，旋又有日舰三艘驶至距离不远之新地海面。移时据报博赊海面又发现日舰一艘及武装渔船多艘，向各地窥伺。我当局以时在深夜，各处均发现日舰停留不去，特下令澈夜戒严，是晚幸无事件发生。翌晨（十四晨）八时许，有日机三架，由海口起飞，在徐闻、海康一带侦察，移时始向西飞去。又徐闻水交海面之日舰两艘仍未驶去，不时派出军船或橡皮艇一二艘，向沿岸窥伺我方虚实。

（1939年7月20日 中华民国廿八年七月二十号 己卯年六月初四日 星期四 第二万三千七百三十七号 第5页）

雷州半岛各县，日人甚难进犯

邓氏旋又述及此次出巡各县之观感，据谓各县闻对于各项要政之推行，尚未能收预期效果，刻已在积极整理中。至雷州三县民，武力甚为坚强，当能协助防军，保卫地方，其中尤以徐闻一县办理最好，几已到处设防，且该处地势又适宜于防守，大树林最多，常连绵不绝，日人欲进犯该处，实绝对困难，故琼岛沦陷多月，该县仍安然无事。至于战时民众动员与疏散、粮食之供应及游击区之划分、公路之破坏等，亦以该县办理较为满意，本人经已饬令其他各县加紧办理。至雷属之文化水准，较其他各地为低，故应从发展教育着手，多设学校，藉以扫除文盲，提高地方文化。至关于遂溪县，因毗连广州湾之故，走私之风甚盛，本人（邓氏自称）已□有所闻，实非从严办理不可。须知在战时作此不法行为，不特影响国家税收，抑且破坏国家法纪，影响于抗战前途匪浅，故不能不以断然手段应付，刻已决定严密缉私组织，若一经缉获，轻则将货充公及罚款，重则执行枪决，以警效尤云。

（1939年11月10日 中华民国廿八年十一月十号 己卯年九月廿九日 星期五 第二万三千八百四十九号 第5页）

强化雷州半岛防务

当局对于强化雷州半岛防务，亦极注意。查第八区之第一游击区，其辖地为雷州半岛之遂溪、海康、徐闻三县，平日该三县在地理上行政上均划归第八行政区管辖者，惟在军事上则划归高雷特别守备区指挥，区司令则仍由邓世增、张炎两氏分兼。第八区既划雷州半岛三县为第一游击区，司令本由邓专员兼任，但邓氏以本人常在合浦，故改请张专员炎兼任此职。张氏曾特别召见雷州半岛三县县长，咨询各地情形甚详，并面嘱其加紧发动民众及赶紧建立游击根据地，以免有误军机。张氏并拟亲赴该三县巡视，高雷特守备区现已派有高级军事人员多人，前往该三县布置一切。

（1939 年 12 月 18 日 中华民国廿八年十二月十八号 己卯年十一月初八日 星期一 第二万三千八百八十七号 第 5 页）

雷州我军大战奸匪

查雷州之徐闻、海康、遂溪三县突出粤南海岸，自钦防战事爆发后，日人谋夺取该岛，益为急亟，并收买该地各匪首，密谋蠢动。第七区游击指挥官张炎，经已严令加紧查缉，最近据报，奸匪符某某兄弟匿于海康县属第一区客路市何家村一带，聚集百余人，散播种种谣言，危害抗战，并打家劫舍，无恶不作。张氏特饬令李国泉团长于廿六日晨率队将客路市一带包围，该匪等仍凭险顽抗，与我团队激战两昼夜，至廿八日晨卒将该批奸匪全数消灭，生擒匪首符某某兄弟及匪众三十余人，其余多被我击毙，并拿获护身钢甲数十件，枪支、地雷等不少。现奸匪已被肃清，人心大快。又广州湾各界士绅纷纷捐七区游击指挥部所辖各部队寒衣，计共认捐者有西营赈灾会一万元，赤坎赈灾会一万二千五百元，三有公司军□费五千元，两利公司一千五百元，戴朝恩一千元，明安公司一千五百元，利益公司二百元，袁准伟五百元，陈瑞卿五百元云。

（1939 年 12 月 31 日 中华民国廿八年十二月三十一号 己卯年十一月廿一日 星期日 第二万三千九百十号 第 5 页）

雷州取缔非法组织

雷州半岛各县为维持地方秩序，免使匪奸混迹，特严厉取缔各种非法组织。查遂溪、海康、徐闻三县，此种非法组织，以海康县最多，计有兄弟会、百人会、千人会等，名义异常杂奇，宗旨又不纯正，甚至武装包赌、运私、购置枪械，并宣传入会者可以避免征兵。凡此种种，俱系违反政令，且足影响抗战前途，各县县民亦不乏秘密参加者。现该三县已先后发出布告，着已经入会者于十日内亲到各区□□公所自首，或登报澄明退会，否则即实行严行究办，以危害民国论罪。又茂名县上月亦发现有不法团体组织反抗征兵，扰乱治安，当由该县将为首者邓某、蓝某、杜某等三人拘捕，转解七区保安司令部讯办。现该部审讯属实，特呈请第四战区司令部将邓某等三人枪决。

（1940 年 1 月 13 日 中华民国廿九年十一月十三号 己卯年十二月初五日 星期六 第二万三千九百二十号 第 5 页）

徐闻县长谈雷州岛近况

粤南雷州半岛各县日来情势又趋紧张。据沿海监视哨报告，琼州海峡附近现泊有日舰七艘，海康县之乌石港亦有日舰两艘，遂溪之乐民港、企水港、调建港等海面不时发现日舰，往返窥伺。遂溪、海康、徐闻、廉江四县为积极组训国民兵团、动员民众抗战起见，本月四日由四县国民兵团副团长假遂溪某地开会商讨一切，由张文韬主席，当即决定：（一）扩大宣传，鼓吹人民参加服兵役；（二）限令各区乡镇补送积欠兵额，加紧训练，俾能协助军队守土抗战，结果极为圆满。记者七日在某地得晤徐闻县长兼国民兵团团长陈侗，据语称，现时雷州半岛各地均宁谧如昔，我方战时准备早已完成，不论日人何时来犯，何时均可应战，决不使其得逞。至徐闻县之游击根据地，亦已布置就绪，日人苟冒险来犯，当可予以致命打击。又日艇前载日兵进犯徐闻沿海，遭我坚强痛击溃退，以后未见再度来犯。陈氏并称，徐闻抗日空气浓厚，军民间能精诚团结，协力守土云。

（1940年4月11日 中华民国廿九年四月十一号 庚辰年三月初四日 星期四 第二万四千零零六号 第6页）

雷州海面日舰动态

雷州半岛各县情势仍甚紧张。兹据徐闻沿海监视哨报告，廿三日有日舰十二艘，经雷州海峡西驶，有六艘东驶。廿四日有九艘续向西驶，五艘东驶。此外停泊于白沙港海面者，有日舰四艘。又海康县沿海，日来亦迭发现日舰窥伺，我全体防军已加紧警戒。徐闻县政府以日舰□县窥扰，除在防务上积极部署外，昨更发出布告，指定安全商港，俾今后一切货物运输，均由该港上落，以策安全。兹探录其布告如下：

查日舰自向我沿海一带恣意骚扰后，本府即指定沿海各船只，一律湾泊于安全地点在案。现查日舰艇近日更变本加厉，骚扰范围延至外罗一带，故商品船只之损失时有所闻。兹为沿海各船户之生命、各商店之货物安全计，特重行指定，嗣后各商船凡运货物往来广州湾者，一律在海康县属之公港及华侨市，由内海转运，以策安全。事关生命财产之安危，切勿轻视。合行布告，仰各商民船户一体遵照勿违云。

（1940年5月1日 中华民国廿九年五月一日 庚辰年三月廿四日 星期三 第二万四千零二十六号 第5页）

雷州半岛情势日紧

现时日舰结集在雷州海峡附近者，为数颇多。而徐闻县之关窖尾海面，海康县之乌石港、企水港，遂溪县之江洪港等海面，亦迭发现日舰窥伺、探测水深、追逐往来之渔船。现当局据探报所得，日前在海康县越狱逃走之匪首符永茂，现已潜抵琼山之海口（符匪越狱经过，已见日前本报），向日酋请缨，自愿担任率队攻犯雷州，现已奉委担任某项职务。但日酋对雷州半岛，虽存有野心，惟我在该处实力坚强，且由于地势之天然险要，遍地高山，机械化部队不能运用，故始终不敢发动侵犯，现时之装腔作势，当亦不过一种恐吓牵制作用而已。

（1940年5月31日 中华民国廿九年五月卅一日 庚辰年四月廿五日 星期五 第二万四千零五十六号 第5页）

（二）经济

集股垦荒

月前，广州府龚太尊饬属出示劝谕开荒种植，并酌拟招垦章程，列折禀呈各宪在案，早登前报。兹有职商梁翰华等，查得雷州府徐闻县土名锦□地方，有荒原矿土二十余里，丰草葺茅，一望无际。现约同志在省城先行设立公司，招集股东，共凑本银二十元，购办美国上等农务机器，垦荒、树艺、畜牧。开列章程，禀请太尊通禀立案，委员堪覆。并请移雷州府，札饬徐闻县一体保护，俟办有成效，照例升科。经蒙太尊通禀各宪，并请委员前往会县勘明，禀覆办理，以开民智而浚利源云。

（1902年12月9日 光绪廿八年岁次 壬寅十一月初十日 礼拜三 第一万零九百七十八号 第4页）

拟留出洋华工开垦雷州荒地

中国南方有一富绅，近拟设法□留出洋华工，俾开垦雷州府徐闻县五十万亩之荒地。该处土地肥沃，凡五谷、糖蔗、苎麻等皆可栽种。此外，各处复有可供游牧之荒地甚多，俟有成议，即当开办。

（1904年12月13日 光绪三十年岁次 甲辰十一月初七日 礼拜二 第一万一千五百六七号 第4页）

雷州电报大劫

总商会、自治会、报界公会同鉴：三月廿六，雷城宁泰被土匪白日强劫银钱货物，家私一空，约赃数万员。全城文武所目击，经投雷城商会，应请诸君代为伸雪。宁泰叩。

（1910年5月13日 宣统二年四月初五日 礼拜五 第一万四千一百六八号 第4页）

劝办雷州盐业

有商人拟往雷州整理盐业，□□□准财政局每年□十五万元，并派林委员前往监督。

（1912 年 1 月 24 日 中华民国元年正月廿四日 礼拜三 第一万四千□百四七号 第 4 页）

海口厘卡委员兼办雷州税厂事务

财政厅昨饬委田承德为雷州海口厘卡委员，并令兼办雷州府税厂委员事务，专任督催转解月给员司津贴银二十元，不另开支薪水。

（1915 年 11 月 3 日 中华民国四年十一月三号 乙卯年九月廿六日 礼拜三 第一万五千七百六十号 第 4 页）

赌商请免抽雷州地方公费

集成公司元电：据鱼雷防务经费裕源公司电称：雷州海康防务经费，旧年城厢内外，每摊原章收银五元。现奉高雷道尹出示，照旧加一抽收，为警卫军饷，每摊收至银四元五毫。兹海邑张知事希骞又出示，责成承商担任，每摊加一元，以为地方公费，大碍正饷，殊难办理，速请设法维持等由。昨呈请大吏察核，迅赐饬令高雷道尹及海康县知事刻日取销矣。

（1918 年 9 月 17 日 中华民国七年九月十七号 戊午年八月十三日 礼拜二 第一万六千六百十一号 第 4 页）

筹开雷州商埠

广州湾抽收人税一事，决定本年实行，该埠商民筹议另辟商埠，将商店迁出贸易，以免钳制，吁请各界出任维持。闻雷属绅商昨经举定专员，在吴川城内设立筹办处，俟将新埠地点择定，即将章程、图说具呈当道立案兴筑。

（1919 年 2 月 15 日 中华民国八年二月十五号 己未年正月十五日 礼拜六 第一万六千七百廿六号 第 8 页）

匪患影响雷州厘收

雷州来电：广州财政厅长钧鉴：雷州海康厅离城三十里外之南兴市及四乡，并徐闻县属东乡数十里，惨被土匪李炳南、石蛤三等纠党三千余人，沿途乡市焚掠一空，即雷州附城一二十里亦大受影响。现在匪党图攻雷城，危急万分，雷州海口总卡及沈塘分卡，自六月十八日起，各商户、船户纷纷逃避，毫无厘金征收，理合报请察核。一俟官兵荡平土匪，规复原状，再□征收批解，合并陈明。雷州海口厘卡委员李鸿泰叩。

（1919年7月11日 中华民国八年七月十一号 己未年六月十四日 礼拜五 第一万六千八百四九号 第3页）

黄强修雷州公路计画

顷据雷州司令黄强之随员某君云：雷州三属地方，近五六年来直一土匪世界，焚掳劫杀，不可终日。自黄强司令莅雷后，各股匪徒多已扑灭，闻被黄部阵毙及枪决者数在二千以上。虽漏网者不止此数，但赤坎之匪巢已铲，军火接济之路又断，故各匪皆失其能力，听人拿绑而已，不久定可歼灭。各属及租界内，自杨、陈两股离境后，两月来既无劫案发生，地方极为平靖。雷州人民因感黄司令之德，拟集资铸造铜像，藉以酬报。惟黄司令以崇拜英雄之心理不适于二十世纪，且此系本分事，更无酬庸之必要，而此等事又与有益人群之科学发明家不同，故极力阻止。又黄司令以雷匪为患，□由交通不便之故，促催各属公路坐办，赶紧兴筑。兴工之日，黄司令自往作工一小时，现每日上午□往察视一周。闻司令计画六个月内雷州半岛□□公路四百里，务成一公路网之地方。现已造成者约数十里，若以现在工程与日期比例，所定计划必可办到。其中最要者，一为东西线赤坎经遂溪至安铺，一为南北线自遂溪经雷州至徐闻、海安，两均开始兴工。将来两路皆成，凡港、澳往海口、北海各处客商，均可附轮至雷州登陆，直往安铺、海安，可避航线最险之木兰头。近来地方平靖，故出口货堆如山积，惜轮船太少，不能随到随运，故各货多运往赤坎转寄云。

（1922年3月30日 中华民国十一年三月三十号 壬戌年三月初三日 礼拜四 第一万八千三百五一号 第7页）

雷州近状

昨有某商行接到雷州某商店私家信函，谓雷州已有布告，由本月五号起，已不准洋货入口土货出口，且已定有规制，从前香港定下之猪只共一千头，限于阴历年底尽行输运，以后不准牛只牲口出口。该处之纠察，系由省城派来，其办法与羊城一样云。

（1926年2月5日 中华民国十五年二月五日 乙丑年十二月廿三日 星期五 第一万九千五百四十五号 第7页）

琼雷商人条陈规复琼海广州航行

同时规复雷州香港航行，陈铭枢已转呈省政府核□

南区善后委员陈铭枢昨呈省府云：呈为呈请事，现据职属琼、雷各地商人条陈，略称海口、北海与广州因同为通商口岸，须经洋关征税，以致往广州轮船不能航行，货□概由海口、北海直往香港，以往港只征出口税，若到广州，则又须征入口税故也，拟援请内河航行规则，如江门走阳江、水东等处之例，并仿照澳门对于□扣商船纳资减税办法，准由商等□轮走海口、广州等埠，所有货物均归常关征收。又雷州产蒲包甚多，全销于香港，从前有轮船走马骝州，所载货物须用小艇关澳门，□折已多，成本自重，销数日形减色。拟请援汕尾、香港行轮之例，准其备轮行走雷州、香港，则可资补救，而交通经济不致事事受制于人，于政府税收，亦并不致有何妨□等情。据此，查核所□一则，欲准其援内河航行则例，使得免不能负担之海关人口征税，以振起海口、北海、广州间已绝之交通；一则欲请设法俾得备轮行走雷州、香港，以畅日形衰退之雷州蒲包销路。二者直接所以便利地方商务之发展，间接亦所以裨助职区善后建设之进行，于本省南部路政交通前途关系至巨。惟是事关对外交涉，委员未敢擅便，应否予以核准之处，理合备文呈请察核，仰祈批示祗遵。□呈广东省政府。

（1928年7月9日 中华民国十七年七月九号 戊辰年五月廿二日 星期一 第二万零二百四十一号 第11页）

海康复兴雷州之蒲包业

海康县政府昨拟定复兴雷州蒲包业办法，布告所属云：为布告事，本县物品出产，蒲包实为大宗。当民国十七八年间，出口价值达五百万元，厥后年减一年，现值十分之一。而□村经济乃告崩溃，百姓生活益觉困难，苟不共同奋斗，设法改良，瞻望前途，□不堪问。查蒲包业之衰落，原因□有多端，而包身之粗疏不洁，足招顾客之鄙弃，实亦要因之一。盖蒲包之用，以载糖、盐为主，一担物价恒十余元，供人食料，卫生所关。若以包身松疏易烂之故，起卸搬运，遗漏殊多。又以包身发霉污秽之故，糖、盐食品即染不洁。因是商人一则以血本攸关，一则以卫生有碍，故宁舍廉价之蒲包而改用麻袋也。夫因蒲包不良而销路不畅，因货物滞销而价值低落，此□普遍现象，欲挽救之，惟有改良（中略）。惟是民智不齐，人心各异，深恐言者谆谆，听者藐藐，似又不能不设法取缔，派人检查，使之□一整齐，共同改善。其检查人员，由蒲包墟市附近之区公所、公安分局或分驻所及驻扎之警卫队部，每逢墟市日期派出之，一面检查，并详为劝导。对于所发售之包，如有违背上列改良各点，公认为载货有碍，足影响包业前途，妨害销路者，即将依下法而取缔之。（甲）包商得不与交易，已交定银或全交货价者，应□令反还，但良好之包须优给价值，以昭公允。（乙）检查者得执其松疏污劣之□者，拆令改组或焚之以示儆，但不得有骚扰勒索行为，致违本旨。总之，此次所拟改良蒲包办法，全为本县农村民众前途着想，为亡羊补牢之计，凡区乡里长绅耆民众，咸应以谋此旨，广为宣传，务须家喻户晓，一致改善。冀达海康蒲包复兴之目的，所厚□也。此布。

（1935年2月13日 中华民国廿四年二月十三号 乙亥年正月初十日 星期三 第二万二千一百五十三号 第11页）

改良雷州席草法

建设厅前据遂溪县县长转据县属纪家公安分局长陈光腾等原缴蒲包、席草等件，请设法指导改良，以维国产等情，当经分令本厅工业试验所及广州区第一蔗糖营造场研究改良呈复。现该所长陈宗南呈复，略称遵发技正岑念慈、高露德会同研究，兹据签拟改良雷州席草意见书一件，当经详加审核，尚属精确，谨将原意见书呈缴核示云云。该厅据复，已令该县长知照。兹将该意见书录下：

雷州席草以织蒲包为大宗，运销东洋，年达数十万元之多，自某项风潮起后，席草业遂一落千丈，几濒绝境。查运销东洋之蒲包，多系用作包裹海产物及运载其他杂粮之用，吾粤省营工厂如糖厂、肥田料厂等，每日所用麻包不少，本可改用蒲包，一可以振兴土产，免利□外溢，二可以减轻包裹成本，三可以解决海康及雷州席草业之厄运，斯诚美举。然蒲包有一通病，每当春夏之交，动辄发霉潮湿，致令包裹物时受影响，有此缺点，故特用者咸具戒心，未敢轻于尝试，用途日蹙，实缘此耳。兹为明了发潮原因起见，特采席草分析，知草含氧化镁千分之二五。查氧化镁本性富于潮解性，市上所售之食盐，每易潮解，而精制食盐则不然，此不过粗制食盐含氧化镁，而精制食盐则已将氧化镁除去也。是故席草发潮原因，实与食盐相同。兹谨将排除氧化镁方法，概述如次，将席草除去所含氧化镁方法有二：一、清水洗涤法，二、沉淀法。用清水洗涤法时，将草放置水池中，用人力搅拌，及将水频频更换，至洗涤之水，不含氧化镁为止。沉淀法较清水洗涤法可省时间及水量，且成品较为优良，故多采用之。兹略述如下：将席草浸于水池中，加碳酸钠溶液，不时搅拌，经一日夜取出，投入另一清水池，经数次洗濯，取出晒干，便可供编织之用。经如此处理之席草，虽当春夏之交，亦不致潮湿（据试验结果，每一千斤席草用碳酸钠五斤，每斤一毫算，共值五毫）。照此推算，每百斤不过用药料五仙。就草所值而论，在最高价时，每百斤值五六元，最低亦值二三元，平均而论，亦值三四元，故药料所费，不过占货价百份之一二而已。按照上述方法改良，所费既属有限，而又能使蒲包不易潮湿，用途增多，雷草席业问题，似可迎刃而解云。

（1935年3月17日 中华民国廿四年三月十七号 乙亥年二月十三日 星期日 第二万二千一百八十五号 第11页）

雷州土谷米之实行运省

雷属徐闻等县向为余米区域，每年运省销流之土谷米约达十万担。去年底，雷州各县以开办储粮，一律禁米出口四个月，至最近期限届满，当地民众为维持农村经济，纷请弛禁。现徐闻等县府经布告于四月起，实行弛禁土谷米出口。连日雷州来省各民船、货船均□有大宗运省，广州米市骤得此巨大来源挹注粮食，米价当再有跌落希望。

兹附录徐闻县政府布告：为布告事，案查上年十一间月，据各区公所报请禁止谷米出口，以维民食一案，经布告定期禁止四个月在案。现查禁期业已届满，由四月一日起，自应弛禁。除分令外，合行布告，仰商民人等一体知照。此布云云。

（1936年4月17日 中华民国廿五年四月十七号 丙子年三月廿六日 星期五 第二万二千五百七十一号 第11页）

雷州海关禁止土糖出口，商人请收回成命

（麻章通讯）麻章雷州海关总署最近奉财部电令，以南路土糖系掺有百分之三杂质，殊影响对外贸易信用，应予禁止出口。该关奉命，当即执理办理。查雷州半岛出产蔗糖，每年运销香港、江门为数甚巨，自江门发生战事后，销路经已锐减，现复被禁止出口，致一般蔗糖商生意一落千丈，莫不忧形于色，提出异议。遂溪县大埠商会并徇各商之请，昨特电呈财部，请求收回成命。

（1939年5月15日 中华民国廿八年五月十五号 己卯年三月廿六日 星期一 第二万三千六百十九号 第6页）

雷州统税征收改善办法

（雷州快讯）统税局长吴健陶，以雷州为本省货物输入主要途径，统税收入为□不少。惟□地统税稽征，向托雷州关兼办，对于商人纳税与查验工作，不免□阻，为求便利起见，近□该局视察聂开潘到雷州视察负责计划改善。查聂氏抵步后，已增派人员独立办理稽征查验事宜，一时商人称便。又自初由沪出口之应纳统税货物，为免被日截去利源计，特在港设立办事处，货物到港，即报纳统税，始准分别运入各地。

（1939年6月14日 中华民国廿八年六月十四号 己卯年四月廿七日 星期三 第二万三千六百九十八号 第6页）

雷州海关查禁洋货入口

（北海快讯）我国每年洋货入口数目甚巨，财政部近订定各项禁运洋货税则，号列

货名，由总税务司电令各关遵照办理。查所列各项洋货，经规定除持有财政部特许购运凭证外，一律禁止进口及转口（邮送亦在禁止之列）。但各项洋货，如系在政府管辖口岸未实行禁令以前免税进口者，仍准商人报运转口。雷州海关奉令后，业经遵照办理，禁运洋货计有：（一）棉及其制品类；（二）麻及其制品类；（三）毛及其制品类；（四）丝及其制品类；（五）食品、饮料、草药类；（六）烟草类；（七）烛、油、脂、腊、胶、松香类；（八）书籍、地图纸及木造纸质类；（九）生熟兽畜产品及其制品类；（十）木材、木、竹、藤草及其制品类；（十一）磁器、搪磁器、玻璃等类；（十二）石料、泥土及其制品类；（十三）什货类。

（1939 年 7 月 27 日　中华民国廿八年七月廿七号　己卯年六月十一日　星期四　第二万三千七百四十四号　第 5 页）

雷州出口土货已准暂免结集外汇
雷州海关之公布

（本报南路专讯）自财部实施统制土货出口后，雷属商民因揉于习惯，贸易颇见困难，以致亏损极巨。只以草包一项而论，销路短少，几至停顿，因此特分呈海关转呈财部，请求予以救济，各情已详见前报。兹查财部据呈后，以集结外汇，既有碍于土货发展，自有加以改善之必要，但在改善办法因考虑需时，尚未公布以前，特准土货出口，准予暂行停结外汇。俟改善办法公布后，始照改善办法办理，雷州海关昨已发出布告通告商民人等，一体知照云。

（1939 年 10 月 7 日　中华民国廿八年十月七号　己卯年八月廿五日　星期六　第二万三千八百一十六号　第 5 页）

雷州关宣布土货出口复加统制，商人再请改善结汇办法
结汇地点不集中发生绝大困难
价值不满百元之货物准免结汇

（本报南路专讯）统制土货出口，前因雷州关对于签发证书发生问题，商人又迭起请求改善，而货物堆积，无法外运，亦属实情。因此财部遂特准该关暂停执行查验结汇证书，准各土货自由运输出口。自此权宜办法实行后，一时土货外运者拥塞于途，即钦、廉出产之土货，亦多改道经雷州关运出。因此种免结外汇办法，仅限于雷州关方面有效，北海关则照常执行统制出口，是故日前北海各界以此种办法殊不公允，实间接令北海商场更形冷淡，正拟向财部呼吁请求同等待遇中。

乃最近雷州关突又宣布恢复统制出口，继续查验结汇证书，该关为使各商人周知起见，特发出布告，略谓关于出口货物结外汇一事，前因本口签发证书发生问题，为免货运阻滞起见，本关暂停执行查验结外汇证书，业经以第二五号布告周知在案。现本口签

发证明书问题已告解决，应自即日起恢复查验结外汇证书，合行布告，各仰周知云。查该关此次恢复统制土货出口，对于一百元以下之货物运出，则不在统制之列，无须结□外汇，昨并发出布告云。案奉财政部电开，查现在结汇货物范围扩大，如对于农民、小贩肩挑零星日用物品赴港澳、广州湾等处贩卖一律结汇，既涉苛□，银行、海关于执行上亦感繁琐。兹为兼筹并顾起见，所有统销之桐油、茶叶、□□、□□四类及已经指定限制贩运之转口物品，依旧照章办理。其他出口货物肩挑负贩运往上述三地、价值不满国币一百元者，一律准予免结外汇，等因。奉此，自应遵办。嗣后所有农民、小贩肩挑零星日用物品赴广州湾贩卖，其价值不满国币一百元，应准免验结汇证书，完纳出口税放行。合行布告，仰各周知云。

记者因此次雷州关恢复查验外汇证书问题，曾分头走访各商人，探询意见，得悉商人方面并无反对。盖各商人亦深知财部实施土货统制出口为战时安定国内民生之必要措施。不过对于现时之结汇手续，认为亟须改善。过去曾因此纷呈财部及海关当局呼吁，财部亦饬令贸易委员会派员到广州湾及雷州关调查，设法改善。此次再次恢复统制出口，系由贸易会择定遂溪县与广州湾毗连处之寸金桥设立结汇处，签发证明书。现商人意见以为结汇签证与放行机关必须集中一处，始能予商人以结汇便利。盖现时雷州关麻章分□设在寸麻公路中段，签证处设在寸金桥，中国银行设在广州湾，故每一次结汇，往返奔走，□□以为苦。刻下商人已将此□苦衷陈告当局，众信财部对此项请求，必能接纳，以慰众□。

其次关于货款携带出口问题仍未解决。盖各商人将货运入内地后，限于禁令，无法将货款携出，遂致有走私、包运等种种不法情事发生。日前海关虽有准各商人于货物运入口时登记货价，在限定期内携带出口之议，但因故又不能实行。各商人遂又再向此间各当局请求设法补救。省府驻广州湾通讯处主任□佐昨特电呈李主席，拟在麻章设立一支行。其原电云：李主席钧鉴：□密，兹因□南海岸被日封锁，故货物吐纳多由广州湾转驳，但货入口后，附近内地乏设银行，款项无法汇出，遂有走私、包运。海关为执行禁令计，倘遇有□出款项，不论多少，尽行截留。为此不独商运困难，且亦影响税收。间有不法之辈乘机□途□查没收款项，在在□□。为防范计，可否由钧府咨财部饬中中两行或省行在麻章设一分支。嗣后政府准运之货物入口凭税单在该分支登记款项，将来货物到麻章予以方便□出广州湾云。

（1939年11月13日 中华民国廿八年十一月十三号 己卯年十月初三日 星期一 第二万三千八百五十二号 第5页）

雷州海关布告：限制妇孺带款出口，数额不得过廿元

（南路快讯）雷州海关昨布告云：现查有不法之徒，利用妇孺分运钞票出口。兹特规定，嗣后凡往广州湾之妇女及儿童，随身所带钞票，不得逾过国币廿元，否则一经查出，除有充份证据可以证确系由内地往广州湾之正当旅客眷属，并有行李外，逾额钞

票，概予充公。所有屡次违犯上项规定之妇孺，本关当予以更严厉之处分，决不宽贷，合行布告，其各凛遵，切切，此布。

(1939年11月24日 中华民国廿八年一月廿四号 己卯年十月十四日 星期五 第二万三千八百六十三号 第5页)

省府兴办雷州水利
积极疏浚特侣塘十二河，实施垦荒粮食自易解决

（南路快讯）省府为积极从事垦荒、增加生产起见，决大规模兴办雷州水利。经饬令海康、遂溪两县详细查勘特侣塘及附近十二河渠淤积情形，并与地方人民妥拟计划。查该塘横跨遂溪、海康两县，影响雷州半岛农田水利极大。现经两县官民数次会议，决进行组设"特侣塘十二河水利委员会"，负责进行，预算工程费约一百万。除请政府拨助十万元外，一面进行募捐，一面请塘上各村庄补助。另规定塘上海康、遂溪两县东□田地，分甲乙两级征捐，计甲级每石田征三十元，乙级每石田征十元，预计约可征收五十万。如不足时，则请政府借贷。刻已由各方计划完毕，不日即可进行施工。一俟全岛水利兴办后，进行垦荒，事半功倍，此后全省粮食问题自可迎刃而解。查海康、遂溪两县昨经将办理情形向省府具报核办云云。

(1940年6月23日 中华民国廿九年六月廿三日 庚辰年五月十八日 星期日 第二万四千零七十九号 第5页)

雷州盐价大跌

（海康通讯）近日雷州熟盐价格突跌，每斤前售国币九角，降至四角五分，查其原因，乃近日各地出产过多，供过于求，故影响其价格低跌云。

(1940年12月29日 中华民国廿九年十二月廿九日 庚辰年十二月初一日 星期日 第二万四千二百六十七号 第5页)

（三）社会

雷州灾异

十余年前，省垣三月初九日飓台肆虐，吹塌民房，伤毙人命，惨不堪言。兹闻：昨日有雷州善堂及仙城会馆值事、永祯祥、同丰当等来信于浆栏街广芝馆，并函致省中各善堂。其信云：专恳者，雷州府属于八月二十二日亥刻飓风大作，终宵达旦，堤岸多半崩决，咸、潮之水涌入洋田，倒塌民房，伤毙人口，难以悉数。此灾异之大，为三十余年所未有。凡此灾民，无屋可居，无米可炊，死者不可逃生，而生者行将就毙，伤心惨目，莫此为甚。且平洋之田，一经咸、潮淹浸，非两三年后不能净尽，沃壤变为石田，不仅今日一时之患苦也。现米价骤贵，斗米千钱，经蒙府县宪电：请大宪提款平粜，并捐廉散赈。无如地为吾粤著名苦瘠之区，又值告灾，尤形棘手。□救灾如救火，实有迫不及待之势，亟由本地官绅商人设法赈济。但灾大地广，为日正长，难以为继。因念人善堂仁长诸君，乐善好施，扶危救难，凡百善举，见义勇为。即如外省灾异，尚且念切恤怜，上年高州赈济，亦蒙惠及，远方闻之，无不歌功颂德。伏思雷郡僻处一隅，地瘠民贫，罹此奇灾，情尤可悯，较之外省不同，更比高州尤甚。为此特行驰恳诸善长，一视同仁，恩施立沛，或银或米，总以多多为贵，功德之大，胜造七级浮屠矣。除由官绅另函续恳外，肃此先行驰达，务求俯允所请，祷感万千。情急上书，祇叩善安，先赐电音，以速为妙云云。此八月廿五书函。昨日到省，备陈苦况，友人嘱录报端，以为雷郡哀鸿请命，想好善之士，披阅此函，恻隐动于其中，必有急为援手者矣。

（1897年10月7日 光绪廿三年岁次 丁酉九月十二日 礼拜四 第九千四百廿六号 第4页）

雷州灾惨

切启者：接到雷州府属仙城会馆及当押行商报灾各函，极言该处于八月廿二日亥刻飓风大作，吹倒民房，伤毙人口，难计其数。刻下百物腾贵，斗米千钱，死者固不得复生，而生者则无屋可住，无米可炊，延颈待命，亦难持久。伤心惨目，莫此为甚。且田园多半崩坏，一经咸水涌浸，数年后乃可栽种收成，良田立变石田，不仅今日之惨也。求早先行设法赈济云云。敝堂闻信之下，查访相符。伏思其地素称贫瘠，更遭灾异，铁人闻者，也要垂怜。经即垫汇洋银一千大元，前往发赈，以解倒悬之厄。但灾深地广，为日正长，允宜捐款接济。第年来荒灾迭报，频频劝募，似属数数不休。奈敝空绵力无多，迫得标红布告，况海内善信乐善不倦者大不乏人，外省尚能惠及，事关桑梓，能不倍发慈悲者哉？敝堂不设缘簿捐折，如蒙乐助，请早交到，送回收条为据。语云：多行方便，集福消灾。明圣经又云：救济急难人，就是解冤结。有心人当必有以处此矣。

光绪廿三年九月十六日　两粤广仁善堂谨启

（1897年10月26日 光绪廿三年岁次 丁酉十月初一日 礼拜二 第九千四百四十二号 第1页）

遴派医生往雷州防疫

雷州府时疫流行，张督饬藩司拨一千两，会同巡警道派光华医院医员前往设立治疫公所。

（1911年4月25日 宣统三年三月廿七日 礼拜二 第一万四千四百卅六号 第3页）

雷州染疫之惨状

雷州府疫症盛行，计共约死去三千余人。府前街无人敢行，衙内亦死去七人。雷州朱守之第四子完娶仅三日即起病，七日而死。现该署内各人及该守之家眷已陆续回省，该守亦不敢在署，现驻雷威兵轮办公。闻有一二村乡竟因患疫至死绝者。噫，惨矣！

（1911年4月27日 宣统三年三月廿九日 礼拜四 第一万四千四百卅八号 第4页）

来函言雷州情形

雷人自闻粤垣独立，即有意反正，特举代表到赤坎机关，求孙寿屏画□。见孙时，始知已委白陈发初、陈又民等由吴川带领民军进军安抚。到时，雷郡各界开城欢迎，沿途燃炮升□。翌日，绅商学界开会，公举朱兴沂为民政长，陈发初为军政长，陈又民为财政长，分三部协同办理，舆论翕然。所可恶者，海康县柳□挟款先逃，海关经□又去，朱兴沂见此情形，亦潜往广州湾。后由孙公查知，发给札委，劝朱兴沂回雷办事，距朱公返日未久，到军政部告假，要往香港一□，遣发家人回籍，限一星期内即返等语。不料朱抵港后，寄书力辞。此可见朱兴沂之自逃、自返、自去，并熟人扣留驱逐也。但民政一缺，不便虚悬，爰请孙公札委陈崇迈暂行署理，均电邮胡都督在案。至于李慕之一案，□□陈□□带有绿林军□白到雷□□，迫得□其归降，饬在雷城西门外天宁寺暂行驻扎。难料野性不改，屡拘绅商勒索钱财，复胆敢三五□□入城寻仇，暗杀李慕之，实属不法已极。军政长闻报，即责成陈福祥交凶。陈福祥恃顽不交，遂派民军到天宁寺提解。因此两相冲突，放枪对敌，轰毙福祥部下十余人，捕获凶手一名，当捣□

法□。陈福祥拔队远逃海口，雷郡遂得安谧。不知者反谓陈发初等占据雷州，抗都督命，逐朱兴沂，并□匪抢劫，枉杀李慕之等数十人，纵□强拿妇女，轮奸尼姑。种种冤诬，不仅败人名誉，且灰办事者之热心，惑同胞之观听。公论何在，公理何在，是不得不代为辩白也。试问吾粤反正后，地方无糜烂之惨，商民免抢掠之慌，孰有反我雷州乎？日来由江门、省城迁寓此间者，大不乏人，即此可想州之安靖矣。彼□援伦、陈彪奇、李公泰等妄电都督，报界、学会痛陈雷州惨象，见□何居心？为公乎？为私乎？有其人乎？抑无其人乎？吾不得而知矣。雷州平心人谨布。

（1912年2月2日 中华民国元年二月二日 礼拜五 第一万四千□百五五号 第3页）

照录雷州绅商学界来函

启者：雷州半岛，自杨学绅凭藉匪势占据雷城之后，匪党日益猖狂，不惟乡间焚烧劫杀，淫掠妇女，月无虚夕，即城厢内外，除列名匪籍之家外，储积苟逾百金，未有不遭劫掠之祸者。刻下所有公款，提取一空，又擅抽赌饷月三千员，截留海康正杂各税月万余员，徐闻山栗税项月三千员，勒派绅商捐款月万余员，预算决算，彼虽毫无揭出，姑就见闻较确者计之，未满三月，已浪掷十万数百金矣。尤可恨者，乡民被匪劫杀，则呼吁无门，其胆力稍壮者，拒敌偶毙一匪，而自称师长之杨学绅，自称统领之匪魁蔡文炳，自称副统领之案匪冯锦兴，自称知事之谭惠泉等，则纷纷派勇勒令乡团交凶，否则从重苛罚，始可暂行息事，此非虚语，周家、龙马两村，曾经先受，其余鸡犬相闻之乡，一旦变为荒烟蔓草者，其明证也。言等素仰贵报主持公论，恳勿吝篇幅，登诸报端，□道或为哀怜，解此倒悬之苦，则百数十万生命，受赐不浅矣。雷州代表陈言顿首。七月一日。海康绅商学界全体泣述。遂溪绅商学界代表罗祺生、徐闻绅商学界代表王钟纯同顿。

（1916年7月4日 中华民国五年七月四号 丙辰年六月初五日 礼拜二 第一万五千九百五五号 第5页）

雷州人民电控杨学绅不法

前山来电，省长兼督军朱、巡阅使萨暨报界钧鉴：杨学绅、谭惠泉等踞雷肆虐，经都司令饬高州军镇守使派旅长车渭英带队赴雷，理应静候查办。讵学绅不遵命令，招匪抗拒，亲督匪军分途勒缴三属乡团枪械，恣意杀掠，冤惨不堪言状，乞迅派员拯救危急。再，雷电被截，特绕道电陈，代表谭鸿任、郑继苏，省议员罗乃勤、蔡荣春、杨文光暨雷属全体泣叩，巧。

（1916年9月22日 中华民国五年九月二号 丙辰年八月廿五日 礼拜五 第一万六千零廿二号 第4页）

呈报雷州海口厘厂被劫情形

财政厅昨呈当道云：现据雷州海口厘厂委员杨昌瑞呈，雷城外被匪攻进焚劫业□人□情形□呈在案。兹将查□一月十七八日所被焚劫□□场、损失船只、交通窒碍暨影响税收实情，缕晰呈报□核。查李福隆股匪于十七日在海康将军墟地方埋伏，截击□雷滇军后，即于是日窜劫海属南兴墟。随于夜深十二时，乘其戒备不及，攻进雷州城外，洗劫各商店户。十八日晨早，纵火将南亭街大小商店住户放火焚烧，共计□百六十余间，全市已焚去七八，损失财物约在百万左右。该匪徒又搜劫来往雷州、马骝洲、惠海轮船，□查□被焚劫之实情也。委员事前闻耗，当即督率司巡携带钤记、联单、厘款避进城内，□以保有事后回卡察看，幸未波及，公物亦无损失。惟城外商场惨遭焚劫一空，生意凋零，水陆交通窒碍，船只开□无□，影响税收诚非浅□。委员以比较考成为重，惟□竭□督率司巡加意稽征，以期无负委任等情。据此，查雷州匪患，前据该委□呈，当经呈奉电饬胡处长饬队严行剿办在案。兹复据前情，合请察核酌办，仍祈指令袛遵云。

（1921 年 2 月 19 日 中华民国十年二月十九号 辛酉年正月十二日 礼拜六 第一万八千零廿四号 第 6 页）

雷州难民泣诉匪祸

（专访）报界公会人鉴：我雷惨受股匪李福隆之祸，至矣尽矣，蔑以加矣。抢掠村墟，搜劫财物，指不胜屈，屠杀人民，烧焚居屋，奸淫妇女，不下万数，竟至雷属耕者辍途，商人裹足，读者教者求延残喘而不得，呼吁之声载道，上峰置若罔闻。函电交驰，接累当道，有如充耳。□乎天乎，胡为乎使我雷民□至于此极也耶？岂我雷非中国人民，不纳赋税于国家，故国家不负保护之责也耶？达人愚庸，百思而不得其故矣。自□年一月以来，有所谓总司令部参谋李荫轩者，称为雷州安抚专员，竟招集李福隆匪党在遂溪县属之麻章墟。自从招集，匪势愈大，恃为已受招抚，倍加狠毒，因之麻章墟数十里内，眇无人迹。时而统率匪党，往各乡抢劫，掳人焚屋，至饱其所欲，始返彼麻章墟，于以分赃行乐焉。查旧历正月中，李匪从麻章墟往抢劫海康县属之田头村，毙命二百人，焚屋三百余间，掳夺妇女七十余口。嗣由田头村一路抢劫而返，死人不计其数。嗣乃返麻章墟，分赃行乐。被掳者赎尽，则又到遂溪县属之北坡墟一带焚劫，坡墟全市五百余间屋咸成灰烬，死人不知其数，掳获妇女二百余口，又返麻章墟分赃行乐。不特此也，李荫轩藉名招抚李匪时，到遂溪县署，向县长要求兵饷，县长辞以无款，彼则声言使李匪来攻城。此语李荫轩言之，达人亲闻之者也。总之，以上所述，如有分毫假造，达人当遭天诛地殛者也。李荫轩身为参谋，而忍为匪作伥，助桀为虐，其殆丧心病狂欤？嘻嘻！我雷惨受李匪之祸，函电交驰，报纸宣扬，当道非不知者，而乃使堂堂参谋身陷盗窟，□兽食人，此达人愈益疑惑者也。至若驻雷滇军第一梯团长蔡炳寰、第一支队长周彪，目击我雷惨状，誓不与李福隆共生，乃以李参谋之故，至不敢从事攻击，□实为之，谓之何哉？伏望贵公会转登各报，俾全国共见共闻，庶动公愤，拯我雷民，则感恩无既矣。专此敬颂文祺。五月一日，雷州难民梁达人泣叩。

（1921年5月13日 中华民国十年五月十三号 辛酉年四月初六日 礼拜五 第一万八千零九四号 第7页）

雷州船运烟土被获

江门警察厅长王绍基昨呈报省署，略谓本月十五日有雷州元和隆油糖船抵□湾泊河面，即经派队前往上船查验，当在糖舱内搜获云南烟土共三十箱，计约值款数万元。惟该船船主业已闻风潜目，登岸逃匿，无从弋获，只将该项烟土及货船一艘分别扣留，合行呈解来省，请予发落等情，闻陈总司令据此已即令复该厅嘉奖警队在事出力人员云。

（1922年3月18日 中华民国十一年三月十八日 壬戌年二月二十日 礼拜六 第一万八千三百四一号 第3页）

黄强摄影雷州人骨塔

雷州清乡司令黄强，昨将在雷州摄影之人骨塔照片，分寄省中亲友，阅之令人惨目伤心。缘日前黄司令率队至雷州灵界村剿匪，发见该村被匪杀毙，男女尸骸盈千累万，尸积成丘，无人殓拾。黄恻然伤之，乃将人骨撮聚一处，砌成塔形，以一人首为塔尖，高约七八尺。塔成，特拍一照，以留纪念云。

（1922年4月3日 中华民国十一年四月三号 壬戌年三月初七日 礼拜一 第一万八千三百五四号 第7页）

黄强去后积弊复发

（雷州西讯）昨《德臣西报》接到海南专访，二号来函谓：雷州地面去年黄强已清除一切积弊。自黄强去后，贼匪再复屯聚，约有二千余人，强夺蹂躏之事，时常有之。陈炯明前已下令不准海口开设赌博，但前四月各街道之赌博又复盛开如故云。

（1923年1月17日 中华民国十二年一月十七号 壬戌年十二月初一日 礼拜三 第一万八千五百九七号 第3页）

五、香港大公报

（一）军事

日机四架首次轰炸雷州

　　日机自狂炸徐闻后，连日常有两三架在雷州半岛各属窥伺。本月廿五日正午十二时四十分，突有日机四架，自徐闻海外飞抵雷州城上空，窥察有顷，即连续投弹八枚，计六枚落北门外同仁医院，一枚落西门外西湖，一枚未爆。当时声撼山岳，幸城内居民早已逃避，故无死伤，仅炸毙猪一头，及震毁民房十余间。日机投弹后，继开机关枪扫射，良久始遁去。雷州被炸为首次，现城内居民，颇为恐慌。

　　（1939 年 3 月 2 日　中华民国二十八年三月二日　星期四　第一万二千五百七十七号　第 5 页）

雷州半岛战云弥漫

　　（韶关八日下午六时十分发专电）海南岛日军增至万余人，扬言进占雷州，近来频频轰炸南路各属。东江日军亦增至万余，分布广九线及增城。西北江沉寂，粤海日舰除留泊广州者外，共有五十余艘。战区及省府派专员点验自卫团，严格整理。

　　（韶关七日下午九时三十三分发专电）确报，上月底日军只扰南澳，并未进占。海南岛内犯日军在海田被我截击，死伤五百余，退海口。涠洲岛、海南岛日军均增兵，传拟进犯雷州。日机四架，六日轰炸雷州县城。又花县、从化之日军，连日亦被我陈师袭击，死数十人。

　　（桂林八日上午二时发加急专电）广州湾讯：雷州半岛紧张情况已达沸点。日机四、五两日均到雷州城内投弹，康仁医院、雷州图书馆被炸，全城情形，萧条异常，商业停顿。多数难民已到遂溪、硇洲岛，亦有琼崖难民三四百人逃到待赈。徐闻海面日舰集结，似图派兵登陆。法舰一艘前日过广州湾开往海口。张炎奉委任南路某区行政督察专员兼保安司令职，周景臻改调第六区专员，张定十日在茂名宣誓就职。

　　（1939 年 3 月 9 日　中华民国二十八年三月九日　星期四　第一万二千五百八十四号　第 3 页）

雷州频遭轰炸

海康县与徐闻密接,若唇齿相依,日军图捣乱我后方民心,屡向该县城肆虐,自去月二十五日雷州城即遭惨烈轰炸,一连两日,致居民纷纷疏散,由晨七时,即出郊外躲避,下午三四时始返。致全城商业大受影响,市面冷落,几有十室九空之势,其萧条情况,前所未有!讵日机意犹未足,四日上午九时,又派机四架,飞至雷城上空,分头骚扰轰炸,足达一时之久。至上午十时许始出海遁去,计是日日机投弹八枚:一落北门外同仁医院,炸毙一妇人,尸身不全,死状甚惨。另炸死猪四头,有四枚落医院旁,无大损失。另在好港头投三弹,一落海中,一落田边,一落丰泰米机旁,震塌小屋一间,余无大损失。五日正午十二时左右,日机三架又飞至县城,投下六弹始去,查两枚落东门头,一落县府附近之白马庙,有三枚落广朝南路雷州师范学校后座,雷州图书馆被震塌,另塌附近商店数间,幸居民先避,故无死伤情事。日机频频轰炸雷城,该县县府经取消极抵制办法应付,即于警报时,饬军警着力劝导民众迅速趋避,及严查汉奸歹徒,凡有外来诸色人等,均予驱逐出境。认有可疑者,各军警即施行查拿,并得由民众举报。又:各店户门首及天台,均须预备清水一大缸,以备消防火灾之用。现该县县民以日机专向不设防城市轰炸,为避免无谓牺牲计,连日已纷纷迁避。

(1939年3月10日 中华民国二十八年三月十日 星期五 第一万二千五百八十五号 第5页)

日舰威胁南路,雷州港局部封锁
县府悬赏购缉符匪,小董我游击队活跃

(广州湾二日专访)日军侵犯南路,处心积虑,已非一日。最近雷州半岛三面均发现日舰窥伺,广州湾硇洲亦泊有大小日舰三艘,不时派汽艇往来游弋,□□□□,□□□□。故海康县雷州港已将出入航道作局部封锁,以防日艇闯入。同时禁止渔民擅自出海,以免发生危险。又该县长丘桂馨对雷州防务,亦积极布置,准备抗战。近以县属著匪符永茂,日前组织"百人会",密谋捣乱,嗣被捕获,越狱逃脱。惟已将该党之抢劫杀人及持械拒捕案犯符其左、符成志、符妃盛、符炳元、符畅生、符九村、符文兴、符宏义、陈善宝等九名执行枪决,以昭炯戒。讵该符匪漏网后,逃往海口,受日嗾使,近复潜返,聚集党羽,匿伏海康、遂溪边境及租界地方,图谋不轨。际兹抗战严重时期,为肃清土匪、巩固后方起见,该县特于日前召集各区乡镇长开治安会议,议决缉拿该匪办法六项,严防辖内民众窝藏,接济该匪及其党羽。如击毙或拿获符匪者,可给奖国币五千元,举报者给奖国币一千元,并准符匪党羽自新。此外,遂溪县以毗连法租界广州湾,地方防务亦较前为充实,通往廉江入桂路线,货运仍络绎不绝,沿途治安尚佳。最近日机亦飞经雷州半岛至电白、阳江一带侦察,旋即出海遁去。连日更以天气恶

劣，风雨时作，日机亦敛迹。钦防方面战事无大变化，海面虽有日舰十余艘湾泊，但未见有增援情事。钦钦铁路金鸡塘一段，日军近忽将筑成之轻便铁轨拆去，用意不明。现小董方面，我游击队仍甚活跃，不时出击，日受创甚重。月前日军犯板城底时，被我投弹伤毙日军百余名，日军胆为之寒，不敢轻出云。

（1940年8月8日 中华民国二十九年八月八日 星期四 第五版 第一万三千零九十六号 第5页）

雷州半岛乌石港，我痛歼登陆日军

（曲江四日下午八时零五分发专电）日机三架，二日晨飞粤南雷州半岛海康县属之乌石港及海康港，各投三弹；同日下午二时，日舰一艘及日艇一只，载日兵六十余人，向乌石港登陆，被我击退，舰艇则退至港口外。三日晨八时，又开到日舰三艘，并有日机三架，飞往投弹；下午三时，由日舰发炮及日机投弹掩护日兵二百余人向乌石、西隙、房参三处强行登陆，我正予痛歼中。

（麻章三日下午六时二十分发专电）日舰三日晨向雷州半岛乌石港开炮轰击，并派兵百余人由符□□引导，强行登陆，□□□□，四日□□存盐甚多，均落舰他运。

（1940年10月6日 中华民国二十九年十月六日 星期日 第三版 第一万三千一百五十五号 第3页）

雷州半岛登陆日军，遭我痛击全部溃退

（曲江五日下午九时零一分发专电）进犯粤南雷州半岛海康属之乌石港及海康港日军被我痛击。三日夜迄四日晨，陆续溃退。逃上停泊附近之日舰四艘他窜，粤南沿海，暂告安靖。琼岛海口日军，近来竭力布防，并施行灯火管制，我机不时飞往侦察。广州日军将黄沙东较场仓库尽行拆毁。

（桂林五日下午八时四十分发专电）日军图侵犯雷州半岛，三日晨日舰四艘及日机六架，掩护日兵在徐闻西北乌石港登陆，经我澈夜痛歼，已将登陆日军击退。

（1940年10月7日 中华民国二十九年十月七日 星期一 第三版 第一万三千一百五十六号 第3页）

雷州半岛全部解放
桂粤边纵克徐闻、海康、遂溪

【新华社华南前线廿二日消息】迟到消息：雷州半岛上的徐闻、海康、遂溪三座县城已经全部为人民解放军粤桂边纵队所解放。早在十月二十日，粤桂边纵队歼灭企图逃往海南岛的伪徐闻保安队以后，当即进驻徐闻城。十一月初，该部队又占领遂溪旧城，

接着在十三日攻克遂溪新城，活捉遂溪伪县长以下官兵一百多名。本月五日粤桂边纵队一部围攻海康，该县伪县长当即率领所部向解放军投降。

(1949年12月23日 第一万六千五百七十六号 第1页)

（二）经济

雷州市面萧条

（专访）海康县城雷州，自遭日机轰炸后，人民疏散，商店停业，现仅余一小食物店，其余均十室九空，市面萧条景象，前所未有。然日机仍频到空袭，二十日正午又有日机一架，自徐闻方面飞至，向南使之港头，低飞投弹两枚，无大损失（廿一）。

(1939年3月25日 中华民国二十八年三月二十五日 星期六 第一万二千六百号 第5页)

雷州海关禁止含杂土糖出口，糖商请求财部解禁

（广州湾专访）雷州半岛出产蔗糖甚丰，每年运销香港、江门为数颇巨，遂溪县约为一万五千担，徐闻一百五十万斤，其他各县亦以万斤计算，实占对外贸易一重要位置。而此种蔗糖俱以人力制造，虽属墨守成法，但直接间接维持蔗农、糖工生活，在万人之多，对于国民生计，不无裨益。但最近麻章雷州关总署以此种土糖有百分之三掺有杂质，奉部令禁止出口。此事实行后，一般蔗农糖商，颇为惶惑，金以海关禁止土糖外销，不特妨碍农工生计，且足影响税收。现遂溪县大埠商会迭接商民投词，请为力争，该会据情，特去电财部请收回成命，并分电财厅呼吁，务求撤销禁令，以解商民倒悬。（廿八）

(1939年5月2日 中华民国二十八年五月二日 星期二 第一万二千六百三十八号 第5页)

雷州海关恢复货物结外汇

（广州湾专讯）雷州海关，日前办理出口货物结外汇事宜，因签发证书及估价问题，未能解决。为免积压商货，曾一度暂停执行，引起北海商民误会，嗣后向北海关请

命,援例免验结外汇证书。惟日前财部贸易委员会已派员在中法交界寸金桥成立外汇管理处,同时该关以签发证明书,已可顺利进行。昨特布告恢复查验结外汇证书,故此项问题亦告一段落云。

(1939年11月9日 中华民国二十八年十一月九日 星期四 第一万二千八百二十八号 第5页)

雷州海关布告出口货物结汇办法

(广州湾特讯)雷州海关以出口货物,除桐油、茶叶、猪鬃及矿产品四类应由政府机关统制外,其余概应照章结汇,前经布告周知。近因南路货物外销日增,商人对报运手续,多未明了,特规定各项规程如下:

(一)凡土货(包括有准运单或内销特许证特运之桐油、茶叶、猪鬃、矿产品)由雷州半岛以北(包括北海、廉州)运往广州湾,必须运经安铺、廉江、北海、梅菉、水东五处,不论由何处,应即向当地海关卡所报明。

(二)凡应行结汇货物拟运往广州湾由上列五处起运者,必须取得结汇证明书,呈关查验放行。

(三)货物出口应依照原报关卡所定期限内,运至边界关卡报验出口。

(四)凡出口土货如运至连接安铺、廉江、化州、梅菉及水东公路以南而未曾报关者,即以走私论,依照缉私条例处理。

(五)所有上列五处界线以北主要大宗产物,如运至界线以南储存,货主应即向关卡声请登记,以免违犯上列规定而被扣留。(二十八日)

(1940年4月2日 中华民国二十九年四月二日 星期二 第五版 第一万二千九百六十八号 第5页)

(三)社会

陈策首先投资三万,倡办雷州半岛垦区
荒地六百万亩可划垦区四百
华侨银团贷款收容难民开垦

(遂溪专访)南路雷州半岛之遂溪、海康、徐闻等县,地广人稀,荒地凡六百余万

亩，土壤沃腴，堪作大规模之垦殖区，以栽植各种杂粮。当此战区日广，难民麇聚后方，给养安置困难，正宜利用地力，移民开垦，增加战时生产。故省地政局特在遂溪设立垦殖办事处，并委前建厅技正黎鸿章为主任，负责进行一切，惟限于财力，致无大发展。此次琼崖战事兴起，难民逃到雷州半岛者千余人，以人数众多，对于救济问题，极为棘手！中委兼琼崖华侨联合会名誉会长陈策，为明了难民实情，特派周载伯、符俊、梁寄凡、范鼎新四人，来南路调查一切，并会同黎主任作实地考查，佥以在雷州半岛设立垦殖区，收容难民，从事生产，为法甚善，随由黎氏拟具垦殖详细计划，交范、梁两氏于十九日携带返港，提交该会讨论进行。关于开办费一项，由陈中委首先资助三万元，其余垦殖费由华侨银行团贷款办理。其计划内容大要为每一区垦殖一万五千亩，每区可收容难民一千五百人，雷州半岛有地六百万亩，可分为四百个垦区，每区设备粮食六个月，及宿舍、农具、耕牛、种籽、肥料、应用衣物等，均作贷款办法，供给垦民。俟将来农作品收获时，陆续归还，并负责将荒地开垦后，再行分给难民，按照规定方法栽植各种农作物，务使各难民达到有确定之收获，及有款归还之地步。俟各难民将贷款还清后，所有地权，完全交给难民管理自治。又，记者昨晤黎氏，除谈上项计划外，黎氏并表示新垦荒地土质坚硬，普通农民所用农具，工作效能甚微，本人仍主张利用农业机器开垦，增加效率。前军垦处于南路设军垦农场，有犁地机三四副，现未利用，到时可向其租借应用，预算用此机开垦，每亩约国币三元五，连修机器费在内，亦甚相宜也云云。（廿日）

（1939年3月25日 中华民国二十八年三月二十五日 星期六 第一万二千六百号 第5页）

开发雷州半岛，收容难民救济米荒

（广州湾二十三日特讯）雷州半岛荒地六百余万亩，土壤肥腴，堪作垦殖之区。去年琼崖战事发生，中委兼琼崖华侨联合会名誉会长陈策，曾发起集资开发，以收容琼崖籍难民。嗣以事阻，致进行停顿。此次粤南发生米荒，虽经当局采办洋米入口调剂，惟仅属暂维现状之治标方法，对于根本救济，犹待磋商办理。且粤省每年米粮不足自给之数约一千余万担，故农林部长陈济棠此次复任伊始，即注意及此旧事重提，拟举行大规模开发该岛。闻经示意农学专家杨柱国、黎鸿章两氏筹备进行。记者昨据杨、黎两氏谈称，现在南路难民为数甚众，嗷嗷待哺者不知凡几。假定将雷州半岛开发，暂定每难民耕地十亩计，以六百余万亩之荒地，实可容纳难民六十万名。查雷州半岛现有农民之习惯，每年栽植陆稻，收获后续种豆、薯各一次。此乃天然栽植旱作物之特别区域，以前未能开发之原因，缘该岛地广人稀，致膏腴之地，尽变荒芜。就以每亩产米三担计算，如开发三百余万亩，则广东历年米粮不足自给之问题，当可迎刃而解云。

（1940年5月27日 中华民国二十九年五月二十七日 星期一 第五版 第一万三千零二十三号 第5页）

省立雷州师范发生学潮经过

校长被软禁造成严重局面
县府派队弹压现已趋和缓

（遂溪二十日专访）省立雷州师范学校最近发生学潮，势甚严重。查此事内容复杂，远因为学生对该校训育主任刘铁城在校之措施不满，积怨于心。近则因庆祝双十节，学生各捐国币五元准备聚会，为刘氏阻挠，众遂鼓噪。有体育主任李昭伟与刘争执，发生决裂，为学校辞退。是晚学生即列队包围学校，请求学校当局撤换刘职，挽留李氏，校长邓时乐未置答覆。学生群情愈为汹涌，持械封锁出入口道，至十二日且燃爆竹焚刘之宿舍，将刘灼伤，十三日校长夫妇及会□员亦被击受伤，被围四昼夜，断绝饮食外援，并逼令签约，电向教部辞职。后遂溪县府据报，派员率队前往弹压调解，至十六日始掩护邓氏等脱险，至遂属疗伤。现事情已告和缓，校务由校务主任黄有琚代拆代行，学生亦于十七日恢复上课云。

（1941年10月27日 中华民国三十年十月二十七日 星期一 第五版 第一万三千五百三十四号 第5页）

省立雷州师范学潮告一段落

李主席电令严办滋事人犯

（粤南十八日通讯）省立雷州师范学校于去（十）月十二、三日，被奸徒胁持学生，借故请求解除训育主任刘铁城聘约，限即出境，及保留不法体育教员李昭伟未遂，乘机暴动，燃烧爆竹以焚教员宿舍，意图残杀，并武装围禁四昼夜，断绝医药、饮食外援，肆意捣乱，校长及职员多人均被狙击重伤，事极严重。后由遂溪县政府派兵保护校长等脱险，赴遂城疗治，呈报政府处置。各方人士对此异常注意，认为必须严办，方能纠正青年思想及行动，整顿南路学风。闻第八区邓专员、海遂县长、雷师校长等已奉省府李主席电令，指示办理，如雷师校长身体无碍，饬由遂、海两县，派兵保护返校主持，否则由校长指定教职员暂代负责，并拘拿犯法员生，依法究办，及由县派员协助。查邓校长近以伤势渐愈，经于十二日由遂溪颜县长继金派陈副团长烈武、科员姚子树率领团队保护返校，继续主持，协助处置缉拿主犯。并商请防军派队协助，十二日将滋事者黄有琚（为该校教务主任曾暂代校长）、李昭伟等一干人犯拘获解办。至此雷师校潮已告一段落云。

（1941年11月25日 中华民国三十年十一月二十五日 星期二 第五版 第一万三千五百六十三号 第5页）

雷州大熟，东洋万顷田晚造好

（本报湛江通信）雷州属东洋之万顷良田，今年因雨水调匀，晚造禾稻，生机蓬勃，为数十年来所未有。（湛十一月寄）

（1948年9月21日 中华民国三十七年九月二十一日 星期二 第七版 第一万六千一百二十四号 第7页）

雷州半岛晚造歉收

（本报广州电话）伟路社讯：雷州半岛被飓风海潮进袭，所有沿海田禾受海潮冲洗后，晚造收成已属无望。一般奸商便乘机提高粮价，乃发生抢购潮，大多数平民变成有钱无粮之现象，当局必须从早设法以资接济。

（1948年10月13日 中华民国三十七年十月十三日 星期三 第二版 第一万六千一百四十五号 第2页）

 其他报刊

（一）政治

通缉海康县逃员张希梅
（不另行文）
广东民政厅训令 第三九二号 二十，二，五

为令饬事：现奉省政府民字一三七三号训令开：现据海康县县长李晖南呈称：窃职现据代理海康县警卫大队长罗铁梅呈称：为据情转请核办事，据职队第二中队长吴汉章呈称：据第六区助理员袁炳荣呈报，第三小队长张希梅忽然私逃，查点尚无挟带枪弹军服，惟借本队士兵银数十元，并购衣食品，欠南兴市商店数十元，又欠该市商民二百余元，伪称往郡垣承批海康全属番摊附加捐，以为骗债脱身计。迨该小队长逃往赤坎后，竟敢造谣，称南兴市被大帮股匪抢掠，击毙商民二百余人，烧毁房室数十间，以致该埠之人有商业或家眷在南兴市者，闻此警信，莫不惊慌，纷纷奔走。及其至市，见其安堵如常，始悟系该小队长制造空气，惑众计骗。用是推测，知该张希梅必然不返。理合呈报察核等情前来。查该小队长未经请假，胆敢自行私逃，殊属不法，况复诳骗商民，造谣土匪焚抢，令人惊惶，实属有意作恶。理合呈请转呈县府，通令严缉归案究办，以肃军律，并请委妥员接充该职，以免荒缺等情。除派员严缉张希梅，并由职部遴有蔡炎系宪兵养成所毕业，军务熟识，堪以暂委代理斯职外，合请察核通缉，并请赐予加委蔡炎为第二中队第三小队长，实为公便等情。据此，查该小队长张希梅胆敢挟款私逃，实属貌玩已极，亟应通缉归案究办，以肃军纪。除分呈暨令复外，理合备文呈请钧府察核，俯赐准将张希梅一名，通令各县一体协缉，务获归案究办，以肃军纪，实为公便等情到府。除指令呈悉，仰候令行民政厅通饬各县一体协缉可也，此令，等词印发外，合行令仰该厅长即便遵照，通饬各县一体协缉为要，此令，等因。奉此，除分行外，合行令仰○长即便遵照，饬属一体协缉为要。此令。

（《广东省政府公报》1931 年第 145 期第 169 – 170 页）

通缉海康县窝匪案犯唐文辉
广东民政厅训令 第八九九号 廿三，三，廿三

令本厅所属各机关：案奉广东省政府民字第八五八号指令，据本厅呈一件，据海康

县长呈请,通令协缉窝匪案犯唐文辉一名,归案究办等情,经已指复转呈核办示遵。由内开:呈悉准予通饬协缉。除分令外,仰饬属一体协缉,归案究办。此令。等因。奉此,除分行外,合将本厅原呈抄发,令仰该○长即便遵照,饬属严缉,务获解究为要。此令。计抄发本厅原呈一件。

附抄本厅原呈

案据海康县长覃元超呈称,为呈请通缉事。案查前准县编练处转据第二中队部呈,据第二小队长吴全良报称:二十二年五月二十二日,据已获案匪陈昌期供,有匪徒潜匿县属第四区官塘村唐文辉家,率队前往围剿。匪徒开枪拒捕,冲园逃脱,致被枪伤队兵徐芝标一名。转请查拿窝匪案犯唐文辉一名,归案究办等由过县。当经讯查属实。惟该唐文辉一名,业经在逃未获。现据该乡耆老唐元凯等呈缴花红三百元,悬缉该唐文辉归案究办前来。除饬属踩缉,并将红款银毫三百元,移送县参议会存管外,理合将窝匪案犯唐文辉年籍表,备文呈请钧厅察核,俯赐通令协缉归案究办,等情。据此,除指令关于悬缉案犯唐文辉花红三百元,应依照广东省各县市保存缉匪红款简章第三条之规定办理外,所请通令将唐文辉缉究,理合备文转呈钧府核办示遵,实为公便。

谨呈

广东省政府

计开:

唐文辉,窝匪案犯,海康县第四区官塘村人,迁住沙牛岭村。

广东民政厅厅长林翼中

(《广东省政府公报》1934年第255期第58-59页)

令民、建、财三厅会办钦、防、海康等县灾案

广东省政府训令 民字第四五八一号 二三,十一,十五

分令民政厅、建设厅、财政厅:现准国民革命军第一集团军总司令部秘字第三三六号公函开:查本年十月间,西南濒海各县风雨为灾一案,前经本部派员驻往各灾区实地调查在案。现据视察钦、防两属灾区主任钟继业会同委员暨该两县县长等,联呈略称:钦、防两县灾情惨重,基园崩溃,屋舍倒塌,财产损失,难以数计。人民死亡,计逾千数,灾区孑遗,流离冻馁,引颈待赈者,约五六万人,并酌拟救济办法五项,暨附呈灾区照片五十五张前来。又据海康留省同乡邓科长定远等呈报海康灾情,据称:该县十月一日风雨为灾,堤崩屋塌,沿海百余乡,悉成泽国,请迅拨款赈济灾民,筹办善后,并造列堤岸崩陷报告表,风灾损失报告表各一本前来,先后呈报到部。据此,查此次钦、防、海康等县,风雨为灾,灾情惨重,空前未有,目下哀鸿遍野,生机荡然,冻馁流离,引颈待赈,自应亟为设法拯兹孑遗俾免沟壑,应请贵府迅即按其实情,划拨款项,分别借给各该县,由县府负责转借给农村,俾得恢复基园,一方面且可以工代赈,藉维灾黎目前生活,并希派员调查灾区,其灾情惨重之区乡,似宜豁免粮税,以轻负担,以

苏民困。相应抄录原呈两件，报告表两本，一并函送贵府，即希查照办理为荷。等由，计抄送原呈两件，报告表两本过府。查钦县、防城风灾，前据民政厅先后呈报，经在赈款项下各拨五千元赈济，请予备案前来，均经令复准予备案在案。至关于海康等县风灾，前接各方函电，亦经提出本府第六届委员会第三三一次会议议决："由民政、建设两厅派员分别查勘赈济。"并分令遵办又在案。兹准前由，应由民、建两厅备案会商办理。至灾情惨重之区乡，宜豁免钱粮一节，应由财政厅查明核办。除函复暨分令外，合将原抄件抄发，令仰该厅即便遵照办理具报。

此令。

计抄发原送抄呈两件，报告表两本。

(《广东省政府公报》1934年第277期第17－18页)

通缉海康县区长陈岱归案究办

广东民政厅训令 第六八四号 二六，三，二四

令各县市局长：现奉广东省政府二十六年二月二十二日民字第五二四九号指令，据本厅二十六年二月十六日第三五四号呈一件，据海康县长呈报第六区长陈岱被控贪赃溺职，惧罪潜逃，请准予转呈通缉归案究办，等情，转呈核办由。内开："呈表均悉。应准通缉。除分令所属一体协缉外，仰即饬属协缉，务获归案究办。此令。表存。"等因。奉此，查本案前据海康县长具呈，当经转呈省政府核办，并指复知照在案。兹奉前因，除分令外，合将海康县原呈及原附年籍表抄发，令仰该○○即便遵照，饬属一体协缉，务获归案究办。

此令。

计抄发海康县原呈及原附逃员陈岱年籍表各一纸

（注）原呈从略

附逃员年籍表

姓名	年岁	籍贯	备考
陈岱	二十九	海康第六区	

(《广东省政府公报》1937年第362－363期第55－56页)

查办海康县长谢莲航案

省党部函称：据雷州驱谢运动大会等控该谢县长贪赃枉法，无所不至，乞即撤办云云。查此案经先后交南路行政视察员及民政厅查复。

（一）函复省党部查照
广东省政府委员会公函 民字第一号 十六，五，十六

迳复者：现准大函内开：现据雷州各界驱谢运动大会、海康县党部改组委员会等快邮代电略称：海康县长谢莲航，到任以来，滥用私人，鬻卖区长，摧残农工，剥削商场，破坏自卫，扶植神权，贪花渎职，不顾政府信用，庇纵爪牙，公行反革命举动，乞即撤职严办，迅派干员维持，以正法纪而快民心等情。据此，相应将原电一纸，送交贵会，希即查明严办，并希见复，至级党谊等由。附原电一纸。准此，查本案据雷州各界驱谢运动大会等分电控告，暨海康谢县长呈电辩诉，经先后令行南路民政视察员，及民政厅查复。昨准贵会函转，亦经汇饬并查，并先行复知在案。兹准前由，相应将办理经过情形函复，即希查照转知为荷。此致。

广东省执行委员会

（二）批海康县长候各机关核示
广东省政府委员会批 民字第一号 十六，五，十六

海康县县长谢莲航代电一件，辩明被"反动份子"何冠文等诬捏，各点请派员彻查惩治由寝代电悉。昨据该县长呈电辩诉，暨雷州各界驱谢运动大会等电控。经先后令饬南路民政视察员及民政厅查复，并已批示在案。兹复据电前情，应候并行查明复夺。既据分电，仍候各机关核示，仰即知照。此批。

（三）令南路民政视察员查明具报
广东省政府委员会令 民字第一号 十六，五，十六

令南路民政视察员沈崧、民政厅厅长朱家骅：为令饬事：现据海康县县长谢莲航寝代电称：职属乌石港第八区分署与该处第六高小学校纠纷一案，汇将全案情形抄呈，请示察核在案。兹据少数不良份子，冒用公民名义，藉故开会，于铣日电诬捏，据称：职抵任以来，滥用私人，鬻卖区长，摧残农工，剥削商场，破坏自卫，扶植神权，贪花渎职，不顾政府信用，庇纵爪牙，公行反革命举动，种种罪恶，罄竹难书等语。查所陈各节，类多摭拾影响之谈，蜚伤之语，本无辨骚之价值，惟恐是非不明，淆惑观听，兹谨将所列各条，逐一辩斥，电呈察核。

其一，指为反革命行动一节，莲航抵任之后，即率同署员组织宣传团，名曰海康县署职员宣传团，每逢纪念节及墟日，均派员四出演讲党义，黄花节日，并饬职员化装与

各界联同巡行,且办有周刊分送各机关,事实具在,安有阻挠各界运动工作之理。

其二,滥用私人,莲航抵任后,所带职员,不过十余人,均系多年同志,洁身自爱之士,除署内职员数人,及委任区长数人外,实无三十余人之多。

其三,不顾政府信用,查有奖公债,此间并未有中巨款,得奖者多系十等奖金,来署领奖,均系随时发给,并无拖延不发之弊。

其四,摧残农工,职属第二六八等区农会,前因指导者不良,奉令解散,故将该区所收之捐项,暂时停止抽收,静候解决,现已分别改组,经费亦已照案支给,至总工会尚未正式立案,而筹备之资亦援案照给,安有截留款项之理。至拘留第七区西仔村农会会员邓必祥,因系该村邓瑞九控其恃势挟嫌,掳促伊母,经饬队拘押,讯据供称,系农会邓仪庄等所为,旋即由县农会执委保出,随传随到在案,至云无故派兵包围苏杭工会,查职属并无苏杭工会,其为杜撰诬捏可知。

其五,剥削商店,查职自抵任后,迭奉财政部财政厅令文,严催筹解钱粮,经饬各粮店筹缴三千元应解,乃谦泰粮店,抗不遵缴,是以暂行封铺,至称一千二百元之报销费,更属毫无证凭,空言捏造。宰卖死猪,同干例禁,前由第二区署解来宰死猪人犯邓杨春、邓琼生二名,曾罚款三十元,以二成充赏警兵,余入地方款项开支,案卷具在,安有中饱之理。

其六,贪花渎职,全属虚捏,职虽至愚,亦不至此。其鬻卖区长查授受贿赂,例有常刑,职虽寡过未遑,而廉洁之守,□堪自信,至谓索民选署长林臣清保留金不遂,即予撤换,尤属任意妄言,岂以更换区长,并指为索贿鬻卖,则凡溺职人员,皆不得而更动矣。

其七,扶植神权,查职抵任后,经派员调查城厢内外庙宇庵堂,毁拆神像,事实具在,安有焚香跪拜、迷信神权之理。

总之,该通电所陈各节,全系该少数"反动份子"何冠文、王光汉等,乘北伐节节胜利之际,扰乱后方治安,勾结不法党人,志图倾覆政府,故示威巡行之日,倡言驱逐县长,打倒政府征收机关,连日县署门前,搭棚演剧,对于政府官吏,公然侮辱,群情骇异,理应摘录累陈,电请察核,伏乞派员彻查,依法惩治,以儆奸宄,而全党国,不胜叩祷之至,并乞批示祇遵等情前来。当批:寝代电悉。昨据该县长呈电辩诉,暨雷州各界驱谢运动大会等电控,经先后令饬南路民政视察员及民政厅查复,并已批示在案。兹复据电前情,当批应候并行查明复夺,此批在案。除批印发及分行外,合行令仰即便遵照,并案查明具复,以凭核办。此令。

(《广东行政周刊》1927年第19期第3-6页)

南路行政视察员请委黄维玉代理海康县长案

该县县长,已由民厅提议以冯天如署理,经本府委会议决照委。

（一）批南路民政视察员遵照

广东省政府委员会批 民字第六三号 十六，六，二

南路民政视察员沈崧呈二件：呈报查明海康县长谢莲航被各界呈控八大罪情形，请核示；并报该县长擅离职守，经暂委黄维玉代理，请提议令遵由。

两呈均悉。当经本府委员会第二十八次会议议决，海康县长缺，已据民政厅提议另委，并民政厅提案讨论。查民政厅提议书称：海康县长缺，谢莲航撤任，遗缺请以冯天如署理等情。复经同日会议议决照委，并呈奉政治会议广州分会核准照办，业经令委分行各在案。据呈前情，仰即遵照。再，此案迭由民政厅办理，仍应候民政厅核示可也。此批。

（《广东行政周刊》1927年第22期第12页）

广东海康县地方行政报告表

（十八年七月海康县长刘鹗报告）

一、民政	
事项＼目别	关于保卫治安者
到任以前情况	警察全县八区，每区有警署一所，第三、第八两区并有分署各一所。各署经费均系自由抽收捐税。有游击队兵四十余名，驻扎县署内。警卫队已奉文举办，尚未成立。保甲已奉文编办，尚未进行
整理计划	警察自由收捐，漫无限制，重征苛敛，人民苦于负担，提案交县政整理。设计委员会议决将各分署裁撤，额定各区署员警名额，编造预算，统归地方财政管委会按月支给。所有捐税一律收归地方财政管委会经收。游击队就原有部队整理编制。警卫遵照颁定条例统一枪械。将从前所有民团、商团一律收编，积极组织成立保甲，遵照奉颁施行准则。召集全县团绅开会讨论进行，切实编办
办理经过	编定警察第一区兼第二区署署长一员、署员二员、警兵四十名，分站岗、巡缉、消防、卫生四组。其各乡区署，均各设署长一员、署员一员、警兵四名编制。游击队队长一人、队附一人、兵夫四十五名，分四班，每班班长一人，随时轮派，分赴四乡游击巡逻。警卫于上年十二月组织成立。设县管理委员会暨各区管理委员会共十一处。编练队二中队、二分队、九小队，收编旧有团枪，分配各队，分拨发区，扼要驻队。保甲事项，遵照则例，委定各团董、保甲长，编办保丁团，虽经努力进行，已具端倪，而以经费难筹，现只将调查户口，取具连坐结办理完竣

续表

现在情况	现均照常办理，无甚变更
备考	谨按本表所列事项，均经呈报有案，合并声明
事项\目别	关于救恤者
到任以前情况	原有义仓在民国十四年以前为军阀提用，只余谷价三千余元，存商保管。县城西门外原有育婴堂一所，系当地慈善家捐资建设，未经由县立案
整理计划	奉令筹设义仓，迭经召集地方乡董会议，拟向殷实募捐，联合原有存款，俟秋时买谷建仓，组织委员会管理，以备荒歉
办理经过	筹设义仓，已分令城乡绅董积极筹备，妥定永久办法。措集的款预建仓厂，一俟秋收，买谷存储，俾得有备无患。城西育婴堂，系属一小部分之组织，又未呈县立案，因仍其旧，随时予以保护
现在情况	仍督促各绅董将筹备义仓事宜妥速完成，以重要政
备考	上列事项，已呈报有案，合并声明
事项\目别	关于监狱者
到任以前情况	会同分庭推检及管狱员募款将监房修理完固，空气甚流畅，亦知讲求清洁
整理计划	会同管狱员设法流通空气，讲求清洁，核实发给囚粮，实施教诲
办理经过	于监内适当处安于窗棂，扫除污秽，遍洒卫生水，免发疫疠。囚犯口粮务使核实发给，毋许刻扣。并随时宣讲，以资感化。冬季曾捐廉购置被单，分给各囚犯每名一件，夏季捐廉添备茶水蒲扇，尚无疾病发生
现在情况	不时取缔，尚能整肃
备考	
事项\目别	关于调查户口者
到任以前情况	业已奉到训令，尚未进行
整理计划	到任后随即召集全县团绅开会讨论进行，并由大会举定各乡团董、保甲长，由县委任，调查事项，并令各区警署协助催督，以期迅捷
办理经过	遵定式印刷各种户口调查表六万余张。分发各团甲保限期调查填报，依例转册，已于五月查填完竣，缴报到署。一面派员抽查，一面多雇书手赶缮正册，装订成帙，计五百三十二本，业经分类统算，填造户口调查统计表呈报在案
现在情况	现将户口正册及底册共一千二百余本，并连坐结、注意录等项，妥为保存，如遇交卸，即行专案移交
备考	
事项\目别	关于公共卫生者

续表

到任以前情况	未有何项组织
整理计划	会同国民党县党部，组织清洁运动会
办理经过	已成立清洁运动会，联合军警政学各界，并城厢居民，全体动员，疏浚沟渠、清洁街道、并置鼠箱、检查疫疠、取缔食物饮料、驱逐蚊蝇、延聘西医、配置药品、并施注射、并聘西医在城乡各墟场施种牛痘
现在情况	遵照卫生条例及刊物，随时宣讲，务期大多数民众知讲卫生
备考	上列事项，已呈报有案
二、财政	
事项\目别	关于国库收入者
到任以前情况	只有印花税一项
整理计划	属县印花税收入不甚畅旺，旋经按月酌定比较，责成各区警察署分销汇缴，县城责成商会分销
办理经过	自经整理分销后，收入较有起色，按月平均计算，每月约可收入四百元
现在情况	照常征收，无甚增减
备考	
事项\目别	关于省库收入者
到任以前情况	征收钱粮向不制发串票，由十三间粮店包征包缴，流弊甚深
整理计划	经召集地方会议决定改革办法，以十三间粮店将各□钱粮支配分管，人民受其操纵、盘剥，兹为革除积弊，由粮户公举总催，自由选择粮店代缴，不受何种限制，每年换举总催，粮店亦随同更换，并将所有陋规尽行革除，已呈奉令准施行有案
办理经过	照改革办法实行，以后绝无操纵盘剥之弊，人民极称利便
现在情况	继续征收，无甚差异
备考	
事项\目别	关于县地方款收支者
到任以前情况	地方财政向由县署经管，凡属税捐亦概由县批商承办，每遇县长更替，承商恐其另批，辄行馈送公礼，竞求承办，以致利归中饱，地方税收殊形短绌
整理计划	到任。查悉前情，决将批商承办税捐，力加整顿，取销公礼陋规，加增地方收入，并遵北海行政会议议决案，组织财政管理委员会，将地方财政移交管理，以归统一，并将地方一切支出制定预算，以资遵守

续表

办理经过	将地方税收入之薯莨、蒲包、花筵、船头、防务等捐,所有承商馈送公礼陋规一概革除。地方税收年增五千余元。随将地方财政管理委员会组织成立,一律移交管理,并经呈报在案
现在情况	照常征收颇形畅旺,地方支出亦均能按照预算开支
备考	

三、教育

目别\事项	关于中等教育者
到任以前情况	有县立中学校一间
整理计划	考察教职勤惰及教授是否合法。注意学生行动及操行,提倡三民主义化教育
办理经过	考察该校管理,教授颇合学章,惟课室逼辕,不便上课,已召集地方会议筹款,建筑课室一间
现在情况	现已鸠工庀材,建筑课室,余仍照常办理,无甚变更
备考	

目别\事项	关于小学教育者
到任以前情况	原有公私立小学二十七校、女子小学校一校
整理计划	考察教职勤惰,注意学生行动,提倡三民主义化教育
办理经过	创办第二区私立小学一校、第三区初小一校、第六区初小一校、第八区初小二校
现在情况	各校照常办理,无甚变更
备考	

目别\事项	关于社会者
到任以前情况	原有阅书报社二间
整理计划	增设阅报社一间。注重三民主义化,添购各种适于社会改良书报,以期渐臻进化
办理经过	就西门外中山公园内增设阅报社一间,令公园管理员负责经理,并增筹经费,随时考察提倡
现在情况	照常办理,进行不懈
备考	

目别\事项	关于职业教育者
到任以前情况	未有建设
整理计划	提案经县政整理设计委员会议决,创办县立职业学校一间

续表

办理经过	业经筹定的款，委任员绅，妥速筹备
现在情况	正在进行中
备考	
事项 目别	关于平民教育
到任以前情况	原有平民学校一间
整理计划	筹增教育经费，创办平民学校二间。又组织平民教育委员会，督促各乡开办平民学校，以期普及平民教育，促社会之进化
办理经过	就县教育会地址创办第一公立平民学校一间。就南门外原第二区警署地址创办第二公立平民学校一间。两间每年共经费八百八十元。又瑞星池创办私立平民学校一间，各乡拟提庙产创办平民学校者，尚有数起。因庙产纠纷，尚未呈报成立
现在情况	继续进行
备考	
四、交通实业	
事项 目别	关于公路者
到任以前情况	已成之公路，有南龙、济南、龙英、客河、雷安、塘合、雷洋等公路八处。建筑未竣者，有平乌、龙平两公路
整理计划	查勘各公路，督促成功，修复倾圮，推广路线，以利交通
办理经过	修复公路桥梁一座，修竣平乌、龙平两公路。筹备建筑南渡码头及南调、和乌两处公路
现在情况	已召集各公法团体会议，筹定的款，计划工程，克期兴筑
备考	
事项 目别	关于造林及苗圃者
到任以前情况	未有建设
整理计划	
办理经过	会同国民党县党部组织造林运动分会，于本年二月成立。三月十二日举行总理逝世四周年纪念，联合各界在县城外惠济桥起点，沿公路两边种树二千株，延长八里许，随后续由培树工人陆续补种
现在情况	力图推广，并筹备建设苗圃
备考	

续表

五、其他政务	
目别＼事项	关于乡村教育者
到任以前情况	未经举办
整理计划	
办理经过	创办乡村师范学校一所，并于各高级小学、附设师范科，以养成乡村教育人才。现已筹定经费，一面派员筹备，一面委派县中学校长游赓□及士绅陈培元、陈景棻前赴江浙晓庄各校参观，俾资借镜，一俟筹备完全，即行呈请立案
现在情况	正在进行中
备考	

（《广东民政公报》1929年第45期第203-211页）

请拨雷州防务经费为地方善后之用案
海康、遂溪两县长之电呈

（衔略）钧鉴：徐闻山纵横八十余里，土匪啸聚其间，四出焚掠，树林丛密，易剿难灭。非开辟此山则土匪无由肃清，雷民必无噍类，惟开山需款甚多，创巨痛深之雷民无法筹措，乞尽数指拨雷州全属防务经费一年为开工之用。一可铲除匪巢，杜绝后患；一可以工代赈，拯救绝食垂死之雷民。职等再四思维，非此不足以言善后，用敢冒昧电陈，不胜迫切待命之至，海康县长苏民、遂溪县长伍横贯叩支印。

本署之请示

呈为呈请事：案据海康县长苏民、遂溪县长伍横贯支电称（见前），又据雷州除盗安良会各县县党部、各团体电同前情各等情。据此查雷属灾象已成，前经沥情并将暂时救济办法呈报钧府在案。兹据该县长等电请指拨雷州全属防务经费为善后之用，是否可行？理合备文呈请钧府训示祗遵。谨呈。

广东省政府
中华民国十五年三月十三日
（《广东南路行政委员公署公报》1926年第1期第111-112页）

令海康县遵照省督学报告改进教育意见办理
广东省政府教育厅训令 第四八五号 廿年三月十九日

令海康县政府：案据省督学凌迈凡呈缴视察海康县教育报告书前来，查核关于改进该县教育行政及初等教育意见，多属要图。除指复外，兹分别令饬如下：

甲、教育行政。(一)该县计有学校一百六十余间，现仅有督学一人，尚兼他职，视察未能普遍，应饬原有督学辞去兼职，并增设督学一人，分区按期出发，作普遍之视察，并切实指导改进。(二)该县各区应遵照本厅去年十一月修正区学务委员暂行规程，设置学务委员，以资办理。(三)该县小学未立案者，尚居大半，应督促限期呈报立案。(四)该县各小学校铃记，多数沿用旧式，应饬照章从速请换新铃，以资信守。(五)该县第二学区，计有初级小学二十二间，学生八百八十余人，尚无高级小学之设立，学童升学，极感困难，应择区内初级小学办理成绩良好而校址适中者，由县府拨款补助，扩充为完全小学，以便学童就学。

乙、初等教育。(一)该县失学儿童，为数甚多，应由该县长负责，设法增加校数班数，以资收容。(二)第七区县立高级小学校，应由县增拨经费，扩充为完全小学，以符法令。(三)各小学多系复式教学，对于各组儿童"直接活动""间接活动"之支配和管理，殊欠妥善。应认真研究，以资改进。(四)各小学教学方法，尚多纯用注入式者，应饬多用设计教学法、启发问答法或自学辅导法。(五)各小学图书日报均甚缺乏，应饬购阅日报及酌量购置儿童读物，并设置儿童图书室。(六)各小学对于四段制成绩考查法及分节教授制，多未遵行。应饬切实照章办理。(七)各小学对于"公民训练""卫生检查"多未注意，应饬切实施行。(八)各小学应多举行恳亲会、家庭通讯、家庭访问等事，联络家庭，以增教育效率。(九)体育设备一项，各小学俱感过于缺乏，不足供儿童运动之用，亟应增加设备，积极推行。(十)各小学师资缺乏，各小学教员并无进修之机会，应利用暑期于县立简易师范学校，举办小学教员讲习会，注意实际问题的讨论，以弥其缺。(十一)该县腐败私塾，应实行取缔，其他亦应督促改良。(十二)该县县立第二小学校长陈培元、第三初级小学校长洪钟莹，一则入燕塘军校训练，一则离校疗病，久不在校，主持乏人，应饬觅人接替，以维校务。

合行令仰该县即便遵照上列各节，分别督促，认真办理，仍将遵办情形，具报察核。

此令。

(《广东教育厅旬刊》1935年第1卷第8期第44-45页)

海康沦陷历险记

虞萤

三月三日晨，康城路上忽传有百余敌兵在东洋乡(离城十二里)登陆。当时康处同寅，即以电话向县府及电台等处询问确实消息，据县府复称，消息未明，然潘代主任已命我等准备，将农贷分户账、各日结单、日计收付合计表各重要表册入仓。我等即回宿舍，取各种重要表册，甫返抵办事处，即闻枪声四起。适县长退至康处门口，说敌人已至东门，以手示意，命我等速逃，因事出突然，一切公私文件及行李等均不及带出，我等狼狈而行，不及十步，敌人已在后追来，枪声卜卜，不敢再行，遂暂避入路旁横巷一小屋内。因海康近海，且毫无抵抗力，故敌兵能从容进城。当时因情势紧迫，各同事已分头走散，被困雷城中，只有潘代主任、李会计、冯汝铨君及农贷部云昌崧、吴静涛与我共六人。吾等被困后，枪声渐疏，路上寂无人声，吴、云二君即奉命出外探听消息，不料甫出门即被二敌兵掳去，命彼二人搬运子弹等物。然吴君悲愤填胸，不肯为敌所利用，结果即被敌拷至重伤，翌日，始匍匐逃出城，现已抵坎就医，云君亦于翌晨脱险抵坎。

屋中只留潘、李、冯与我四人，与该屋主男女二人共六人，因久不见吴、云二位归来，知必有事变。不久即有敌兵踢门声，此时我等之生命，已危如累卵，敌兵之残暴行为，是全国人所共知，我等战栗不敢启门，敌兵见门不开，亦去沿各户踢门，是晚并无食物，亦不能安睡。翌日晨，敌兵又沿户踢门，并以大石破门而入，来势汹汹，只我等身上已无任何机关证明文件。因被困屋中时，已将各证章及有省银行符号者，已尽行烧毁。敌兵详细询问我等姓名、职业。此时各人已改名易姓，谓在赤坎业药材生意，我则认冯君为亲戚，同来雷州看游神，不料而遭此事变，潘、李、冯三位，则适由坎来雷收数。敌兵严厉检查，亦不得任何公务人员证据，故只将各人身上之私款与金器等，尽行夺去。如是敌兵日本十数次，由早至深夜，兽兵观我等皆斯文中人，暂亦不加任何恶意。及后有一通雷州话与广州话之日兵详细询我们姓名、住址、职业，我等均一一伪答如前。此兽兵似颇精灵，似看出我等之破绽，而欲加以陷害，故至深夜亦不去。最后，谓雷州组织维持会，要我等四人出席参加，不久始离屋而去。

及后我们商议，在雷州没有一人不认识我等为银行职员，且此种出卖国家民族之勾当，宁死不从，此时我等之生命，已危险万分矣。及后商议结果，维持会当然不参加，与其困守待死，不如冒险出走，能逃出敌之包围，则可有生之希望。因此第三日晨天刚亮，我等即慌忙由小路逃出城外，途中适遇曾借款之农民，知我等遇难，即带我等返其家煮粥，及借乡村妇女之衣服与我换，又以甜酒给我等饮，以壮胆量。他们如此诚恳，乃完全由于贷款之结果。当时我等已三日不食，为着逃出虎口，亦不顾疲劳，继续前进，由乡人带路，从小路至杨村而抵坎，下午四时始到达，途中遭遇倾盆大雨，衣服尽湿，且三日不曾食半粒饭，又受如此惊恐，将抵杨村已人事不省，幸各人皆如同难兄弟，互相照顾，否则，恐已不存于人世矣。

此次海康之失，不及十分钟，敌兵已到，各机关及各公务人员之公务行李多不及带出。我们至坎，衣服被毫无，身上数十元私款，亦于被困时被兽兵夺去，饥寒交迫，殊为凄惨。

查此次海康沦陷，各同寅之脱险，得乡人之帮助极大。各村农民见有银行职员者，必欢迎带路及煮粥等。又海康著匪符永茂，各机关人员逃险经符村，必为符贼党羽所害，不死于敌，即死于贼，惟本行同寅，彼等土匪谓银行者放行，而不致受害。所以事后康处各同寅皆笑说农贷救了康处同寅之生命。

三月十三日

（《农贸消息半月刊》1941年第4卷第3-4期第11-12页）

已另发救济品之村，救济区会不再配发

本报特讯，本县善救协会，上次会议议决：将工赈米一千四百零二斤，定于廿四日在参议会开投，各情经志廿三日本报，惟查是无人投承，当□昨（廿六）日下……会议议决：其愿承领者，准照原底价全数一次过给领，价款即日清交县府罗庶务海安暂管，至于已另配发救济品之灾情惨重村庄，对于各乡镇区会所领救济品，应否再行配发各该村庄……决，不必再行配发云。

（《海康民报》1946年9月28日）

歹徒六人洗劫寡妇，劫去棉被一张、鸡一只、米石余

本报特讯：在城镇第八保第十甲门牌第五号（本城外猪仔行）寡妇叶氏，家无男子，素为米小贩，以博蝇头谋生。前（廿六）日，适籴入食米石余，于是夜将近十时，即被匪徒入内行劫，该屋大门不甚坚固，为歹徒踢坏闯入。歹徒共六人，禁吓寡妇不准声张，然该妇以食米等物，为生活所依，无啻生命，乃拼命纠缠歹徒，歹徒拔出曲尺手枪指吓，该妇夺其枪，摸之松软，事后料必系麻骨伪发者，并非真枪，然众寡悬殊，卒被劫去棉被一张、鸡一只、食米石余。事后镇公所及驻在警察据报，即出追捕。然已远飚，卒未捕获。翌日（廿七）镇公所派兵到附近各民家搜查，未见赃物，并将略有嫌疑之卖鸭贩、小贩带所讯问，□亦无线索，后由保甲保领回家云。

（《海康民报》1946年9月28日）

海康各界前日举行"五九"国耻纪念会

前（九）日为"五九"国耻纪念日，海康县党部……中央规定召集各界在运动场举行大会，查日上午七时开会……会团体有海康县党部、县政府、县参议会、县教育会、省立雷师学校，遂……第二小学校、海三初小学校、海康县商会、海一女小学校、海康自治……会、县立简易师范学校、海一二区公所、海一小学校、南亭镇独立小学……县兵队、民教馆、海二小学校、本社、雷城公安分局、警卫第卅九大队及第一二中队、雷州印花烟酒税稽征所、县蕃殖场、海康地方法院、海教□会等机关、团体、学校、军警全体，暨各民众参加者共千余人，推举县党委周景华主席领导行礼毕，旋由主席宣布开会理由，继由县党部总干事池天演□□"五九"国耻事略。后由林县长振德及雷师学校学治会代表陈其辉等相继演说，语多勉励复仇雪耻，发挥尽致，听者皆为动容，讲毕八时二十分，始高呼口号而散。

（《雷州民国周报》中华民国二十五年五月十一日 星期一）

海康县政府布告
伯三教字第一〇六一号　中华民国卅八年四月十一日

现奉行政院三十七年十一月廿六日财字五二八六四号训令，内开：

查公、自费留学生结购外汇规则，前经由□修正公布通饬施行在案。兹为统一规定公、自费留学生结购外汇各种法令，经交付审查报告留学生考试业经暂停举行，已考取之自费生尚未出国者，现亦为数不多。此项学生所需外汇，自亦有限。为培育国家人才，政府对于此项学生，似宜给予外汇便利，俾能出国深造。修正公、自费留学生结购外汇规则，仍须照案施行。所有以前与本规则不同之规定，似可均予取销。惟此项学生应限于卅七年年底以前出国，逾期尚未出国，即注销其资格，不□申请外汇。但各自备外汇出国者，应照教育部自备外汇申请出国留学办法办理。又为便于公、自费留学生结购外汇规则之实施免歧义起见，并将规则有关系条文详释于次：一、原规则第三条第二款所列之奖学金生，系指三十七年八月十九日财政经济紧急处分命令颁□以前经教育部俟准出国之奖学金生；同条第三款所列之自费生，系指三十六年十月廿四日本规定公布以前已在国外大学肄业之自费生。二、原则第五条所列留学期间，系指规定之留学期间。三、原规则第八条所列奖学金，系指三十七年十月廿四日本规则公布以前及公布后已获得之奖学金生等语，并经提出三十七年十一月廿七日本院第十五次临时会议决议"通过"，应即通饬施行，限分令外，令行令仰遵照等因。奉此，合行布告，仰本县留学者周知为要。□。

此布

县长陈桐

（《南合日报》中华民国卅八年四月十九日　星期二　第二版）

（二）经济

雷州之蒲包业
蔡鹤龄

雷州为广东南陲半岛，地多平坦，且位于温带，气候适宜，产生蒲包、谷米、糖蔗、番薯、花生及生果等类，出口颇多，尤以蒲包为最。查中国出产蒲包，以雷州、肇庆两地为最富。但肇庆当西江下流，蒲田每有水灾浸陷之虞，不能擅操胜利。雷州则天时水利均适，业此者，可以计日取利。据雷州海关之报告，蒲包出口最多代价，年达六百万元左右，贫富沾润利益不少。慨自民国肇造以来，连年兵燹匪祸，雷州男女流离奔徙，倘非藉织包为投难生涯，几无噍类矣。语云："草菅人命"，其即雷州今日之谓乎？近年雷人因生计困难，织户希图快捷渔利，织包疏小，包裹多漏易坏，以致日本等国改用麻包。后雷州包行有见及此，于民国十三年，发起组织"雷州改良蒲包会"，以期锐意改良。兹姑胪其概要如次，俾关心该业者，知所攘臂发展焉：

（1）种植。砂质粘土，四季有水湿之坑田，均能种植蒲草，尤以常有泉水涌流之田，最为适宜。蒲草生发最盛期，为二月与八月间，故种草多于夏冬两季行之。种法先将土耕犁一次，即移别田草秧，十余株插下，其纵横距离约尺许，如插秧焉同时由草秧中间屈成锐角形，埋草尾于地下，不久即见草头萌发新芽，约数阅月，已蕃殖满田矣。

（2）肥料。熟石灰、豆麸、猪牛粪、人粪、塘土等均合。

（3）收获。蒲草种期，约一年至年余，可以收割。如一年收割者，草长三尺左右，多用以织细包。二年外收割者，草长七尺左右，可织大包。一石田草（雷斗约耕三斗种），价极贵时，可值入百元之谱，其获利超过稻禾七八倍。惟抽草颇辛苦，工人先用草铲，连草头抽起，移上旷坡晒干。又选其长短整齐，斩去头尾，然后分缚成口（一尺围），分派各户织包。长草每口约织席五张，值银一元二角左名云。

（4）织席包。蒲草组织成席，谓之蒲包。产草地之贫民，多以织席为织业。惟蒲草要经春软，始能织物。常闻老少男女，谓每日织席数张甚易。但春草手续，异常劳苦，令人气喘欲绝云云。近世机器昌明，倘能利用压草机器，则可免人力之苦，而收事半功倍之效矣。

（5）用途与出口。除内地用为卧具、舟航等使用外，多运出日本、台湾、暹罗、青岛……诸埠，包裹货件，为不可少之物。

（6）包价之涨落。包价之原因涨落，厥有数端。最大原因，则为包行之垄断，如民十年前种草最繁盛期，包行即消极拒买，致价格一落千丈。民十以后，业此者，鉴于损失巨资，番田耕禾者固多，而兵灾匪祸之酝酿，至种草失败者，亦复不少。且近来国际交通，未受何种影响，故数年间，求过于供，包价极其畅达。今年因省港罢工，交通梗塞，则又有落价贱沽之势。总之，蒲包行商，如操外人之手，可决其永无转机之希望也。

综上所述，蒲包乃雷州之重要产物，亦销路最广之用品，如每年输出常达五六百万元。倘能加以科学改良，使草质纯美，增加用途，并用机械织包，而省人工，则利源倍蓰，计日可待，记者最近希望：

（一）蒲包行及有资产者，应出资购或制造新式压草机器，使制品迅速达优良，并免人民之种种疾苦。

（二）政府或华商，集资开设包行，直接运输与外埠交易，以免洋商垄断利权，而保持平衡之价值。盖蒲草久留则枯萎，且填占地土，亦非经济。奸商常乘机营利，致包价起伏无常，非设法救济不可。

以上二点皆目前之重要补救方法，甚希雷人急起图之。

(《农声旬刊》1928 年第 81 期第 11 – 12 页)

海康米价略跌

海康民食问题，迩因青黄不接，□粮日见昂贵，民生颇觉痛苦。现查禾稻已届成熟，各处田畴，可望丰收，新谷已有登场，连日输上市面发售者，经已数见，粮食形势，类呈和缓。市场销售，虽属不恶，惟是人心淡向，大势转移。计日前坡稻谷每石可售价十元，现在跌去二元有奇，黄粘谷每石售价七元六角，现已跌去一元左右，而早谷每石现可售价六元八角，影响所及，米价亦略降低，闻届收获完全，谷价更形和顺，此实民食前途之佳音也。

(《农声月刊》1931 年第 151 期第 74 页)

雷州米价趋跌

近日，雷城墟面米行系因大熟业经收获，对于各村农家均有储粮。故每逢市期，颇有溢满街道之势。于是墟面之供倍于求，以致米价随之跌落。查此数天，墟面米价比较以前，每升跌落铜元约四五枚云。

(《农声月刊》1932 年第 153 期第 51 页)

雷州半岛徐闻县之蔗糖业

中央农业实验所 彭绍光

1. 引言；2. 气候与土壤；3. 蔗糖产量与分布；4. 甘蔗栽培；5. 制糖概况；6. 经济概况；7. 糖之运销；8. 改进意见

一、引言

广东雷州半岛位在东经 110～111 度之间，北纬 20～21 度之间，徐闻乃雷州半岛之头部，伸入海中，与海南岛对峙，北部与海康接壤，全县面积为三四二三〇〇〇亩，其中水田面积为一九一四〇三亩，旱地一一六六七九亩，山地三五二一六〇亩，荒地一三五六六五〇亩，森林一四〇六一五八亩。徐闻在十二三年间为土匪占据，民不聊生，后为陈济棠氏剿灭殆尽。二十二年间广东省建设厅农林局古主任桂芬在大水桥设立垦殖场，又第一集团军陈济棠氏在下桥那里与曲街附近设立军垦区，利用机器，垦殖荒地，提倡种蔗，成绩甚佳，引起社会人士对于徐闻之注意。后因抗战关系，徐闻接近战区，常为敌人觊觎，而且外间盛传徐闻老虎多，瘴气重，以致有志于斯地工作者，都裹足不前。据作者考察结果,认为徐闻虽有老虎,但不若外传之多,瘴气虽重,倘注意预防,亦不似外传之厉害。但徐闻之富庶,诚非外间所知,其气候之温和,土壤之肥沃,东区森林之繁荣,西区平原之优美,农产品之丰富,并不亚于广东省任何角落。尤其徐闻之甘蔗,更为著名。倘将其东部森林垦殖,而改种甘蔗,将来徐闻糖业实可与海南岛对抗。

二、气候与土壤

徐闻素无气候纪录,所有者仅为民二十四年军垦区之纪钱,兹将其列下,以示其大概:

徐闻民国二十四年度之气温与雨量表

		1	2	3	4	5	6	7	8	9	10	11	12	总数
气温 F	最高	85	80	91	95	93	96	95	94	90	88	84	81	
	最低	59	50	65	65	78	82	81	80	75	75	57	52	
雨量(公分)		9.8	10.1	10.2	195.0	130.0	100.0	195.0	315.0	200.2	230.0	80.0	8.0	1483.3

徐闻全年无霜雪,气温颇高,可称为亚热带气候。甘蔗生长时间长,比川、桂、赣、闽诸省为适宜。全年雨量在1500公厘左右,十二、一、二、三月似嫌较少,有碍甘蔗生长。据温主任大明在徐闻十三年称:徐闻雨量变异甚大,分布不匀,对于甘蔗生长影响甚大。如雨量足,甘蔗生长甚佳,产量甚丰,否则生长劣、产量低。故在徐闻如拟大规模植蔗,为求固定产量计,务须提倡水利。但徐闻河流极少,不易利用为灌溉,挖井用抽水机泵水灌溉似为一法,在森林区域,可以挖塘蓄水灌溉。

徐闻东部森林地带之土壤为黏土,土质肥沃,有机质多。西部平原地带之土壤,除水田外,大部为砂质土壤,松碎,排水易,犁耙易。

三、蔗糖产量与分布

徐闻辖八乡二镇,以县城为界,城之东边为东区,为森林地带,城之西边为西区,为平原地带,蔗糖以西区为较多,其中以迈戴乡为最多。该乡原为迈陈与戴黄二乡,现将二乡合并,改名为迈戴乡。其次为西角乡与附城镇,东区产糖较少,其中以白龙乡为较多。兹将各乡镇之甘蔗面积与红糖产量列下:

乡别	甘蔗面积（亩）	红糖产量（担）
迈戴乡	一〇五〇〇	四二〇〇〇
西角乡	六七五〇	二七〇〇〇
附城镇	三〇〇〇	一三〇〇〇
东区	一一〇〇〇	三五〇〇〇
合计	三一二五〇	一一七〇〇〇

全县甘蔗面积计有三一二五〇亩，红糖产量一一七〇〇〇担，几与海南岛全岛之蔗地与产量相颉颃。

四、甘蔗栽培

品种。POJ2878与POJ2725在徐闻种植，甚为普遍，几与竹蔗栽培面积相等。前者每亩红糖量为四五担，如施足肥料可达八九担。竹蔗每亩产红糖量仅二三担，最多不过四五担，而且糖质劣，但其抵抗性强，在干旱浇瘠土地生长比POJ2878者为佳，故其仍有保留种植之价值。POJ2714与POJ2883亦有种植，惟不若POJ2878与POJ2725之普遍。

播种期。普通在一、二月间播种。据农民称，播种愈早产量愈高，但播种早，最忌无雨，影响发芽。徐闻冬季无霜害，秋季植蔗最为适宜，藉以延长甘蔗生长期，增加产量。

东区种蔗法。在东区森林地带种蔗，先斩去树木，放火烧灭树枝与野草，然后用锄挖穴，放蔗苗于穴中，无须施基肥与追肥，自后惟有中耕、除草与培土，根据石菱溪芝麻岭蔗场在森林地种蔗结果，第一年因为播种太迟，每亩蔗量仅150斤，第二年则达550斤。在冬至前后收获。收获方法：斩蔗梢，去蔗苗，剥干叶，然后刈倒蔗茎，用牛车运回糖寮，留在田间之蔗叶以火烧之。因为东区柴草多，无须以蔗叶为燃料，顺在田间烧之，可以利用其余灰为肥料，同时蔗田经火烧后，地下之根茎发芽比较整齐。东区之甘蔗以第一年宿根产量为最高，第二年次之，可以连宿根三四年，然后与花生、白豆、红薯轮栽。

西区种蔗法。西区种蔗比东区较为精密，蔗地犁耙后开沟，植蔗沟中，施猪粪或牛粪为基肥，以后中耕、除草、培土均与普通一般相同，有时或施追肥，每亩产红糖量可达6～7担。收获方法将蔗茎斩断，用牛车运回糖寮，然后去梢切苗剥蔗叶，在田间无烧蔗叶之习惯，因为西区柴草少，价格贵，用蔗叶为煮糖燃料，此间有一种除草器，示于下图，由牛拖动c部、a部为一铁片，以手按着b部，可使a部在地面走动，将草刮去，应用上甚为方便。

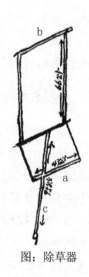

图：除草器

病虫害。病害以黑穗病、赤腐病、嵌纹病较为厉害，虫害以螟虫、白蚂蚁较为严重。

五、制糖概况

设备。榨台中间安置石䃯两个，台之直径为 400～500 公分，台顶盖草，石䃯高度 62 公分，直径 64 公分，以牛拖动，日夜开工，用牛五六只，三人轮流榨蔗，一人放蔗，一人搬蔗，一人管牛。甘蔗连榨三次，每担蔗得水 50～60 斤。军垦区前由广州定制铁榨蔗机三架，每机有三个铁轮，一字形排列，中间轮较大，直径为 72 公分，刻横纹齿牙 46 个，齿牙间距离半公分，两旁二轮直径为 56 公分，横纹粉牙卅个，三铁轮高度相同，均为卅一公分，中间轮之轴心比较高，套入铁罩，将榨弓拴上铁罩，由牛拖动中间铁轮，两旁铁轮分左右两边旋转，由二人对立放蔗，甘蔗榨四次，每担蔗得水 60～70 斤左右。此种机器缺点甚多：（一）机轮太大而重，牛拖吃力。（二）三轮一字形排列，需用两人放蔗，如广西之铁榨机，亦为三轮机，品字形排列，可用一人放蔗。（三）铁轮均为横纹齿牙，榨蔗不干净。糖寮长约 700 公分，阔 450 公分，寮顶盖草，寮内设备最主要者为糖灶与糖汁池各一座。糖灶在寮之一角，灶口在寮外，品字形，三铁锅，锅之直径 62 公分，灶门高 93 公分，阔 30 公分，无烟突。糖汁池为一石灰砖盆，长 190 公分，阔 100 公分，专为载糖汁用。大水桥垦殖场之糖灶为四锅，一字形排列，锅之直径为 66 公分，灶口阔 40 公分，高 29 公分，有烟突。以木柴为燃料。

制糖。东区与附城大多制白糖，西区制红糖。加制白糖，先将蔗水煮沸，加石灰去泡，倾入澄清盆。盆为圆形，直径 118 公分，高 38 公分，蔗水澄清后再煮，煮到相当浓度，即倾入糖汁池，隔一日后再移入锅内煮成糖清，然后上漏。漏为圆锥形，高 48 公分，直径 37 公分。此间制白糖不讲求品质之优劣，而在求数量之多寡。因为制糖师傅之工资，以每日煮糖量而定，而且上白糖与赤白糖之市价相差无几，故煮糖以"老火"为佳。桔水漏后不盖草，即将漏内砂糖倒出，用铲糖刀将糖刮碎，晒干则为赤白糖。类似四川之桔糖，颜色黑而杂质多。如制红糖，蔗水无须过滤，去泡后直煮成糖为度，然后将糖倒上糖床，床上有一定尺寸之方格，糖冷却后即成砖糖，每块长14公分，阔7公分，厚3公分，重一市斤。一锅糖可得砖糖70块，一日可得砖糖1000块。

六、经济概况

斩蔗八人一日煮糖一篑（砖糖1000块），可得工资4000元。煮糖师傅一人2700元，榨蔗四人共得4500元，牛工六只2000元，其他费用1500元。糖寮煮糖一日共开支14700元。兹得片糖一篑之成本与价值估计于下，以示徐闻蔗农之收入。

蔗农植蔗二亩，可得纯利二万五千余元。普通一家最多植蔗十余亩，一年收入最多不过十余万元，获利之微。可以想见，在今日物价高涨之际，赖此微利，供养一家数口，确难维持，无怪蔗农叫苦连天，不愿种蔗，而图别业。而且徐闻蔗农有卖"蔗花"之习惯，其意在甘蔗未成熟前，因无钱周转买肥料，迫不得已将蔗卖予财主，将来收获所得之糖以借钱时之价值抵还财主。湛江恒隆糖厂搬到徐闻，最主要目的在收买"蔗花"，闻去年冬该厂由收"蔗花"一途已赚得数千余万元。

七、糖之运销

徐闻无一集中市场，最大者为县城，其次为迈陈镇。因为港湾多，出口易，各地蔗糖无须运县城，直接可由附近港湾出口，故徐闻走私漏税之风甚盛。在徐闻如欲大量买糖，先由买主定一价值，由经纪人到各乡物色卖主，如双方同意到则可成交。徐闻糖大多运往赤坎、广州湾等地推销。徐闻地广人稀，全县人口不到十五万人，全年食糖消费量最多7500担，尚有余糖输出县外。

八、改进意见

设立蔗糖试验场。凡事无改良，则无进步，我国虽为产蔗原地，因为不求改良，故蔗糖事业皆形落后，今后为谋发展糖业，非改良着手不为功。查海南岛与徐闻均为亚热带之区域，对于甘蔗甚为适宜。为改良我国糖业，应在海南岛或徐闻设立蔗糖试验场，从事大规模蔗糖之研究。场址以海南岛榆林港之产业试验场或徐闻县大水桥之垦殖场为最适宜，场内分设（一）育种科——举行甘蔗杂交，育成之杂交苗分送川、桂、赣、闽、粤诸省，自行选拔与淘汰。（二）种植科——研究甘蔗栽培方法，与解决肥料问题。（三）制糖科——研究制糖方法。（四）化学科——分析甘蔗化学成分。（五）糖业工程科——研究犁田机、榨蔗机、离心机、抽水机、过滤机等机器。（六）病理科——研究甘蔗病害与防治方法。（七）昆虫科——研究甘蔗虫害与防治方法。

提倡机械。海南岛与徐闻荒地甚多，如用犁锄开垦，恐难收效，如用机器垦荒，比较经济而有效。近日善后救济总署，输入犁田机甚多。由政府指定徐闻之东区与海南岛那大及万宁附近为垦区，利用此种机器垦荒种荒，以作示范，用牛拖动石辘榨蔗，费工费时，甚不经济，最宜提倡机器榨蔗，以省牛工与人工，提高抽水率。

分设良种繁殖场。由政府选定海南岛之澄迈（白莲乡）、崖县、嘉积、儋县四县与徐闻县之迈陈镇为场址，分设良种繁殖场，大量繁殖蔗糖试验场育成之良种。

提倡水利。海南岛与徐闻雨量分布不匀，有碍甘蔗生长。为求固定甘蔗产量，务须设法提倡水利，在海南岛可以利用河流筑坝导水灌溉，但徐闻河流少，难以利用，挖井以抽水机泵水灌溉似为一法，在森林区可以挖塘蓄水灌溉。

推广良种。POJ2878 与 F108 在海南岛与徐闻生长甚佳，适宜于低地栽培，其缺点不能抗旱。CO290 为一抗旱品种，在川、桂生长甚强，可以引进试种。目前惟有推广上项品种，推广办法务求集中，推广地点以良种繁殖场附近为最方便，以后逐渐扩大范围。

设立新式蔗厂。在海南岛之澄迈（白莲）、崖县、嘉积、儋县等四县与徐闻县之迈陈镇附近良种繁殖场建设新式糖厂各一间，每厂榨蔗，由 300 吨至 1000 吨之间，从事大规模蔗糖生产量，同时在非榨蔗期间可以提炼土糖为精糖。

贷款。由糖厂贷款蔗农种蔗，将来由蔗农以蔗卖与糖厂，抵偿借款，凡欲设立糖厂或购买机器者，政府应以奖金或贷款鼓励之。

(《农报》1947 年第 12 卷第 6 期第 39 - 42 页)

雷州水草因旱失收

草类出品，原为粤省特产。连滩、太平等处，每年贩赴欧美草席、绳等，年有增加，几与日本抗衡。即雷州草包，亦足供全国及南洋、东洋商人装包货物之用。现据洋庄草席庄谓：去年因得洋行改定月结期结后，内地商人颇易周转，出产额比前略胜。但各种水草，俱觅沿海坦边栽植，去年下半年中，天久不雨，产地多已干涸。水草虽不枯槁，亦难发育，织造原料大受影响，月来甚少办到。即雷州草包，据广州湾船员称，该处人民多以此为生活，近因水草失收，多有不能接续，近日来货亦疏，尤以加长草包少到，损失甚巨云。

(《农事双月刊》1928 年第 7 卷第 5 期第 66 页)

令海康县勒令商会收回半毫流通找换券
财政厅训令 总字第二七八五号 二四，七，十五

令海康县县长：现据海康、徐闻、遂溪等县税收视察员朱伯清呈缴本年五月份月报表，请查核办理。查原表第二项内载：海、徐、遂等县最近流通之货币，□有铜□、银毫、大洋、港纸及海康县商会去岁发行之半毫找换券诸种。此项半毫流通找换券仅能行用于城厢附近，对于调剂金融绝难期望收效，且纸质极劣，每易伪摹，兼无固定基金，人民因而不甚乐用，似应严令该县商会即予悉数收回，以免混乱金融等情。据此，查本省各县银钱行号、商店及地方机关、团体，上前间有擅发纸币，或发类于纸币之各种凭票券单，本厅以其扰乱金融，妨害币政，历经分别查禁取缔有案。据报前情，合行令仰

该县长即便遵照，勒令该县商会于奉文日起登报通告，限一个月内将发出之半毫找换券一律以现金收回，连同未发出之券一并截角，开列数目清单，缴县验明销毁，以维币政，毋任藉延，仍将遵办情形报核，切速。此令。

（《广东省政府公报》1925年第301期第42-43页）

海康县之民食调剂办法

广东民政厅指令 第一○○二三号 十九，九，廿六

令海康县县长李辉南：呈一件，呈报遵省府令弛禁谷米出境以后筹议维持粮食情形及规定取缔办法缘由，请核示由。呈悉。既据分呈，仰仍俟省政府核示遵照，并录令报厅备查可也。此令。

附抄海康县呈：

呈为呈报事：案奉广东省。政府第五一二六号指令，"据县长具呈，恳予通融，将海康一县暂缓弛禁谷米出境，以维民食由。令开：呈悉，仰仍遵本府寒电办理，以免分歧可也。此令"等因。奉此，自应遵照办理。惟查县属地方，连年荒歉，仓廪空虚。近自奉令弛禁谷米出境以后，本地粮食更形缺乏。有等奸商，复利用时机，从中垄断，囤积居奇，以致供求不能适合，米价由是日增。近更突飞猛涨，骇人听闻，富者尚可支持，贫者难图一饱。倘任其增涨无已，不独有碍民食，即于军食亦蒙重大影响，亟应设法救济，以安人心。当经致函本县警卫队管理委员会，饬即召集地方人士，筹商办法，具覆来县，以凭斟酌采择。并先行布告严禁奸商垄断居奇，高抬市价，以平民食在案。嗣据该会函复，遵即邀集当地各团体磋商，佥以县属米荒，或由于奸商之垄断，或由于富户之居奇，诚有如明谕所云者。复查省令严禁遏粜，原为调剂内地民食起见，而奸商之偷运出洋，实乖调剂初旨。若不稍加限制，虽内地如何设法救济，终难弥补。拟请由县府通令，出口米谷须先赴县呈报，查明到达地点，方准放行。对于省令既无抵触，对于地方亦稍补救。至于富户居奇，应一律限制谷价，不论何项谷类，每石不得抬至十元以上，似于维持民食不无小补。合将会议情形函复核夺等情到县，查所议办法均属目前救济粮食要图。惟所拟无论何谷，每石不得抬至十元，以上一节，是否妥协可行，有无其他妨碍，仍应统筹兼顾，以期周密。复经令饬本县商会详加核议，呈覆察夺去后。现据覆称，查目下之最上粘谷，每石谷价可值大洋一十二元，县警委会所议限制谷价，若以大洋计算，比较香港、澳门等处市情已略相符，拟请改为无论何谷，每石不得抬至大洋十元以上，则调剂平允，较易推行等情，呈请察核前来。覆核所称亦系实情，应准如议办理。兹由县长特将取缔办法明白规定：嗣后凡有出口米谷，务必预先来县具报，听候派员查明到达地点，方准放行，否则概行扣留罚办，庶于弛禁之中仍寓限制之意。至各商民如有积存谷石，须一律提出平粜，无论何谷至高价额不得抬至大洋十元以上，倘敢抗违，查出立行传案重办，用资救济而维公安。除布告周知暨分行查照，并拟邀同本县绅商筹集款项，派员分赴外县采购米石，举办平粜以维民食，一俟筹定办法再行具报

外，所有遵令弛禁谷米出境以后，筹议维持本地粮食情形，暨规定取缔办法各缘由，是否有当，理合具文呈报钧厅察核，伏乞指令祗遵，实为公便。除分呈外，谨呈广东民政厅厅长许。

海康县知县李辉南

（《广东省政府公报》1930 年第 134 期第 115 – 116 页）

奖叙海康县经募国防公债出力人员

广东民政厅训令 第四四七九号 二二，十，二

令本厅所属各机关：为令知事：现奉省政府财字第四四四六号训令开：据财政厅呈称：据海康县县长缪任仁呈称：案奉钧厅债字第五七八号训令，呈奉广东省政府财字第二七五八号指令，以紫金、化县、海康等县此次募集国防公债能于规定期限依额销足，以济要需，推销尚称得力。足见各该县长平日办事认真，驭下有方，殊堪嘉尚，应准各记大功一次。其余在事出力人员，着由厅饬县酌予奖叙，以励来兹。附抄原呈转行饬县遵照，酌予奖叙，具报备查等因。查职县奉派国防公债九千元，县长服务党国，责无旁贷，自应设法依额推销，遵限报缴，以固国防。而经募属员、财政局长、课员及特务员并收支员，勤慎奉公，此次派销国防公债，能遵命体察地方情形，按照历次派销债卷成案，分向各殷富酌量派销，严紧督促，于最短期间内依额收缴完竣，似属不无微劳，应予嘉奖。再，前奉派二次军券三千元，职县未及一月，能依额募足解缴，亦系该长员经手派募。经奉钧厅债字第二三二号训令饬县将经募员司职名查明列单呈候核转，分别记功，以资奖励等因在案。兹奉前因，理合将经募国防公债及二次军券出力人员姓名一并列单，备文呈报钧厅察核，俯赐转呈广东省政府核明，准予分别记功给奖，以资鼓励而勉将来等情。计呈缴经募国防公债及二次军券出力人员名单到厅。据此，查本案前经将派销国防公债依限销足之资金，化县、海康等县列单，呈请嘉奖，经奉钧府核明，准将各该县长各记大功一次，其余出力人员由厅饬县酌予奖叙，令厅转饬遵照有案。兹据该海康县县长缪任仁将经募国防公债及二次军需库券出力之财政局长员林逸尘、缪汉屏、黄逸生等列单呈请核明，分别记功给奖前来，应否准予将单开各员分别记功，或给予奖章，以资鼓励之处，理合据情呈请钧府察核示遵等情，计钞名单。据此，应准各记大功一次，以示奖勉。除令复外，合将名单钞发，令仰该厅即便知照，并通饬各县、市一体知照，此令，等因。计钞名单。奉此，自应遵照办理。除分令外，合将名单钞发，仰该○○即便知照。此令。

附钞名单：

海康县财政局长林逸尘

海康县财政局三等课员缪汉屏

海康县政府特务员兼收支员黄逸生

（《广东省政府公报》1933 年第 238 期第 48 – 49 页）

海康县市秤捐准暂抽收

广东财政厅指令　总字第二〇五九号　廿三，七，十四

海康县政府呈一件：呈复查明抽收市秤捐用途，请察核由。

呈悉。该县批准裕益公司承办县属市秤捐，其认缴饷额，既据先后查明，系分别拨充乡师学校经常及增班费之用，该裕益公司并无强制买卖及滋扰，应准照案暂予抽收，分别拨支，以重学款。除呈省政府察核外，仰即遵照，并转该县属东海等村渔户代表陈良才等一体知照。此令。

(《广东省政府公报》1934年第266期第50-51页)

海康县民米征价表

民米岁征原额一千零六十八石六斗七升七合九勺			
款名	每民米一石应征价		
	分计	合计	由两伸元
正价	二两一钱五分五厘	二两七钱二分二厘	三元七毫八仙
耗价	三钱四分五厘		
羡余	无		
杂费	二钱二分二厘		
现定统征价三元七毫八仙			
应征额银四千零三十九元六毫零二文			

(《广东省财政公报》1926年号外第357页)

遂溪县地丁价表

地丁岁征原额一万零五百八十两零零六分六厘			
款名	每地丁一两应征价		
	分计	合计	由两伸元
正银	一两	一两四钱五分	二元零一仙四文
耗银	一钱六分九厘		
平余	五分		
规费	二钱三分一厘		
现定统征价二元零一仙四文			
应征额银二万一千一百零八元二毫五仙二文			

(《广东省财政公报》1926年号外第357页)

海康县呈报整理地方财政情形案

广东省政府指令 财字第一九一八号 十七，十二，十九

指令海康县长：

海康县县长刘鄂呈报整理地方经过实情，并连同提交县政整理设计委员会整理地方财政案一纸，当否乞核令遵由。呈及附件均悉。该县长剔除陋规，为地方增加收入，殊堪嘉许，应准予备案，仰即知照。此令。附件存。

附原呈：

呈为呈报事：窃查职县地方财政，向由县公署经营，凡属地力税收，亦概由县公署批商承办，地方不复闻问，一任县长处分。历年以来，率由旧章。故承办地方税捐商人每于新县长到任时，例须更换新约，用以保障其征税特权。而各项税捐之是否批予旧商承办，抑批予新商承办，惟新县长之意志是从。盖以承办地方税捐为重利所在，新官莅任，商人辄以重金送诸县署，竞求承批，名曰公礼。近数年来，此项公礼授受已成公开惯例，公礼数目有加无已，地方税收则迄未加多。其原因实由于商人每凭公礼之厚重以得承批，县长亦惟视公礼之厚薄，以决其取舍。地方税款收入因无加增，驯至地方财政支绌异常，一切建设事业，无从着手，职此之由。职莅任以来，计划革新，以为扩充地方收入，实为从事建设之先决问题。爰将此项批商承办税捐，力加整顿，取销公礼陋规，加多地方收入。谨缕陈整理情形如下：

第一项，县属薯莨、海味、咸鱼捐，原批商每月认缴饷九百二十元，承办公礼例有一千二百元，现职将公礼取销，增加为每月认缴饷一千零三十元，批商承办，公家收入年增一千三百二十元。第二项，县属蒲包捐，原批商每月认缴四百元承办，公礼例有三百元，现职将公礼取销，增加为每月认缴饷四百三十元，批商承办，公家收入年增三百六十元。第三项，花筵捐，原批商每月认缴饷二百三十元承办，公礼例有三百元，现职将公礼取销，增加为每月认缴饷三百元，批商承办，公家收入年增八百四十元。第四项，县属船头印烙捐，原批商每月认缴饷七十元零五角承办，公礼例有一百元，现职将公礼取销，增加为每月认缴饷八十五元，批商承办，公家收入年增一百七十四元。第五项，县属外区防务经费附加警捐，原批商每月认缴饷二百二十元，公礼例有三百元，现职将公礼取销，增加每月认缴纳饷四百元，招商承批。县属商人因此项税收手续复杂，无人承批，经职将该项附加税捐，令饬警察各区署经收，预算每月有四百元，公家收入年增二千一百六十元。第六项，县属附城防务经费附加警捐，原批商每月四十元承办，公礼例有一百元。现职将公礼取销，令饬警察第一区署经收，每月可收百元，公家收入年增约七百元。惟二成货物捐一项，向由雷州海关带征，每月认饷四百元，承办不能加捐，一仍旧贯。综计职取销公礼、整顿税捐之结果，职县地方财政收入年增五千元以上。

现在职一方面仍继续整理地方财政之其他收入项目，一方面召集地方各界，组织县

政整理设计委员会，编造预算，力促地方财政管理委员会之成立，以期统一地方收支。并经□提出关于财政整理设施各方案，交该会妥议，务将地方财政交归地方整理，以植人民自治之基础。所有整理地方财政经过实情，理合备文连同提交县政整理设计委员会整理地方财政案一纸，呈请察核，是否有当，敬乞指令祗遵，实为公便。

谨呈

广东省政府主席

计呈缴整理地方财政案一纸。

附原呈整理地方财政案。

（一）组织地方财政管理委员会

（说明）地方财政，由县署管理，其弊有二：一则县长任职无定期，未能深悉地方财政情形，不仅应兴应革事宜，无法作适当的办理；即预算决算，亦难编造。求其统筹全局，节量开支，更不可能。若由地方管理，则决无此常易生手之病。二则地方财政收支计算，必有严密审查，以昭郑重。既由县署管理，自未便随时向其要求此种审查权利，殊非所以爱惜县属财政之道。且现在训政开始，自治为先，一切要政，都要由地方人民举办，何况财政？故将提议组织地方财政管理委员会，管理地方财政一切收入支出事宜。不过县署行政为数有限，虽已由地方款每月补助一百二十元，而从前各县长，仍在地方款内另支三百元，或四五百元不等，今既将地方财政划归地方整理，所有县署临时费用，不能不量予补助，但须有一定限制，以期无妨碍于行政。

（办法）由县政整理设计委员会负责组织地方财政管理委员会筹备处，筹备一切。至地方财政管理委员会组织方法，应照北海行政会议议决条例办理。俟其成立后，县署即将地方财政税捐收入全部交出，由地方财政管委会接办。县署临时特别费，应由地方财管委会余原有补助费外，按月另行补助二百元。至县政整理设计委员会，另有专案提付公决。

（二）增加预算

（说明）现在地方财政入不敷出，自应增加经费，以裕开支。且此后一切地方自治事业，都要举办，更非增加预算不可。

（办法）由本会议议决地方款应增数目，并指定款项来源，交财管委会筹备处根据增加款项统筹全局，编造预算。

（三）统一收支

（说明）收支不统一，地方财政决无法整理，尤以警区自由收捐为害地方滋甚，极应基本取缔，以杜苛征。此后地方一切财政，应由财管委会统收统支，各警区及各机关均不得自行抽捐筹饷，以昭划一，而免滥征滥支。

(办法)由本会议议决,待管委会成立后,由县长通令各机关遵行。

(《广东省政府周报》1928年第66期第62-65页)

查禁海康县钱粮包征流弊案

(一)指令海康县县政整理设计委员陈锡厘等
广东省政府指令 财字第一二〇五号 十八,三,卅

海康县县政整理设计委员会陈锡厘等呈一件,呈为包征钱粮弊端百出,恳准勒碑,以垂永禁由。呈悉,据称该县每届新任均由粮店致送公礼,随由人民加征取偿。此种恶习陋规,自应永远申禁。除令行财政厅核饬遵照外,仰即遵照。此令。

(二)训令财厅
广东省政府训令 财字第一二〇五号 十八,三,卅

令财政厅厅长冯祝万:为令遵事:现据海康县县政整理设计委员陈锡厘等呈称:为清除钱粮积弊,恳恩批准勒碑以垂永远而重国课事。窃海康县钱粮,前由十三间粮店包征、包解,积习相沿,弊端百出。去岁十一月间,职会等经将钱粮积弊悉力清查,谨拟办法六条,呈请察核,并蒙饬县查复批准施行,各在案。复查县属钱粮积弊,原非一端,而其最著者,犹以公礼一项(俗名官逢)为巨。查该项公礼,由民国三年前任海康县知事沈光植将全邑钱粮详准统归十三间粮店包办。故历任始有公礼,即由粮店于开征、预征于民,或于正供之外加抽若干,以为公礼之用。每换新任,该粮店等须备公礼千余金致送官署。不论是年更调若干任,而公礼一仍其旧,不稍未减。若是年调任者少,则是款为粮店乾没,任其中饱。故自改元至今,历任县长视为分所应得,恬不为怪。而粮店等职是之故,亦任意取偿,毫无顾忌。现下刘县长鄂莅任以来,为剔除积弊起见,对于钱粮陋规为豁免,然无的确保障,俾资遵守。诚恐事久生玩,何以善其后而垂永久?缘有上述各缘由,除呈广东省财政厅外,理将该项公礼始末情形具文呈请察核,伏乞恩准令饬海康县县长永远革禁公礼陋规,勒石悬于门首,以垂永禁等情。查公礼即为贿赂之别名,该县粮店贿得包收后,转向粮户剥征。此种恶习陋规,不特有碍正供,抑且涉及苛扰,自应严厉申禁。据呈前情,除令复外,合行令仰该厅长遵照,克日查明禁革,饬县遵办,具报勿延。此令。

(《广东省政府周报》1929年第81期第29-30页)

广东省海康县粮食调查表

中华民国十七年十一月调查

事项 粮食种类	需要额	出产额	现在价格	三年来价格涨落情形	价格涨落之原因	对于调剂属内粮食之意见
谷	三十余万人民，每年二万万余斤	四万万余斤	五寸二百余万元	价格略有增涨	因出境额过多	粮食出产，每年应有精密统计，根据统计之结果，为出境额制限之标准，始足以资调剂
薯		二千万斤	一寸二十万元			
芋		一百万斤	三寸三万元			
豆		二百万斤	六寸一十二万元			
麦		无				
瓜		入不敷供				
菜		入不敷供				
果		入不敷供				
备考						

（《广东民政公报》1928年第14期第3页）

粤省雷州全属行盐准由合成公司承办

前据两广运使呈报：招投雷州全属行盐，以合成公司认额最高，拟请准予照章承办等情。经已令饬盐务稽核总所查核具覆，以凭饬遵在案。兹据该总所呈复，核明该合成公司承办广东雷属行盐，所具章程并无不妥，取具店保亦属殷实，请予核示到部。当已令饬两广运使准予照办，并令稽核总所知照云。

（《盐务汇刊》1933年第16期第11页）

粤区修复琼崖、雷州两场废塌

（本报讯）本局前为充裕民食，经饬粤区增产。据陈：拟将琼崖、雷州两场荒废盐塌，贷款修复，计琼场需款八亿元，雷场四亿六千九百五十万元。已电复准在该区生产贷款项下匀贷赶修。（三六，一二，中，秘"三五"）

（《盐务月报》1948年第7卷第1期第26页）

为改良粤产蒲包恳赐提倡维持以利民生而兴国货
批盐字第四六八三号 二十四年三月十八日

批广东雷州蒲包行同安堂邹泽穉等呈一件，为改良粤产蒲包，恳赐提倡维持，以利民生而兴国货由：呈悉。查此案前准实业部咨，以据该商呈请转饬盐商仍照向例，以蒲包载运，以利民生等情，咨请核办到部。曾经通令各区盐运使转饬各盐商遵照在案。兹据陈称蒲包各项优点，如果属实，自应量予采用，以重国产。除再通令各区盐运使查明办理外，仰即知照。

此批

部长孔祥熙

(《财政日刊》1935年第2113号第6页)

广东雷州蒲包行同安堂邹泽穉等呈以蒲包运载
训令 盐字第一三一〇八号 二十四年三月十八日

令各区盐运使：案据广东雷州蒲包行同安堂邹泽穉等呈，为改良粤产蒲包，恳赐提倡维持，以利民生而兴国货等情。据此，查此案前准实业部咨，以据该商呈请转饬盐商仍照向例以蒲包运载，以利民生等情，咨请核办到部。曾经以盐字第七七四七号训令该运使转饬各盐商遵照在案。兹据前情，所称蒲包各项优点，如果属实，自应量予采用，以重国产。除批示并分令外，合亟抄发原呈，令行该运使仰即查明办理，具复察夺。

此令。

部长孔祥熙

附抄件。

抄原呈：

为改良粤产蒲包，恳赐提倡维持，以利民生而兴国货，仰祈鉴核施行事：窃查广东雷州所属各县农民，因地土之所宜，向以种草织包为业。在民十二以前，每年共出产蒲包五六千万张，以半数售于日本装糖，半数行销国内，专载盐豆杂货，尤以盐为大宗，计每年销盐包二千余万张，就产地每万张售价一千八百元计，全年出产总共值一千余万元，实于国计民生所关至巨。乃自九一八以后，日本在其国内所销之糖，则改用布包，销于国外者仍用蒲包，其购买力已弱去八成以上，而吾国各地盐商同时又喜用印度属地架哩吉打所产之麻包，于是年销更一落千丈。姑就上年核计，雷州全属销数竟不及一千万张，以致售价只有三十余万元，较之盛时仅得二十分之一。在国家税收固受影响，而该地数十万农工更苦不堪言矣。虽此项蒲包只为国产之一宗，亦足见洋货之倾销，国货之衰落，其损失之重，关系之大，实有不容忽视者也。商等业此已久，尝考其盛衰之故，除日本为排外抵货起见，改用布包装糖，姑不具论。但吾国各地载盐，何以忽改麻包,则应有研究之必要。兹就亲诣场产各处调查所得,皆以蒲包经久耐用,迥非麻包可比,惟织工近年太差,易于抛洒乃其缺点耳。商等窃维包疏易洒,缘于售价过廉,织工欠细,诚不必讳。自应从产地方面切商改良,加工密织,以杜斯弊。至装盐之用蒲用麻,孰优孰劣,当从比较而得。

查蒲包为咸草所制,其质与盐相类,富于粘性,愈久愈实,不致霉坏。若麻包则含有凡质,易于藏垢纳污,非但受潮即霉,且盐味变苦,盐色发黑,亦于卫生有碍。此蒲包之优于麻包者一。蒲包系属国产,每万张售价不及千元。麻包乃舶来物,每万个则售价五千余元,纵使麻色可以翻用一次,亦较蒲包贵至倍徙。可见用麻代蒲,殊不经济。此蒲包之优于麻包者二。现查济南场之盐运至十二圩存放盐堆者,仍多数用蒲包,往往堆积经年,雨淋日晒,从未有变味变色之事,尤为蒲包经久耐用之明征。方今外货侵销如海如潮,又值我国工业落后,农村破产。若国人犹不猛省,一味厌故喜新,以我有用之金钱,易彼过剩之物品,长此以往,国货势必沦亡。今幸我政府自鼎革后,日以爱护农工为主志。最近蒋委员长与中央当局咸有提倡之决心,当此雷州全属农工正在濒危挣扎之中,惟冀钧部俯赐矜全,令知盐务署通令各岸稽核分所,劝谕场运各该盐商一律恢复蒲包载盐,不得再用麻包洋货,庶于挽救农工、振兴国产,两有裨益。商等除将蒲包织工部份认真督率改良外,爰将本业凋敝近况、农工困苦详情,披沥上陈,伏乞恩准施行,实为德便。

谨呈

财政部部长孔

(《财政日刊》1935年第2111号第1-3页)

海康县所领洋酒税票请饬广东印花税局查明清理
财政部训令 烟字第二三四四一号

令广东烟字酒事务局:为令饬事:前据该局呈,以海康县所领洋酒税票三百一十九元五角五分,并未移交该局接收,请饬广东印花税局查明清理等情。业经本埠令饬广东印花税局查复在案。兹据复称:案奉钧部烟字第二一八一九号训令,以据广东烟酒事务局呈复,海康县所领洋酒税票三百一十九元五角五分,并未据将税票移交,亦无税款解到,请饬查明清理,以重公帑等情一案,转令查明声复,以凭核办等因。遵查本案,先经职局函请广东烟酒事务局转饬高雷分局克日派员接收,并饬海康县长移交具报有案。惟是历史甚久,该高雷分局尚未派员到县接收。迨至去年七月,该县县长刘鄂奉调遂溪,除据将税票二百六十四元交由新任姚之荣接收办理外,所欠五月分征存洋酒税款大洋五十五元五角五分,又不报缴烟酒局核收,旋复潜逃,行缉未获,以至迄今仍难清理。本年九月三十日,据该县县长李晖南遵饬,将前任移交洋酒税票二百一十四元八角、税款大洋四十九元二角具缴来局,业经转送广东烟酒事务局核收。除刘鄂任内欠缴税款大洋五十五元五角五分,现既在逃未获,应请暂免移交外,其余均已妥为清理，并无蒂欠。奉令前因，理合备文呈请察核备案等情。除指令：呈悉，据称海康县应交广东烟酒事务局接收之洋酒税款五十五元五角五分，因该县前县长刘鄂潜逃，行缉未获，请予暂免移交，其余均已清理，并无蒂欠等情，姑予备案。仰仍俟该逃员缉获时，归案清追，以重公帑。此令。等语印发外，合行令仰该局知照，仍将此次接收数目具报备查。

此令

中华民国十九年十二月□日

(《财政公报》1931年第41期第74页)

海康征国货样品

县府请广州市商会搜集样品送县陈列

广州市商会昨八日接海康县长公函，略以提倡国货以塞漏□，诚为救国之急务。故政府以明令提倡，奈敝处蛰居穷乡僻壤，孤陋寡闻，鲜能作国货、洋货之辨别，而奸商又从中作弊，以假混真，遂使一般民众有心购用国货，多不能辨别，为奸所愚者大不乏人。特拟广事搜集国货样品陈列，供给民众以辨别国货之常识，而杜奸商愚弄之弊。除函广州市国货委员会搜集国货样品，迳送本馆陈列，以供众览而资认别外，相应函达贵会，即希查照办理见复。

(《国货月刊》1936年第3卷第3期第47页)

海康县合作事业指导员蒙周日

（一）该县原定计划中由该员负责指导之各合作社，如六区高田乡之生产合作社，及一区邦塘乡之谷米运销合作社组织已有困难，可暂缓组织。至八区海康市之鱼业贩卖兼营购买合作社及三区田头乡之农业生产兼营信用合作社应努力进行，务使在短期间内组织成立。

（二）查该县图书消费合作社，于本年四月间业经呈准成立在案，迄今仍未依法登记。现据报告，该社股金尚未收足，具见社员对于该社业务及社务并不热心办理，应即由该员与该县办事处主任会商，酌量情形，令饬该社停止进行，将前所收过各股金，分别发还各社员，并妥办具报。

（三）该员所规划筹组之乌石港盐业生产运销合作社，因盐业与国税有关，应毋庸组社。至乌石港之海味生产运销合作社、北和市牛车业生产运销合作社、英利市垦荒造林合作社各节，应与该县办事处主任会商决定具报。

（四）该员所拟海康城内设立茶居消费合作社一节，查茶居消费业务经营甚属困难，且又不切合一般工农群众之需要，应毋庸组织。仰即知照。

此令

附存。

(《广东合作半月刊》1935年第2卷第29期第10页)

海康县农林状况

本县位于雷州半岛中部,地近热带,气候和暖,且无高山峻岭,概为原野,实最适于农林,故所产亦以稻谷、番薯、花生、甘蔗等农品为多。惟以十年前兵燹之灾,人民流散,土地多荒,近田亩调查,其数仅得原册百分之八十可为明证。且民智尚低,俗多守旧,原有农业,罔知改良,无限荒坡,罔知垦殖,以致建筑杉木,燃料柴薪,莫能自给,咸可惜耳。近自省政府颁行三年施政计划,关于农林事业进行,频加督促。本县政府以县属土地宜农,及注重生产建设,故对于农林之计划与进行,亦不遗余力。但农村经济崩溃,各属皆然,本县自难例外,加以连年风灾,民益困苦,地方款项,筹措殊难,致计划事项,仍难进展。兹将二十三年份情况等分列如次:

(一)设立县农林设计委员会。本会由全县各机关团体组织之,将以提挈全县农林事业之进行者。按三年施政计划中,在第一年即应设立农林推广处,以办理关于全县农林之计划指导改良推广等事宜。惟经费浩大——二等县亦年需万金。当此民穷财尽之秋,实难筹措。故当此第二年期间,尚未能设立,因组织本会以暂代之,所需经费,不及推广处十之二。拟一俟所办农林生产事业收有成效,经费稍宽,仍当设立推广处,以符章制,经呈奉核准有案。

(二)改办农科职业补习学校。本校将原有职业学校改办者,缘办职业学校最贵适合夫环境。本县土地宜农,而农林需才急须培育,则职校自有改办农科之必要。因即拟订章程,呈准备案。招收初中毕业生入校训练之,半日堂上授课,半日农场实习,毕业期原定半年,后延长为一年。今已毕业,除服务于公私农场外,亦有任小学劳作教员者。

(三)扩辟县农林蕃殖场。本场将原有县立苗圃而扩辟之者,原有苗圃在西门外城濠边,面积不足十亩,殊难发展,自应设法增辟,以利农林事业之进行。而农校学生,需场实习,增辟更不容缓,因即觅地,遵照章程办理,计分苗圃、农场、林场三部:(甲)苗圃。除原有苗圃照旧育苗外,另于花生坡开辟分圃约五十亩,合计面积约达六十亩。育有油加利、赤松、水松、台湾相思、苦楝、梧桐、合欢、乌桕、秋枫等苗木十余种。苗龄由当年生至二年生,高度由三寸至四尺,数量合计约五十万株。(乙)农场。于西门外西湖坑批租田地约百亩以为农场,以其附于农校,即指导学生耕种之,以资实习。半种东莞改良旱稻,半种爪哇改良甘蔗,均已收获。稻谷比邻田所产为多,已尽留作种,将推广于各区乡农户。甘蔗则除一部份出售,以补助垦殖经费外,余均供垦殖场廿四年种植之用。(丙)林场。于西门外花生坡地辟地约千亩以为县立林场,分年种植。第一年造三百亩,植树造林与点播造林各半。植树者为缅甸合欢、苦楝、大叶桉、台湾相思等,计一万一千余株,生长均好。点播者为赤松、苦楝,计二万五千穴,苦楝生长颇佳，其五十亩赤松，为雀鸟损害，成活稍差，则尚须第二年补播耳。

（四）创办县垦殖场。本县荒地颇多，而民多固守，欲广为垦殖，非先由公家划地开垦以为之倡不可。雷地本属蔗糖之区，近政府亟谋振兴糖业以御洋糖，故县属种蔗，实为最适。因择定三区之仕坡、五区之英利为垦殖场所。仕坡本场，垦地约三百亩，以此地排水不良，曾开有大水沟一度，颇利宣泄。但地属久荒，酸质太甚，致初年所种各物，成效未著。英利分场，已垦地五百亩，将于廿四年春起尽行种蔗，拟俟成熟再采种分给各区、乡农户以推广之。

（五）各区改良稻种表证场。（民国）二十三年春向省农林局购到东莞改良早稻千余斤，分给各区公所，令各设一表证场，面积在十亩以上者，如法种植，增其产额，以资比较，而兴农民观感，俾利改良。结果各表证场所产数量，总比附近田亩所产为多，农民大都明了，已由县府令各区所收获之改良稻，皆留作下年的种子。合县蕃殖场所产者，均已为农民领用，改良稻之逐渐普及，当无难也。

（六）乡村造林。本县造林从无讲究。（民国）二十三年春，县府以全县行政会议通过县属学校及区乡公所均应切实造林一案，通令遵办，每林面积至少须在十五亩以上。如尽照行，则年共可得林地七八千亩，如按年行之，成效自见。无如每或限于经费，所造无多，或种未得法，如松籽每受雀食，树苗每受旱伤，以致成效尚寡。故关于造林，须再设法以进行之。

（《高农月刊》1935年第5期第13-15页）

海康县调查报告

林长植

经济概况。海康地居三雷之中部，土质肥美，宜于农产，人民惯习于农，农民约占人口十分之九。其次为工商业，然亦不过小资本经营而已。全县每年产米额，可供全县两年之需。民性勤苦俭约，生活简单。全县人口约计四十余万，近因农村经济衰落，在本地谋活，甚觉艰难，出外谋生者日渐增加，彼辈足迹所到，多属广州湾、香港、广州、北海、海口、海防等地。若南洋群岛，其他各国则寥若晨星。或有一二，多属卖身出国，乃下贱之辈，为当地人士所不齿，所操事业必非正当云。海康农产，销出外地最多者，往昔首推蒲包，盐、米、蔗糖等次之。惟蒲苞一项，每年输出约达五百万元，自九一八事变，蒲苞销额，已无形中减少，每年仅达百万元。盐、米、蔗糖等项出产最多三四百万元。渔业，所得鱼量有限，仅能供给本地之消费。

堤防。南渡河横贯海、遂二地交界处，沿河两岸，洋田阡陌，每一溃决，盐潮为患，农产失收，非设法堤防，患害滋烈。溯自满清陈清端公，筑堤堤防于前，然年久失修，为患堪虞，近有省会公安局长何公卓，目击危险，出任巨艰，提倡修堤于后，现已竣工。统计该堤两岸，每长一百二十余华里，高丈余，阔一丈，可称雷州大工程之一。

交通。海康交通关于陆地者，现有主干公路三条：一系雷安线，由县城经客路、城月等市抵达廉江之安铺,约长二百华里;一系雷坎线,由雷城直达法租界广州湾,约长一百七十华里;一系雷徐线,由雷城抵达徐闻县,约长一百八十华里。其余尚有由第六区南兴至第八区北和及其他支路,共长约二百华里。关于水航者,有南渡河直通广州轮船三艘,每月往来三次,其余硇洲、合浦、海口等处,均有航帆直达,往来次数甚密。空航虽辟有飞机场,惟一时尚难设置。

治安。本县数十年前,被匪蹂躏不堪,地方损失甚大,土匪肃清后,秩序渐次恢复。现各县均编练警卫队,维持地方治安。查海康警卫队之编练,成绩甚佳,惟近日社会不景,农村破产,人民经济苦于负担,迩来逐渐缩编,今仅存一中队,及二独立小队。

教育。海康教育,有省立十中一间(今年改为省立雷州师范),分高、初两级。高中生有六十余名,初中生有一百四十余名。简易师范一间,有学生一百二十四名。县立中学一间,学生一百零四名。县立小学十间,高级生五百二十六名,初级生五千五百九十六名。初级小学一百四十二间。县城设有小规模图书馆、民众教育馆、平民夜读、平民阅报处及其他各种学校,此外有雷州日报社一所。

行政。海康行政区之划分为八,与自治区同。区行政事宜,概由区公所、公安分局或分驻所处理。计本县设有公安分局二,一为雷城分局,设在城内;一为乌石分局,设在第八区北和之乌石港。其余四、六、七等区,均设有公安局分驻所。

自治。海康自治最高机关为参议会,下辖八自治区。查本县举办自治,已两年余,现属第三届,县参议会有参议员十八人。区公所,设正区长一人,副区长二人。

党务。海康全县有六个区党部,统辖十九个分部,党员人数,普通党员约三百余名,预备党员约七百余名。共计有一千名左右。

慈善。海康慈善事业,昔有宏济医院,惟规模狭小,设备简陋,现捐得巨款六万元,建设同仁医院一间,高楼大厦,规模雄伟,为雷州百年来最大建筑物,内设有中西医师,及产科医师,每日赠医三小时。其他如安怀收容所,收容盲目婴儿及残废而无依靠者,惟经费短绌,规模狭小,收容及施舍能量,甚为薄弱。

中华民国二十四年八月二十四日

(《统计月刊》1935 年第 1 卷第 12 期第 39-40 页)

警卫大队部畜牧场成立,暂设军鸽、养鸡、养猪三部

警卫卅九大部队为实现寓兵于农政策并养成以军作家之良好观念起见,对于生产事业异常注意,垦殖畜牧各项,视为能力所及者,莫不次第举办。现查该部筹设之畜牧场业已成立,暂设军鸽、养鸡、养猪三部,俟经费充裕时,再谋扩充云。

(《雷州民国周报》1936 年 5 月 11 日)

广东省乌石场制盐工业同业公会通告
盐字第十号　中华民国三十五年九月二十日

查风灾损失盐业一案，现经呈□本县参议会转广东善救分署，准拨面粉一万一千二百磅□□救济。且该面粉本县救济协会业已领返在城，本会究应如何筹措运费赴领运返与散赈，亟有待决于全体会员高见，以昭平允。兹定于十月二日召开会员大会，共策办理，令行通告周知，凡属本会会员，务希依时出席为盼。

上通告本会会员钧鉴。

主席陈钟鑫
(《雷州民国周报》1946年九月二十日)

南兴市赵蔡氏买田声明

本人凭中买到马铁村萧义信、萧昌富名下已早田乙丘三斗，土名坐□东坡村前坑，出卖定于农历九月初二日立契交易，该田若有典按髺轇情事，赶请于期前与卖主理楚，过期与买主无涉，特登报声明。

南兴市赵蔡氏谨白
(《南合日报》中华民国卅六年十月十一日　星期六　第一版)

海康县教育特种基金保管委员会布告
伯特字第二六八号　民国卅八年二月廿二日

查本会经管县统一收买牛皮利益乙项，奉令另行公投，当经□本二月廿一日在本会当众开投，是日无人到投，兹为适应环境起见，再定于二月廿四日上午九时即旧历一月廿七日在海康县政府开投，如有意投承代办者，仰即依期到场竞投可也。

此布

附名称区域按月底价及押票金每次加价数量表

名称	牛皮收益
区域	全县属
承办期限	由卅八年三月一日起至卅九年二月底止
招承日期	卅八年二月廿四日上午九时

续表

名称	牛皮收益
按月底价	牛皮
押票金	大洋
每次加价数	牛皮
备考	均照前章办理

兼主任委员陈桐

（《南合日报》 中华民国卅八廿二月廿九日 星期二 第一版）

东洋乡图阁村买田启事

鄙人凭中买到同村劳可秀晚田一丘四斗隔出西圈田计二斗，土名坐落本村□洋等，限于旧二月初四日立契交易，如典按镙辖等情□于期前向卖主理楚，逾期与买主无涉，特此声明。

东洋乡图阁村劳衷之启

（《南合日报》 中华民国卅八廿二月廿九日 星期二 第一版）

雷州同仁堂承顶启事

本人前与庄俊山、庄美隆合资经营同仁堂药材生意，现因两股东意图别业，□□其所有股权让卖，本人承□俟后同……不论□□概□庄俊山、庄美隆等无涉，特此声明。

雷州同仁堂劳衷之谨启

（《南合日报》 中华民国卅八廿二月廿九日 星期二 第一版）

海康县教育特种基金保管委员会布告
民国□八年二月十八日　伯特字第二六五号

查本会各处田租谷价，经议定布告缴纳在案，惟所定之价与□价比较稍嫌过高，兹改定南兴以北每石折收大洋七元，南兴以南每石折收大洋五元，合行布告，仰各遵照，趁于十天内备款来会缴纳为要。

兼主任委员桐

（《南合日报》 中华民国卅八年三月一日 星期二 第一版）

松竹乡苏同村黄问兴买田启事

本人凭中买到东市乡宋村宋乃颖兄弟等晚田二丘，并鱼路港在内，本□旧元月廿九日立契交易，该由并鱼路港若有何种缪辖等情，希卖主理楚，特此登报声明。

松竹乡苏同村黄问兴

（《南合日报》中华民国卅八年三月一日 星期二 第一版）

海康县教育特种基金保管委员会布告

查五月至七月份各区公秤租，前定于四月八日公投，于是日无人到投，当经提会议决：减底价照原饷五成计算，并定于本年（四）月十五日（即旧历三月十八日）上午九时在本会再行公投，其标投简章照前办理，除呈报外，合行布告，凡有意投承代办者，仰即查照，依期到会竞投可也。

　　此布

　　计附底价数目表于后

兼主任委员陈桐

公秤租租率、区域、期限、开投日期、底价、押票金及每次加价数目表

名称	公租秤					
租率	值百征八					
区域	旧一、二区	旧三区	旧四区	旧五、八区	旧六区	旧七区
开投日期	卅八年四月十五日上午九时					
承办期限	卅八年五月至七月底止					
每月底价（黄谷粘）	二百六十市石	四十市石	一百五十市石	一百三十市石	一百市石	十五市石
押票金（大洋）	二百六十元	四十元	一百五十元	一百三十元	一百元	十五元
每次加价数	四市石	六市斗	二市石	二市石	一市石五市斗	二市斗
备考：每市石折收大洋四元五角，其余照旧办理						

（《南合日报》中华民国卅八年四月十九日 星期二 第二版）

海康县政府布告

伯四字第三八四号　中华民国三十八年四月十四日

查设渡原为利便行人，亦是慈善美举。据报南□麻演渡夫，每有任意勒收渡费，甚至每人收铜仙十五枚，否则不准下船，殊为可恨。复查限制渡夫抽费，非经呈准，不得加收，迭经本府取缔有案。为顾全渡夫生活及利便行人起见，特订定渡脚抽收章则乙份录后，仰即切实遵照办理。嗣后非经呈准，不得任意加收。如敢故违，定予严惩不贷。除分行外，合行布告周知。

此布

中华民国三十八年四月十四日　县长陈桐

渡脚抽收章则

（一）不份昼夜如有携带公文者，渡夫不得□误。

（二）不得滥载过重，以杜危险。

（三）不得限定名额，以不误行人。

（四）上列渡脚未经请示核准，不得加收。一、每人过渡，收铜仙五枚。二、单车过渡，收铜仙二十枚。三、坐轿过渡，收毫银一角五先。四、骑马过渡，收毫银一角。五、拉牛过渡，收毫银一角。六、结□轿□轿过渡，收毫银五角（珠轿收毫银一元五角）。七、扛棺木过渡，收毫银五角。八、扛柩过渡，收毫银一元。九、成群羊鸭过渡，收毫银二元。十、以上各项渡脚同日不得重收。

（《南合日报》中华民国卅八年四月十九日　星期二　第二版）

李玉珊买田声明

本人凭中买到海康县陈梁氏税田乙丘乙石二□，土名坐落东门乡万顷闸直河枝北边洋，订期本年旧一月廿五日立契交易，所有镠辖典按情事，期前田卖主理楚，立契后与本人无涉，特此声明。

李玉珊启

（《南合日报》中华民国卅八年四月十九日　星期二　第二版）

雷城外黄瑞堂买田声明

本堂凭中买到东市乡第三保东林村林李氏己税田乙丘三斗，土名坐落东坡村前洋属□字岸第三段二十八号，面积九分，定期旧三月廿一日立契交易，该田若有何种镠辖等情，赶于期前向卖主理直，既经交易后概与买主无涉，特此声明。

雷城外黄瑞堂启

（《南合日报》中华民国卅八年四月十九日 星期二 第二版）

陈育贤等买田声明

本人凭中买到海康县陈梁氏税田乙丘乙石二斗，土名坐落东门乡万顷闸直河枝北边洋，订期本年旧三月廿五日立契交易，所有镠辖典按情事，期前由卖主理楚，立契后与本人无涉，特此登报。

陈育贤、周龙光启

（《南合日报》中华民国卅八年四月十九日 星期二 第二版）

王道当田声明

凭中当到白院乡四保陈立本、立功、立能同共早田二丘，一丘六斗十段十一号，一丘五斗五号，土名坐落麻含前洋，订本年三月廿四立契交易，所有镠辖情事，期前与原主理楚，立契后与本人无涉，特此声明。

王道启

（《南合日报》中华民国卅八年四月十九日 星期二 第二版）

（三）社会与文化

海康县长电请派医到院诊治核疫案

该县每当春夏之交，疫疠旋起，而尤以夏季为最。现已陆续发生核症，幸庆更生者，十不得一。该县县长电请饬卫生局派医到县诊治，经本府委会议决照准。

（一）令广州市卫生局派医克日前往诊治

广东省政府委员会批　民字第十六号 十六年，五，二十

广州市卫生局局长：

为令遵事。现据海康县县长谢莲航鱼代电报称：职属近数十年来，每当春夏之交，

疠疫旋起,而尤以夏季为最。现已陆续发生核症,幸庆更生者,十不得一。迭据医生查复,患此病者,初觉头晕骨痛,经过三两日,体内鼠蹊部左右(大腿两旁)旋起核如芒果样,约经廿四小时而毙等语。现已蔓延村落,如警察第二区、第三区所辖村乡,均有发见,人民惊慌,群相走避,各项库收均蒙影响。职虽预为防范,赠种洋痘,检埋死鼠,清理街道,疏濬沟渠,董洗疫户,种种治标之法业已积极进行。无如财力有限,筹措艰窘,不能延聘西医,购备药料,□为施救。务请格外体恤地方困苦,转饬广州市卫生局,迅派著名西医两名,携备防疫药料,前来诊治。并准由十七年钱粮项下,拨支五百元,以为防疫之费。明知于功令有所抵触,然以国家之财拨办公益之事,谅能特别邀准,以解人民疾苦也。所有呈请派员防疫及拨款开支,并职属发生疫症各缘由,理合电请察核,伏乞批示祗遵等情。据此,当经本府委员会第二十七次会议议决照准,并呈奉政治会议广州分会核准照办在案。除批复外,合行令仰该局长即便遵照,迅派著名西医两名,携备防疫药料,克日前往诊治,勿延。仍将办理情形报查,切切。此令。

(二) 批海康县长知照

广东省政府委员会批　民字第十六号　十六,五,二十

　　海康县县长谢莲航代电一件,报县属发生核疫,请饬广州市卫生局迅派西医两名,携备药料,前往诊治,并请准由十七年钱粮项下拨五百元为防疫费,乞核示遵由。鱼代电悉,当经本府委员会第二十七次会议议决照准,并呈奉政治会议广州分会核准照办在案。除令饬广州市卫生局迅派西医两名,携备药料,克日前往诊治外,仰即知照。此批。

(《广东行政周刊》1927年第20期第29-30页)

雷州之大疫

　　广东雷州府,疫症盛行,经电请医生前往救治,迄未就手。现据该雷州府朱守家人回省云,府城现计共约死去三千余人,府前街无人敢行。衙内亦死去七人。该守之第四子,完娶仅三日,即起病,七日而死。现该署内各人,及该守之家眷,已陆续回省,该守亦不敢在署,现驻雷威兵轮内。并闻雷属有一二村乡,因患疫死绝者,其传染甚为迅速云。噫,惨矣!

　　按,我国卫生行政素不讲究,而人民又绝少普通卫生知识,其街巷、房屋、饮食、衣服无处不龌龊异常,此正天然绝妙之细菌培养基也。一触即发,何庸骇异。迨病势剧烈,愚者则求神拜佛以禳之,所谓智者则迁居以避之,今则更有聘西医生以救治者矣。虽然急来抱佛脚,亦已成噬脐之势矣。无论所聘之医未必是学理湛深,经验宏富,即惶惶然是个博士,试问此等鼠疫,目下除预先严密实行卫生防范外,更有何策(百斯笃血清疗法,今尚少圆满之效果)?呜呼,履霜坚冰,吾愿有治民之责者及地方自治之责者,及身为家长者,当劝谕笃责之,使个人卫生、公共卫生两无偏废。然后可诚如梁培基君

答我所谓社会进化，贵能一律，若参差不齐，则多所牵碍也。《易》曰："剥床及肤。"爱命者当猛醒，此等急性传染病非可以隔岸观火之见视之也。虽然病势来得猛烈，人始注意耳。其他慢性传染病如肺结核等，则常人又漠视之矣。火烈民畏，水弱民玩，而其死人则一耳。幸仁人君子广为劝告之。（莲伯）

（《中西医学报》1911年第14期第2页）

雷州兵燹后之今昔观

数年来满目疮痍之雷州，近乃一变而为海外桃源。缘该地自黄强办理清乡后，各县公路同时举办，不满三月，造成者将四百里。并委技士将天宁寺、西湖两处贯通，辟作公园，拨出二千元为开办费，并提某淫祠之香油费每年千余元为经常费，设局管理之。又因雷城每有疫症发生，全系地方不洁之故，乃将西潮溢水改入城中，由东门流出，南亭街铺户数百间，上年被匪焚毁，现又辟为马路，宽四十英尺，直通南渡，与续辟之公路衔接。被毁之铺，多既兴筑，不出数月，雷州南北各路贯通，其商场发达，必不可限量也。

（《道路月刊》1922年第2卷第2期第12页）

绅商踊跃捐资劳军，县党部昨代送劳军礼品

专讯：县党部前发起劳军募捐，各情已志本报。该党部书记长分头募捐□各绅商均极踊跃募捐，至十七日晚止，共计募捐大洋银四十余元。于昨（十八）日晨购办礼品，计有生猪二只、米酒二埕、彩旗一面，题曰"海康救星"，色炮一大捆。上午十一时由该部秘书长宋浃思领导夫役，将上项礼品抬送至国军团部。宋秘书先向万团长、吕副团长□致人民对该团爱戴及感佩之热忱。该团长副极表谦逊且□□□民之盛意。旋即悬旗鸣炮，在场官兵均极高兴，继乃将礼品分配发给□□部，以生猪一只、酒一埕送往南兴之某营云。

（《南合日报》中华民国卅八年四月十九日 星期二 第二版）

东市乡胡排园村管田声明

启者：鄙人在于民国三十六年三月间将到世显良直公□谷二十一石七斗正，凭中承按同乡陈排村邓质坚名下早田一丘七斗，土名坐落陈排西坑井头下等处，订定同年冬至期还清不误，如误，甘愿每天补息谷一石正，现有契据二张做按，迄今逾期已久，概未清还，兹则依契将田管过顶偿，日后邓质坚若有其他债务，概与此田无涉，特此声明。

东市乡胡排园村胡尚□兰亭同启

（《南合日报》中华民国卅八年四月十九日 星期二 第二版）

北山村陈延彪等驳斥启事

阅本报本四月□三日载有苏富德堂买断晓罡村洪镇南旱田五□共一石九斗，土名坐落白院乡北山村前后坑等处，订期本旧三月廿日交易等语。查该田系鄙等五股尝田为侍香烟，尚有一石一斗在内□，系鄙等婶母陈莫氏同义子延章私沽与洪镇南，客岁已登报阻挠，今已发生龃龉，尚未着落，交易尚属无效，特此驳斥。

北山村陈延彪等启

（《南合日报》中华民国卅八年四月十九日 星期二 第二版）

松竹乡塘仔村某氏被迫离异

氏凭媒嫁与□行村刘扬华为妻，不幸一入其门，即受到鄙弃，尤以家姑凶狠，□打常骂，开口皆谓氏不配为彼媳妇，氏思百般忍受，终无了期，且富米珠薪桂□靠娘□永活，迫得素手出门，另谋归宿，特登报与刘扬华脱离夫妻关系。

松竹乡塘仔村□氏

（《南合日报》中华民国卅八年四月十九日 星期二 第二版）

海康县客路镇周氏脱离启事

周氏惠莲□凭媒嫁与海康县客路镇石坡村蔡世凯为妻，氏因患心头痛症，丈夫意图别娶，昧良加以石女名词为藉口，常□殴打虐待，屡次驱逐，空手出门，难以糊口，后男婚女嫁，各不干涉，特此声明。

周惠莲白

（《南合日报》中华民国卅八年四月十九日 星期二 第二版）

雷州乡民掘泥得金

（雷州讯）雷州城外六华里之榜山村农民谢有成，卅五岁，于去月廿八日，雇工人七名，往村后野坡掘坭建屋，无意中掘出金筷子一对（重一两一钱）、古瓷茶壶一个、茶盅四个（内有一个被锄头掘烂），欢喜异常，遂将各物变价均分云。

（1948年10月4日 中华民国三十七年十月四日 戊子年九月初二日 星期一 第七六〇四号 第4页）

（四）其他

对于海康席草业之批评
高露德

当此科学昌明，商战剧烈之际，举凡物品，无不日事改良，以期美观适用。试观海康之草席业，日形衰落，是其明证矣。兹为补救计，谨将应改良之点，略陈如次：（一）草质之改良，海康草应就其老嫩粗细分为数种，择其幼嫩者，用硫磺或氯气漂白之，或将草染着种种颜色，以求美观悦目。（二）编织之改良，粗而老之草，宜用之以织草席、草包及地席等等。至若已经漂白者，可用之以织草帽。染有颜色者，可用之以织时款美观的草篮、草袋及其他日用品。此不特可免利权之外溢，且可将其运销外洋，实开无限之富源。愿海康之席草业家合起而图之！

（《广东建设厅工业试验所年刊》1934年第53页）

海康席草用途之研究
高露德

海康所出之席草身粗而硬，用织席包，最为适宜。查其递年出产约值六百万元之谱，此种席包，多数用作糖包及海产物包，运销上海、广州及日本为最多。但自九一八以还，日本销路骤减，席草一业，遂遭堕落。今为设想救济计，特从事于漂白及染色之研究，以期海康席草得以改良进展，庶免生产过剩，无由销用之痛。且对于工业前途，略增裨益，兹据试验结果言之。

其草纤维太粗，不适于编织草帽之用，只可将其用氯气或硫黄以漂白之，或先将该草用热水浸软，然后染着种种颜色，干后压扁，织造着色草席、时髦手袋及草篮等等而已，斯亦拯救海康席草工业之法也。

（《广东建设厅工业试验所年刊》1934年第20页）

调查海康县之席草报告
杜衡

中国神像，图绘关公者极多，祀刘先主者，仅于海康县席店间见之。说者谓其微时，织席卖履为同业云，天趣极矣。是亦足觇海康草席业之有源考也。查海康席草，为广东输出特产。历年总量，输出日本占有百份之七十，用作糖包及海产物包。输出满洲及上海，占百份之二十五，用作盐包。其余高州及内地约占百份之五，均由海康用帆船输往赤坎（广州湾）再加打实，转寄香港，然后分发各埠。海康四年前，年产席草，约值五百余万元，过半运销日本。自中日交恶，东洋销路渐减。据今年海康县政府调查，年产仅得二百六十余万元耳。席草田植，自徐闻匪荒之后，除遂溪产出约占海康全量五份之一外，几为海康独营事业。野水平畴，一望苍碧，以县之西南部为最丰。平均每斗田可种席草五百把。此五百把草，可编席包一千五百张，每张值银约十二仙（连工钱在内），故每一千五百张，可值一百八十元左右。包之大小分四种：一曰"加大"，二曰"七尺"，三曰"六八"，四曰"六六"。每百张包，称为一支。每百支，称为一驳，即一驳船之载量也。海康去年营业统计，输出包席总数，为十七万六千支。最高价时，每驳值一千八百元；最低价时，沽四百余元耳。第今年五月间，草席价格蒸蒸日上，延至七月，升腾几达极度。比较去年同月，仅值九百余元，相差不可道里计矣。虽然，商场物价，每视销路畅滞为高低，大抵起跌靡常。按累年平均，以旧历八、九、十、十一、十二之五月为旺月，正、二、三之三月为常月，四、五、六、七之四月为淡月，若五、六月席市不滞，则全年稳定有望。独惜者，捐输债券，责累过重，除学校经费、团警经费之外，更有所谓香油捐、义恩社捐、咕哩捐、船舶捐，又每只驳船每次开行，附缴杂费二毫或四毫、六毫、八毫不等。以此席业之艰巨，如腰巨石上危峰。回顾雷城，十年来草席商号十三家，倒闭相寻，今存者仅剩雷州人经营支之兰、恒利两家，及广州人经营之宏栈、恒栈两家，只四家而已。原来草席事业，大别分为三行：一席商，二田植，三织户，三行互相依系焉。如席商收买田植所获席草，而发给织户编织。如席商遇赶货时，自雇女工编织。如织户之自买席草，编后而卖与席商。如田植之获后一手编成，而后卖与席商。此皆互联关系也。

至于植草，乃农家专业为之（间或有作副业者）。其草种本明咸水草种，但种淡水，而不适种咸水。其莳植法乃一种分株插法。先将水田耙平，然后将草种（即获余所留老草）合十数茎为一"执"插入田内，每"执"相隔八寸，插毕随手将草全"执"拗折，离根四五寸，拗屈便合，但万不可拗断，务使草种两端同没水中。浸水不涸，则茎罅自然出芽。新芽渐抽，则拗草渐次腐烂，变为绿肥。芽愈多则草愈茂，收获愈丰。如接续施肥，及有生水潮换，则收获更快。快者收成约十三四个月，慢者，收成约十六七个月。草执渐扩，离披满田。平均每茎最长七八尺乃至九尺，短者亦五六尺。每年春夏之交间，旧历三、四两月，及初秋七、八两月，下种最为适宜，盖此雨量时期，根芽极易萌发故也。但雷州习俗，农暇即种，似亦不必限定雨量时候，因南中天气不燥，与夫席草粗生，两者极有关系。种后三、四月始下肥，名曰"催肥"，若"催肥"太早，则芽粗而茎不长，反碍发育。粪肥补肥皆合，粪肥不限人粪，凡牛豚鸡马等粪均佳。雷州人艰于资本，每有不施肥料者多，惟瘠田之草，稍纤弱耳。草长与水涨，相依并增，则草茎伸长可至一丈一二尺，盖促其抽长作用也。但不能全草淹没，淹没数日，则草失其酸化吸养作用，必至淹毙。平均每斗田席草，除留草种之外，可获二十七八乃至三十扎，干约十担。高价时每担草可售五元，低价时仅售二元。但计普通时年，每石田得售草价四百余元，优于禾稼多矣。种后仍要耘去杂草，及浇肥时不可秽其末梢，秽则梢焦。割获后就太阳曝干，随以舂椎撞扁之，沿边短株，即所以芟余，留作草种者也。

织席之户，舂草之声相闻，妇女箕坐门庭，分草便织，手势披拂，如风动蓁。工具只用一鈚，以绾席之缘折，长草作席，短草编包。织后捆交席商，或往墟市零卖者。包、席韧柔耐水，功用几等于麻、苎云。

(《广东建设厅工业试验所年刊》1934年第51-52页)

后　记

本书系中山大学历史学系"雷州文化研究"项目子课题成果之一，目的在于对近代报刊中有关雷州的珍贵史料进行系统的搜集和整理。项目以雷州档案馆馆藏《雷州民国日报》为核心，兼采《申报》《大公报》《华字日报》《工商日报》等全国性与区域性报刊中涉及雷州的报道，再辅以政府公文、民间启事，试图通过公共舆论的视角，呈现 20 世纪上半叶雷州社会的历史图景。

史料的来源主要是 20 世纪上半叶刊行的《雷州民国日报》。作为地方报纸，该报详细记载了雷州城乡的政令推行、民生百态、经济活动及社会变迁，具有浓郁的本土气息。同时，《申报》《大公报》等全国性报刊为观察中央与地方互动、跨区域事件中的雷州角色提供了外部视角；香港《华字日报》《工商日报》等华南报刊则补充了雷州在华南区域的地方角色。

编纂工作始于对海量报刊的逐页检阅与系统辑录。由于涉及的报刊资料多为纸质文献，历经岁月侵蚀与保存条件的限制，许多页面已模糊不清或残缺不全，给阅读带来不小的挑战。为此，主要采用誊录与数字化技术相结合的方式，初稿累计整理文字逾四十万，后根据内容的完整性、可读性进行了精简，并依主题进行分类。特别需要说明的是，部分报刊因战时动荡与档案保管条件所限，存在年代断档或页面残损的情况，虽经多方补苴，仍难免有遗珠之憾，恳请读者鉴察。

在编纂过程中，中山大学历史学系吴义雄、黄国信教授始终关心工作进展，在评估史料价值时提出了宝贵建议。雷州档案馆在原始报刊调阅、复制环节给予全力支持，编者将其所藏报刊进行了数字化转化并辑录成文，保障了核心史料的完整获取。刘晓聪博士负责香港报纸的检阅和录入；周煦阳、李贝贝、钟莉三位同门对《申报》校录；李晓龙博士对辑录的史料进行了专题分类。此外，学生曾叶清、吴雅嫦、钱世铧、张展赫、李东阳承担了初稿的初校任务。在本书即将付梓之际，谨向中山大学出版社编辑罗雪梅女士致以最诚挚的感谢。她的专业素养和细致态度极大地提升了书稿质量，使本书得以以更加成熟的面貌呈现在读者面前。作为"雷州文化研究"项目系列成果之一，本书与《西语文献中的雷州》《雷州碑刻集》形成史料互证，既有本土视角，也有外部视角，共同拓展了雷州历史研究的文献基础。当往事的记述从故纸堆中浮现时，一个立体而复杂的雷州形象正渐次清晰，再现了一座沿海小城在晚清民国巨变中的挣扎轨迹。

军事拉锯、经济困局、社会失序的循环，既是中国近代地方治理危机的缩影，亦折射出传统与现代交织的复杂面相。然史料整理永无止境，粤西地区散佚的地方小报、战时报刊的空白时段、微观叙事的深层解读，仍有待后续研究的持续推进。

今将此书付梓，既是对多年工作的总结，亦期能为学界提供一部可信可用的参考资料。书中疏漏之处，敬请方家指正。

2025 年春于祖国大陆最南端